能夠傳遞故事的

角色設計

從入門者到專業人士皆適用的角色設計技巧

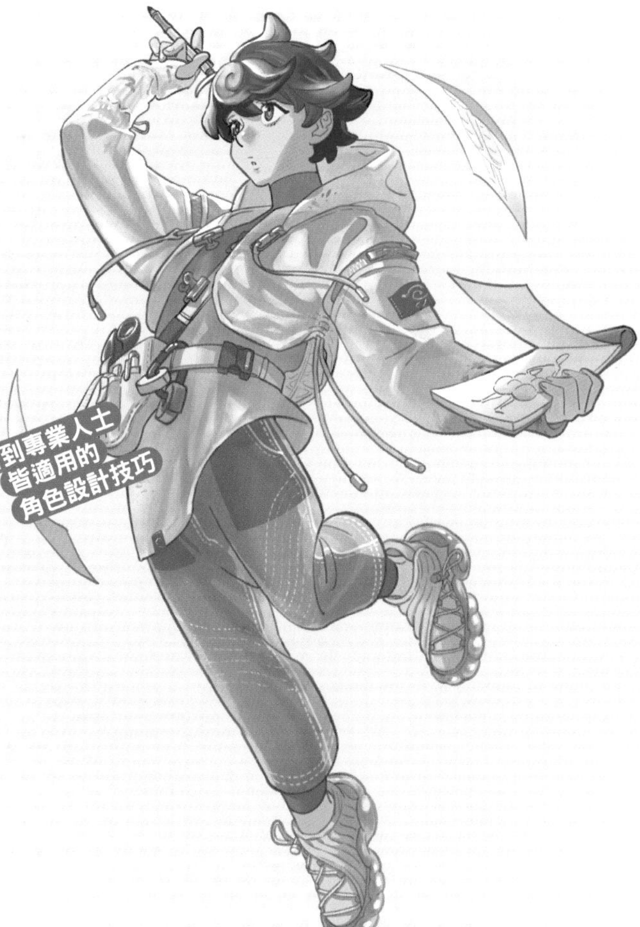

Izucchi 著

前言

感謝各位讀者翻閱本書。

本書是有關故事與角色設計方法的說明。

設計的思維是在構思角色外型之前，

先思考角色的內在＝故事，

並且將故事融入設計之中。

或許有人會認為從故事來構思設計似乎多此一舉，

但是因為有這道步驟，完成的設計就能讓觀眾了解這是甚麼樣的角色。

過去我曾經負責特攝人物變身前的服裝、動漫小配件的設計，

還有刊登在語言學習內容的插畫。

基本上都需要依照腳本內容的設計，

因此自然練就從故事構思設計的方法。

基於這些經驗的累積，

再結合多位老師習得的構思方法與技巧，

有系統地整理出屬於我自己的角色設計方法，並且歸結於本書中。

「我想要設計原創角色，但是難度有點高……」，

希望抱有這些想法的人，請先翻閱一下本書的內容。

書中以詳細的敘述從基礎開始為大家解說，

從發想到成形的所有步驟，

所以希望其中多少有能為大家「解除過往疑惑」的部分。

「明明有很多想法，卻不知道要如何表現才能讓角色述說好故事」

「我想提升繪畫技巧」

至於有這些想法的人，

我想後半部有關具體的描繪技巧，應該能帶給大家一些幫助。

希望大家閱讀本書後，會產生

「我想要試試創造出自己的角色」

「我想試試運用在一般的作品中」

等念頭。

由這兩個角色引導閱讀！

書中角色介紹

小慶和小優原本是高中同班同學。
因為同樣對漫畫和遊戲有興趣而成為好友。
小慶的興趣是描繪二次創作的繪圖，不過最近想嘗試描繪原創角色。
然而真的開始提筆描繪時，卻又不知道該如何設計角色，每天都在煩惱這個問題。
因此他想向身為專業插畫家的好友小優學習角色設計的方法。

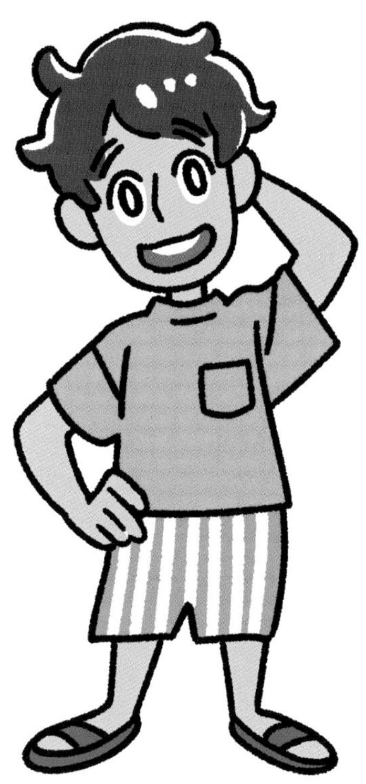

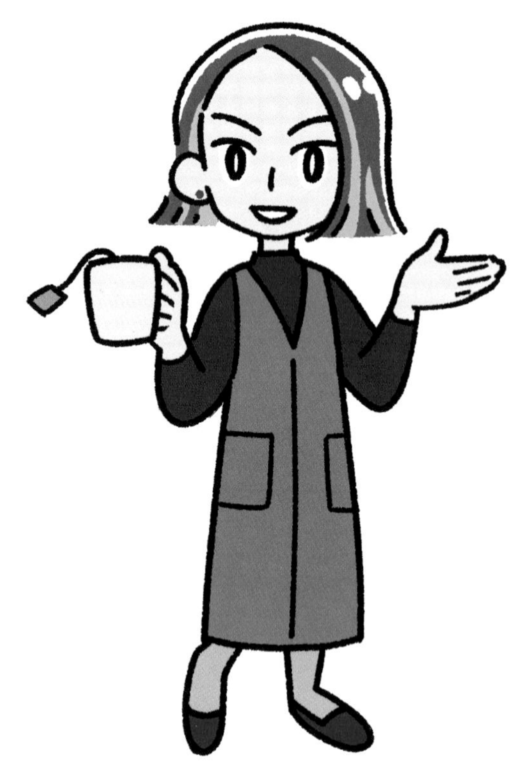

小慶

個性：開朗活潑／隨和大方／聲音和反應都很大／面對有困難的人無法袖手旁觀／三分鐘熱度／感覺型

喜歡：畫畫／可愛的東西／朋友／有趣的事物

討厭：嚴格守時／靜默

小優

個性：穩重／腳踏實地／知識淵博／一旦著迷就會長久沉迷其中／理論型

喜歡：工作時喝的美味好茶／貓咪／安靜的環境

討厭：散亂的房間和抽屜／人潮擁擠

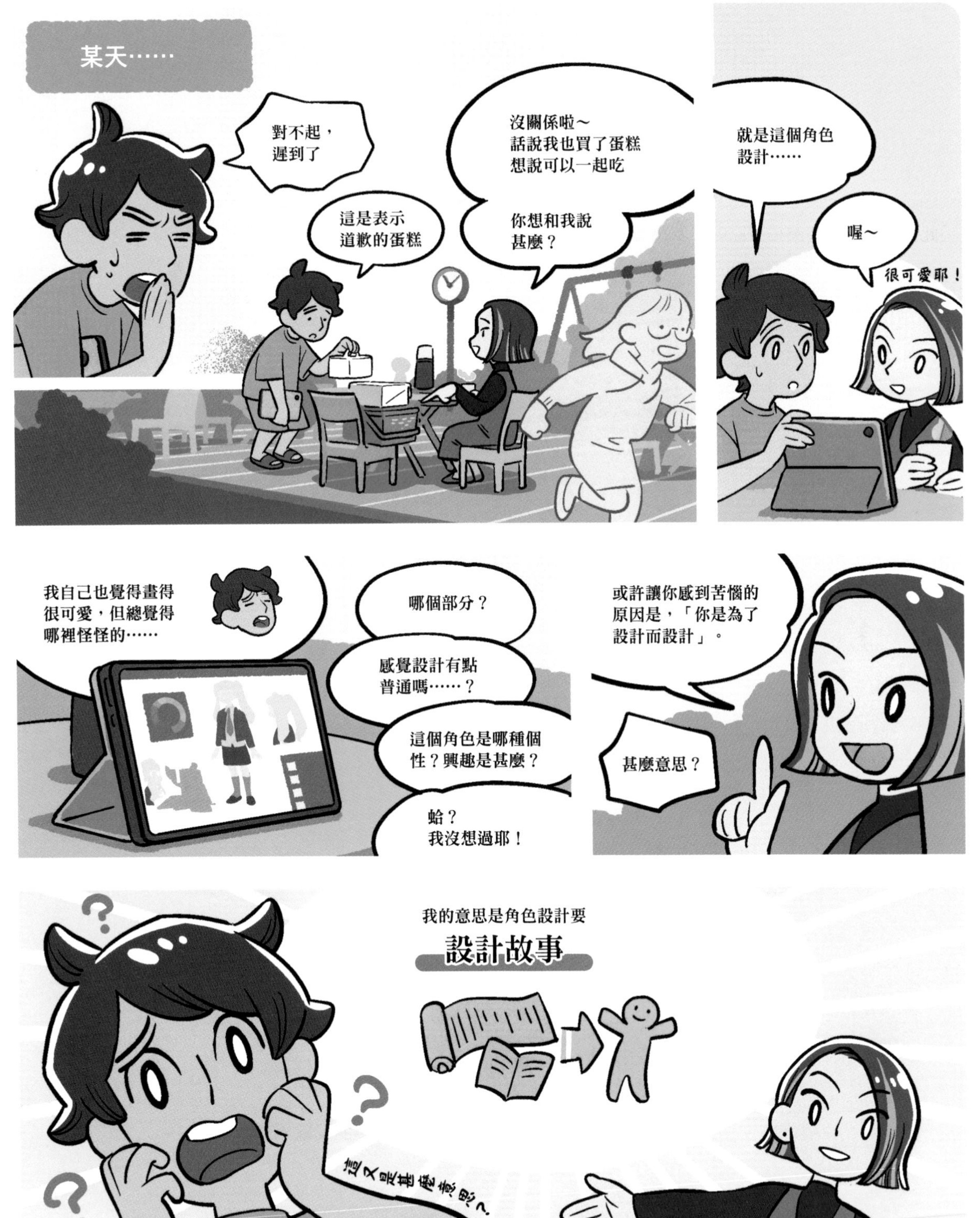
某天……
對不起，
遲到了
這是表示
道歉的蛋糕
沒關係啦～
話說我也買了蛋糕
想說可以一起吃
你想和我說
甚麼？
就是這個角色
設計……
喔～
很可愛耶！
我自己也覺得畫得
很可愛，但總覺得
哪裡怪怪的……
哪個部分？
感覺設計有點
普通嗎……？
這個角色是哪種個
性？興趣是甚麼？
蛤？
我沒想過耶！
或許讓你感到苦惱的
原因是，「你是為了
設計而設計」。
甚麼意思？
我的意思是角色設計要
設計故事
這又是甚麼意思？

何謂角色設計？

角色設計是指設計故事

你現在穿著哪一種衣服？

- 因為穿著舒適
- 因為是我喜歡的品牌
- 因為這個版型很適合我

我想會有各種不同的原因。
或許也會有人這麼回答：我不太注重服裝穿著！

- 隨便穿
- 家人買甚麼就穿甚麼

對於選擇現在的穿著並沒有特別的原因。

但是為何不注重穿著？
為何穿了別人選的衣服？
應該有其理由，也就是有其故事。
角色設計如出一轍。
角色的穿著、髮型或手持物件等。
全都有理由，全都有故事。
然後將這些故事融入設計之中，化為有形的繪圖傳遞給觀眾，這就是角色設計。

本書以這個思維為基礎，
說明**以故事建構角色設計的方法。**

「簡單明瞭的設計」

為何簡單明瞭很重要？
因為這是表現的基礎。
如果將易於傳達、簡單明瞭的設計當成基礎，那麼難以傳遞的設計就屬於進階應用。

換言之，我認為要懂得簡單明瞭的設計方法，才能加以運用，創造複雜的設計。

因此，當你想要提筆設計時，基礎所學將有助於作業。

這點適用於各種領域。
你想要解開公式，就得先學會加減法等基礎。
若想要烹煮出美食，就得從學習基本調味開始，
角色設計也是相同的道理。

我認為想完成自己喜歡的角色設計，從基礎學習有益無害。

接下來就讓我們一起進入基礎學習的環節！

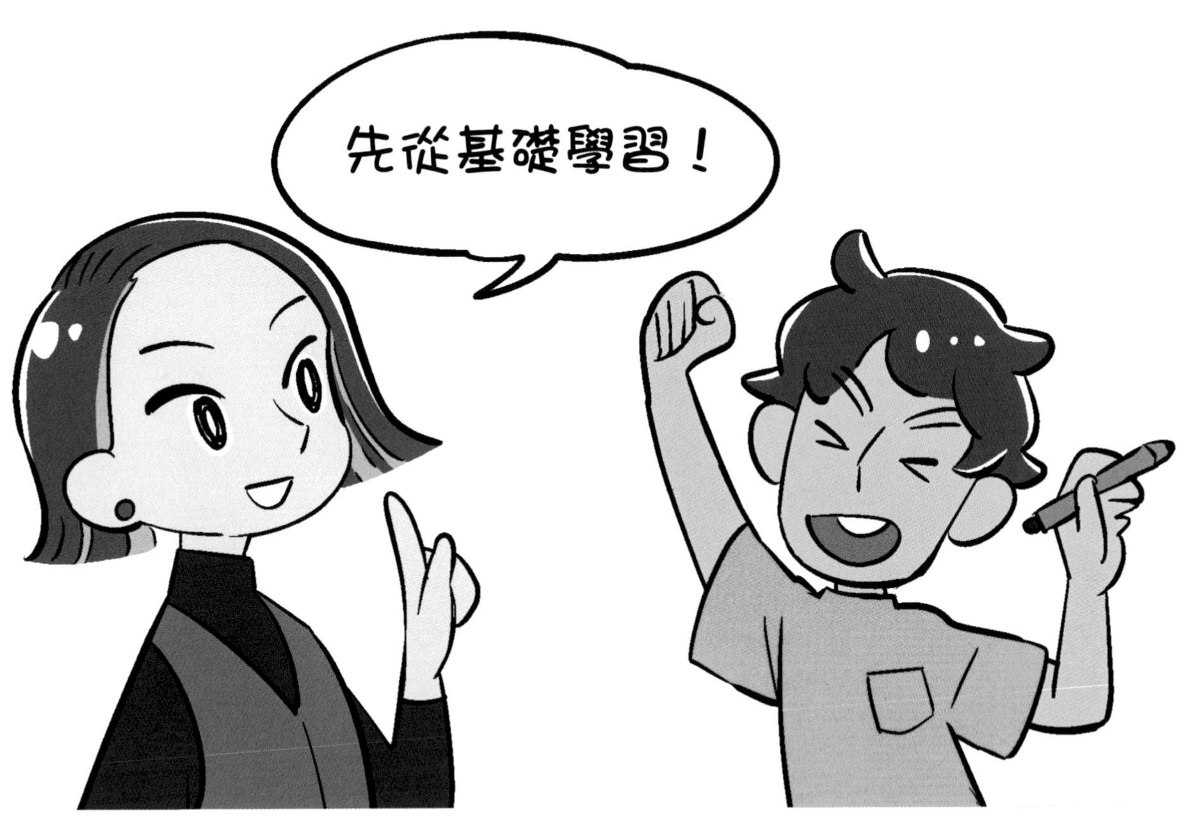

能夠傳遞故事的
角色設計
從入門者到專業人士都適用的角色設計技巧

目次

序言

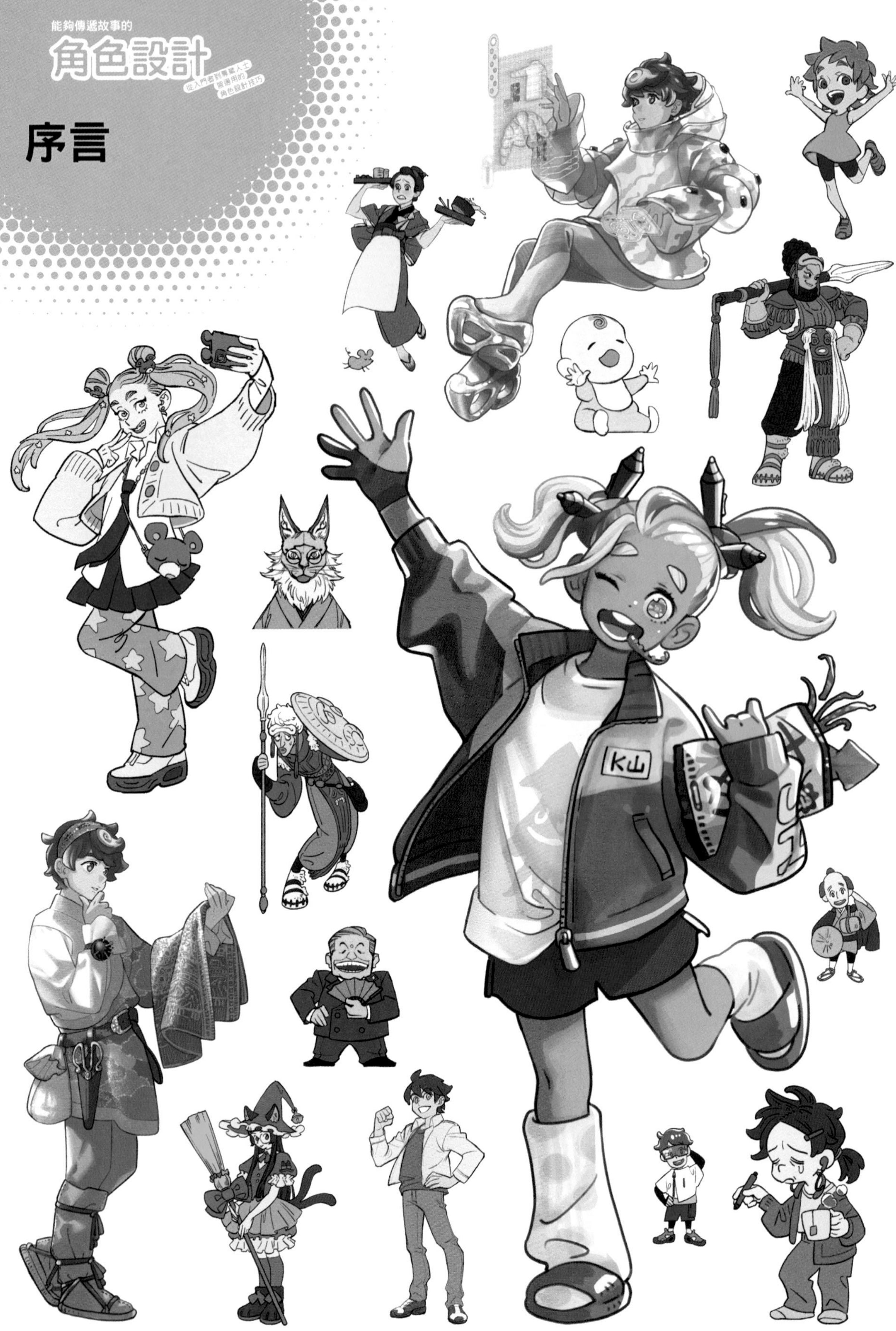

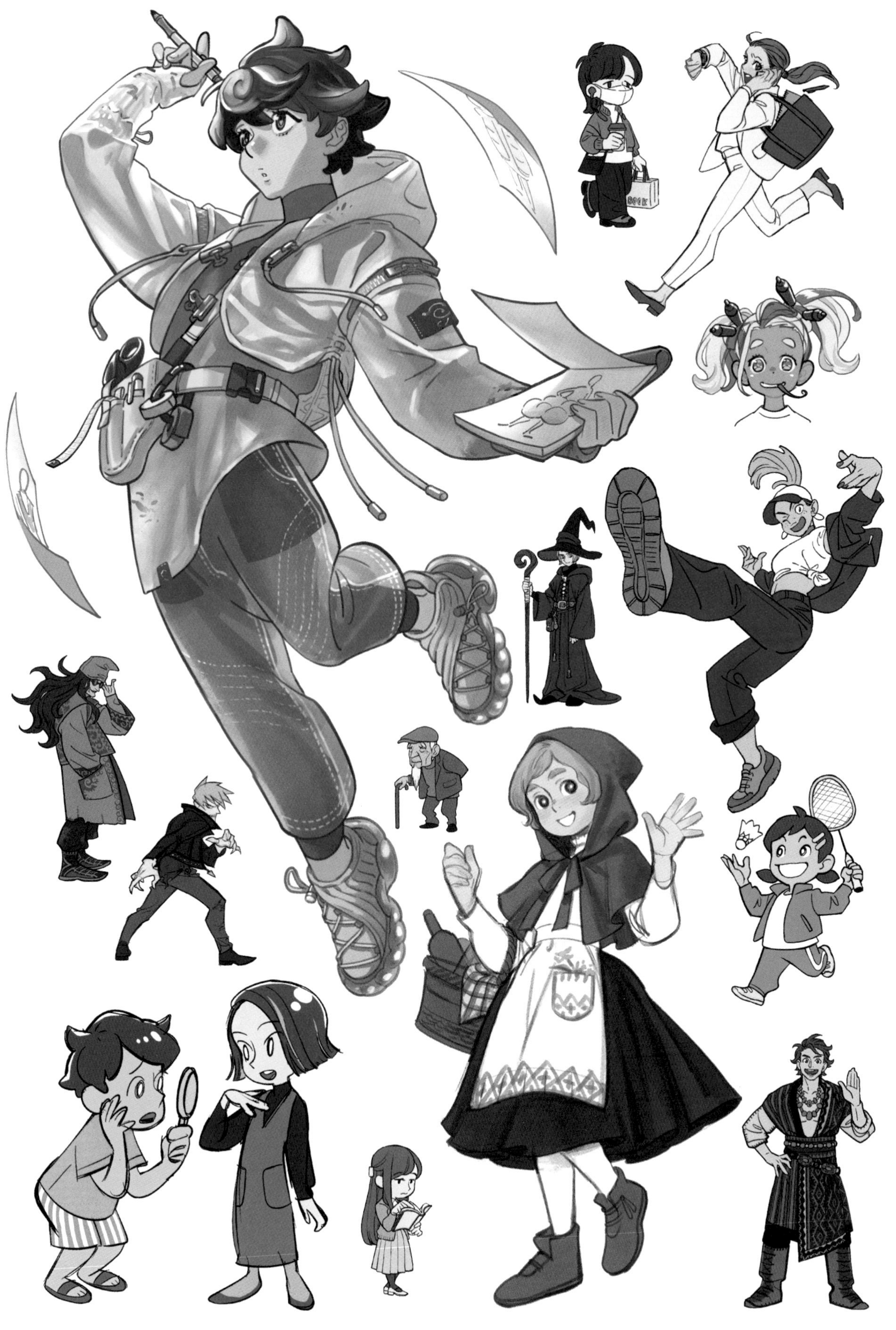
BOOK

從故事起步的角色設計

將故事融入角色設計

本書在角色設計方面的思維是「從角色的故事，包括個性、居住的環境和從事的工作等方面開始著手，而不單單流於外表造型」。
這裡我利用著名童話小紅帽為例，向大家介紹故事和角色設計之間的關聯。

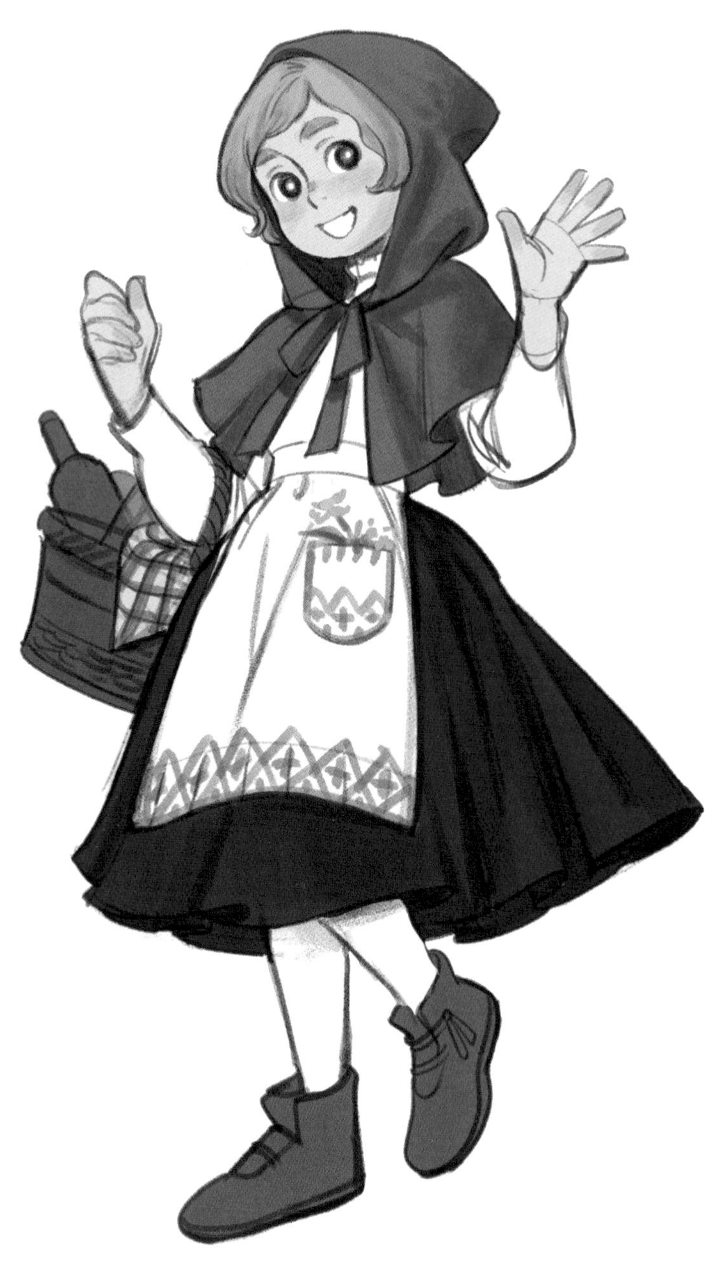

①將故事彙整成設定

大家熟知的小紅帽故事如下。

從前從前，有個小女孩住在一座深山的村莊裡。
小女孩很喜歡奶奶縫給自己的紅頭巾，村民都稱小女孩為「小紅帽」。
有天媽媽請小紅帽幫忙帶蛋糕和紅酒探訪感冒生病的奶奶。
媽媽還叮嚀道：「森林裡有大野狼出沒，妳要小心喔！」，
小紅帽回道：「知道了！」但是小紅帽在路上遇到前來搭訕的大野狼……。

下面我們要摘錄設計所需的資料：

從前從前，有個小女孩住在一座深山的村莊裡。
小女孩很喜歡奶奶縫給自己的紅頭巾，村民都稱小女孩為「小紅帽」。
有天媽媽請小紅帽幫忙帶蛋糕和紅酒探訪感冒生病的奶奶。
媽媽還叮嚀道：「森林裡有大野狼出沒，妳要小心喔！」，
小紅帽回道：「知道了！」
但是小紅帽在路上遇到前來搭訕的大野狼……。

橘色：人物形象資料
藍色：故事資料

將摘錄的資料分類後，開始設定。

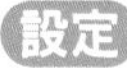

方向性

領域
- 過去的故事
- 童話

受眾讀者
- 兒童

世界觀

時代
過去的時代，不過因為有蛋糕和紅酒，所以大概是中世紀？

地區
西方→從紅酒和蛋糕推測

文化
西方深山裡的村莊、鄉村

寫實程度
有點奇幻色彩（因為大野狼會說人話）

人物形象

個性
奶奶心愛的孫女？和村民相處融洽，給人乖巧且喜歡與他人往來的感覺

喜歡
紅頭巾

角色
主角

社會身分
有人照顧的孩子
人際關係
└家人　媽媽、奶奶
└朋友　村民們
└敵人　大野狼

②調查

調查設定中令人疑惑與想進一步探究的部分。

想調查故事 所在地區	想調查小紅帽的 由來	得調查西方→ 民俗服裝	使用哪一種籃子	當時兒童的 日常服飾為？

③設計

一邊思考這些疑問一邊設計。

應該有哪些圖樣？

要用哪種長相來表現個性？

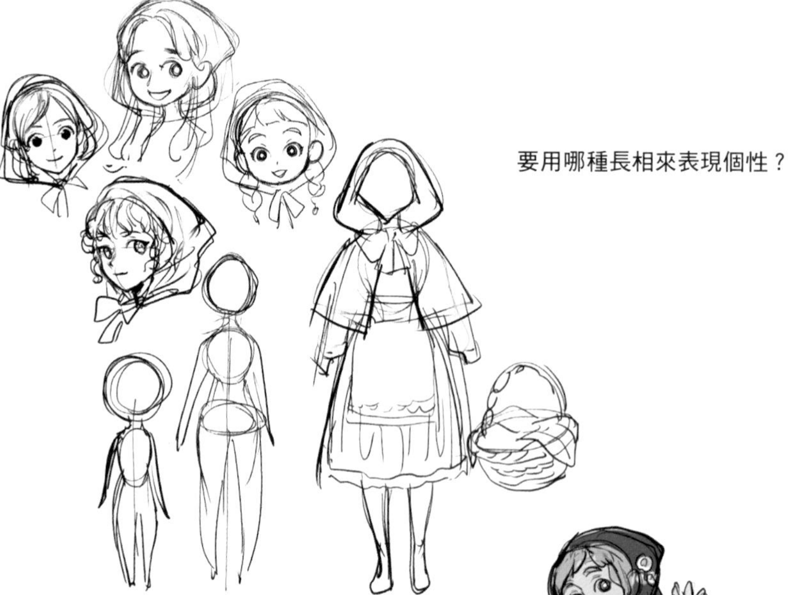

最能代表角色特色的重點？

④決定顏色

哪種顏色和氛圍才適合
這個小孩的個性和世界觀？

⑤姿勢與表情

決定設計。
最後加上表情和姿勢，更進一步展現角色個性。

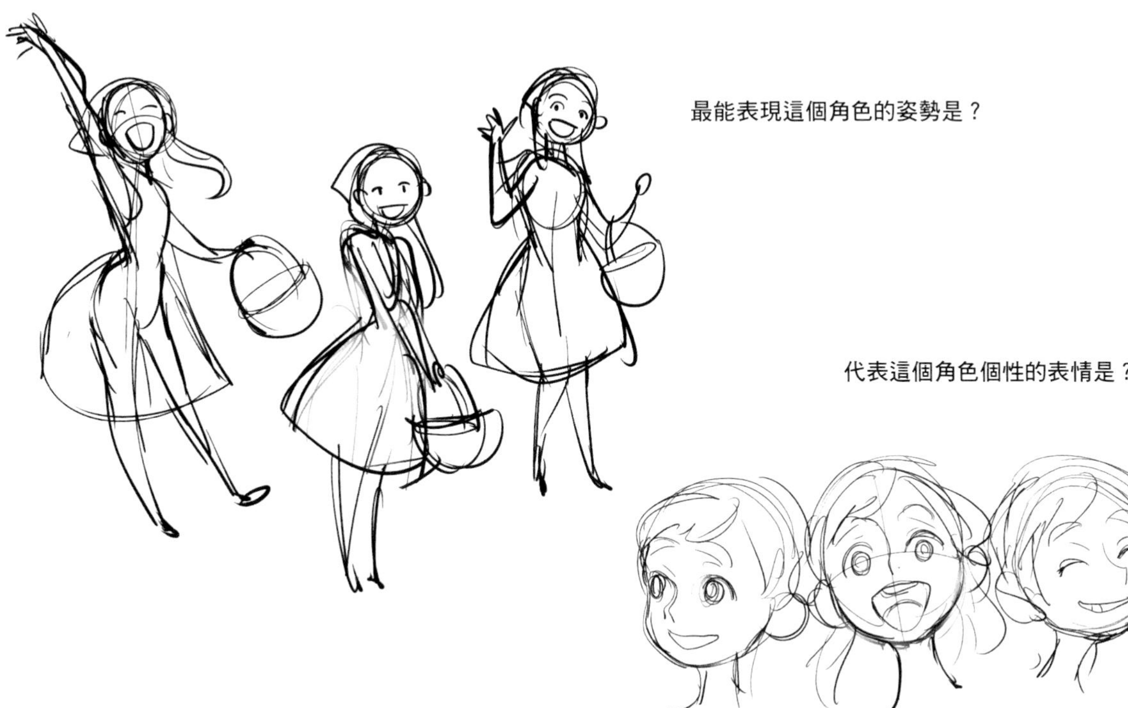

最能表現這個角色的姿勢是？

代表這個角色個性的表情是？

⑥完成

完成！
從故事蒐集設計所需的資料，以這些資料為基礎，進一步檢視相關資料與設計。
上述內容正是本書想告訴大家關於角色設計的方法。

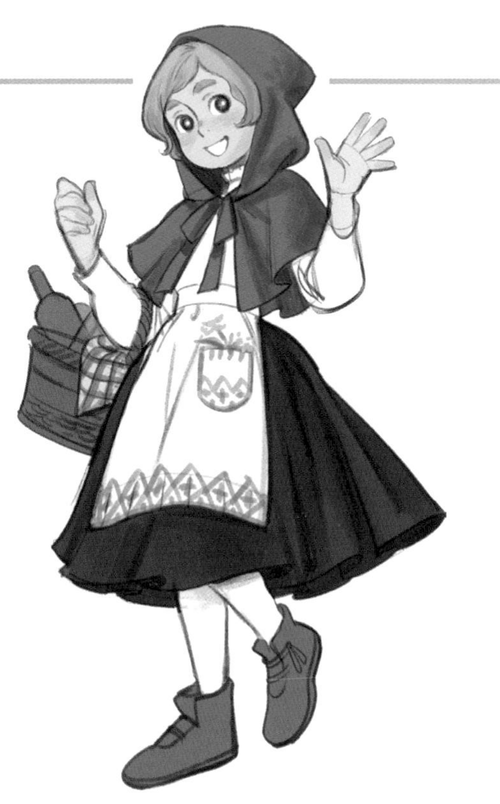

為何故事很重要？

角色設計就是將故事視覺化

一如大家在小紅帽範例中所見，角色設計和故事之間有無法分割的關係。

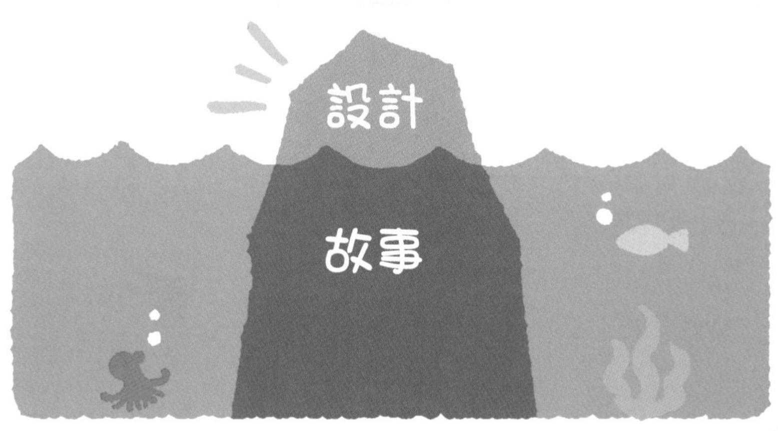

若將這塊大岩石代表角色設計的全身像，設計不過是大家肉眼可見的冰山一角。即便是虛構的角色，一旦角色誕生，「故事」即存在。
只是故事這塊基石隱藏在設計的底部。

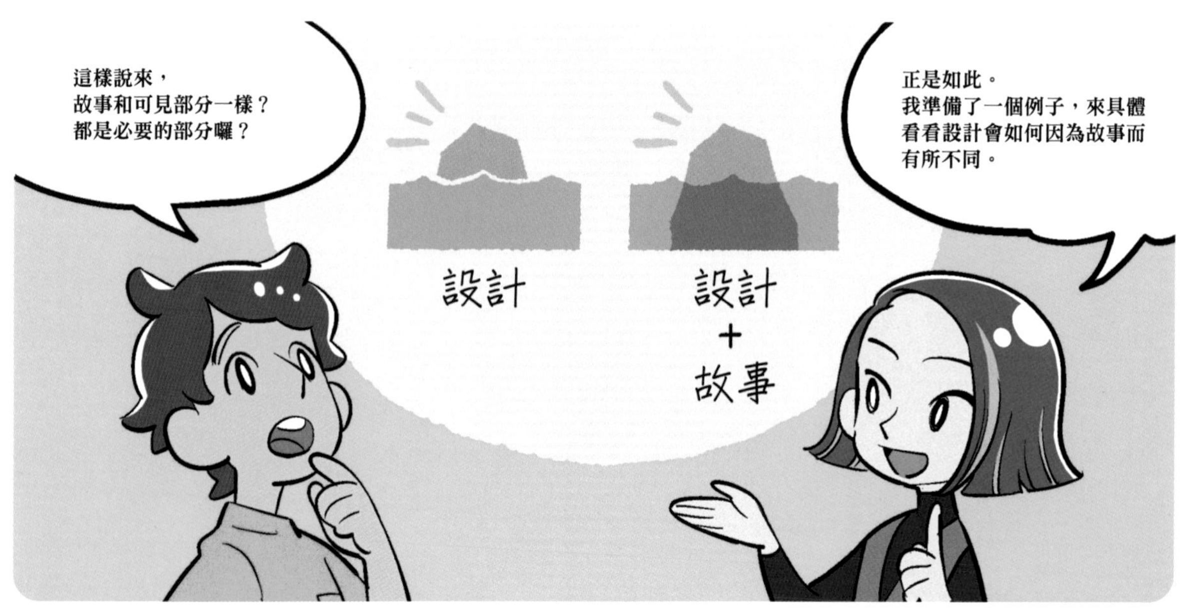

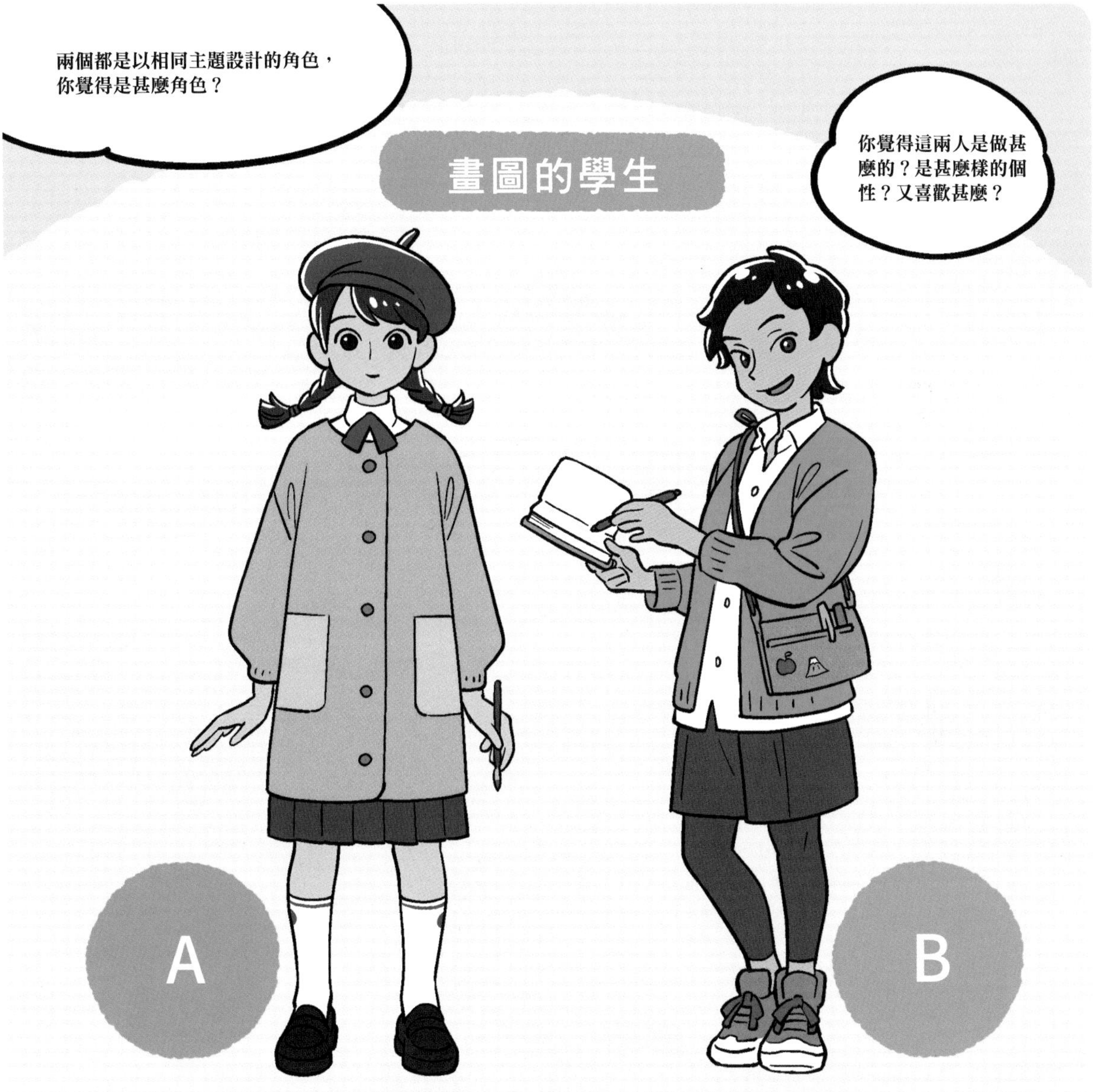

兩個都是以相同主題設計的角色，
你覺得是甚麼角色？

你覺得這兩人是做甚
麼的？是甚麼樣的個
性？又喜歡甚麼？

畫圖的學生

A

B

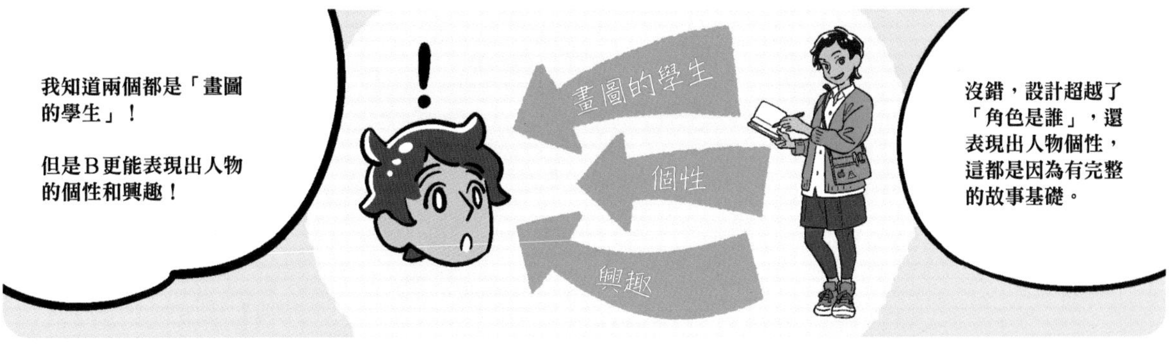

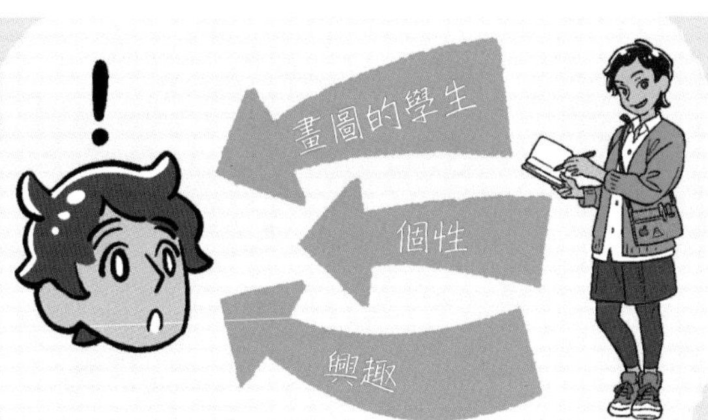

運用身邊的人事物

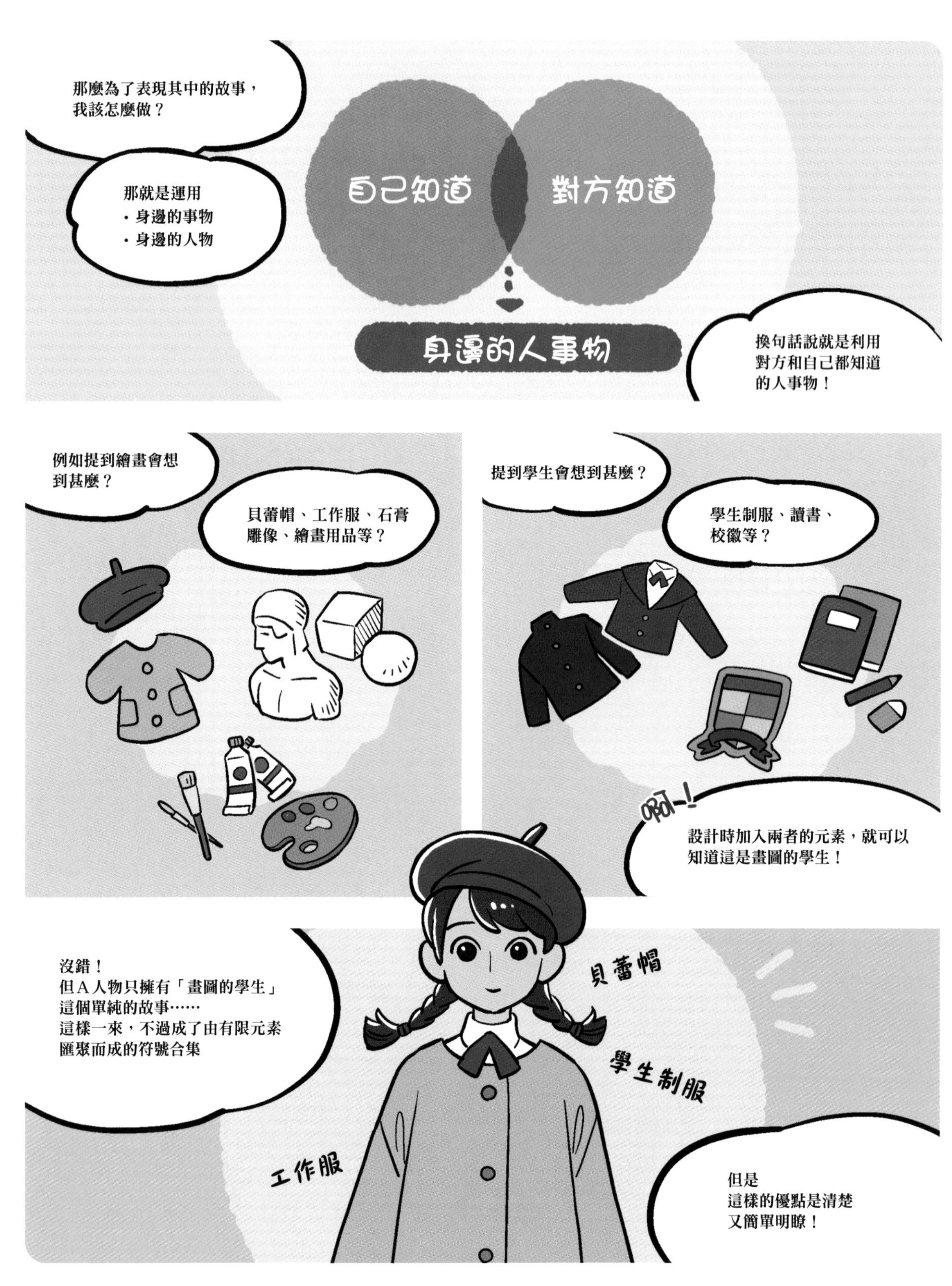
那麼為了表現其中的故事，
我該怎麼做？
那就是運用
・身邊的事物
・身邊的人物
自己知道
對方知道
身邊的人事物
換句話說就是利用
對方和自己都知道
的人事物！
例如提到繪畫會想
到甚麼？
貝蕾帽、工作服、石膏
雕像、繪畫用品等？
提到學生會想到甚麼？
學生制服、讀書、
校徽等？
啊—！
設計時加入兩者的元素，就可以
知道這是畫圖的學生！
沒錯！
但Ａ人物只擁有「畫圖的學生」
這個單純的故事……
這樣一來，不過成了由有限元素
匯聚而成的符號合集
貝蕾帽
學生制服
工作服
但是
這樣的優點是清楚
又簡單明瞭！

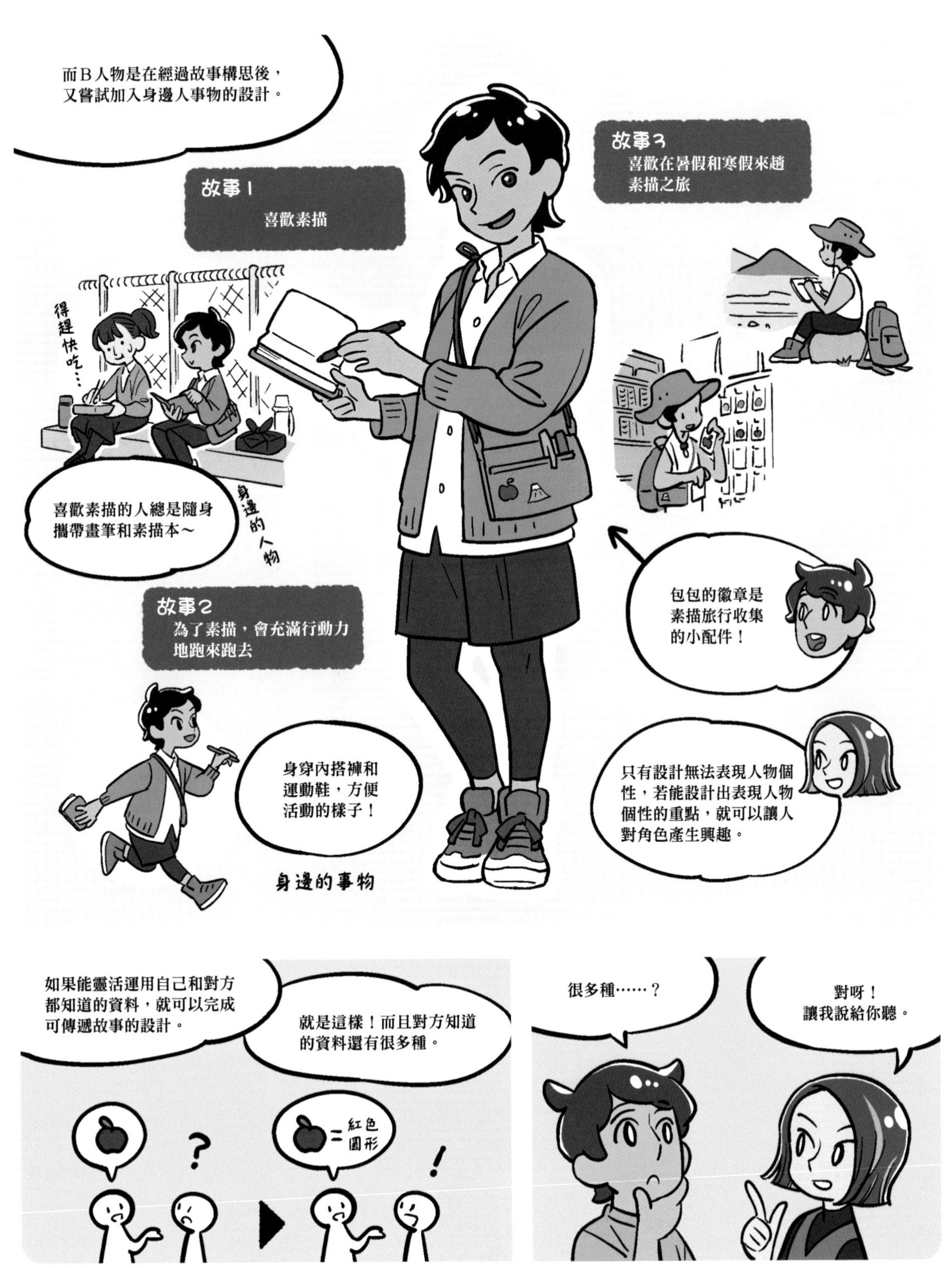
而B人物是在經過故事構思後，
又嘗試加入身邊人事物的設計。
故事1
喜歡素描
得趕快吃⋯⋯
喜歡素描的人總是隨身攜帶畫筆和素描本～
身邊的人物
故事3
喜歡在暑假和寒假來趟素描之旅
包包的徽章是素描旅行收集的小配件！
故事2
為了素描，會充滿行動力地跑來跑去
身穿內搭褲和運動鞋，方便活動的樣子！
只有設計無法表現人物個性，若能設計出表現人物個性的重點，就可以讓人對角色產生興趣。
身邊的事物
如果能靈活運用自己和對方都知道的資料，就可以完成可傳遞故事的設計。
就是這樣！而且對方知道的資料還有很多種。
?
=紅色圓形
!
很多種⋯⋯？
對呀！
讓我說給你聽。

何謂傳遞故事的資料

資料種類

相信大家已經了解是否有故事為基礎，在角色設計上會有明顯的差異。
因為角色設計是由傳遞故事的資料集結而成。
但是，即便統稱為資料，依舊可以分成以下 3 種類型。

①一般資料

自己和對方
都知道

②隨時代與文化而不同的資料

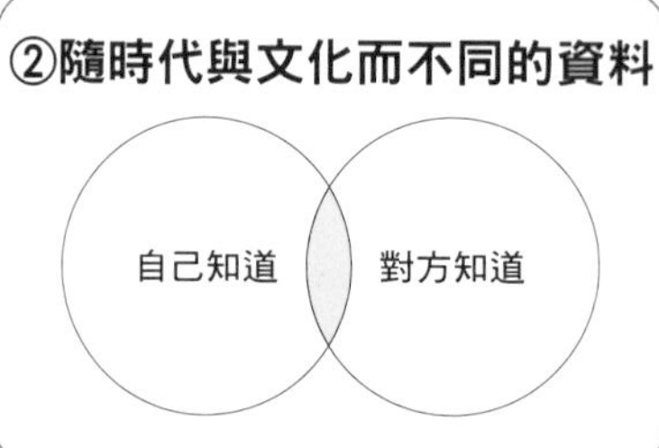

③只有自己才知道的資料

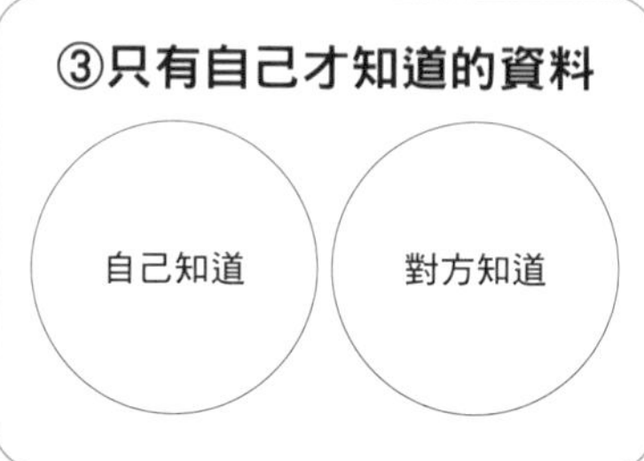

容易傳遞 ← → 不易傳遞

以紅色和藍色為例…

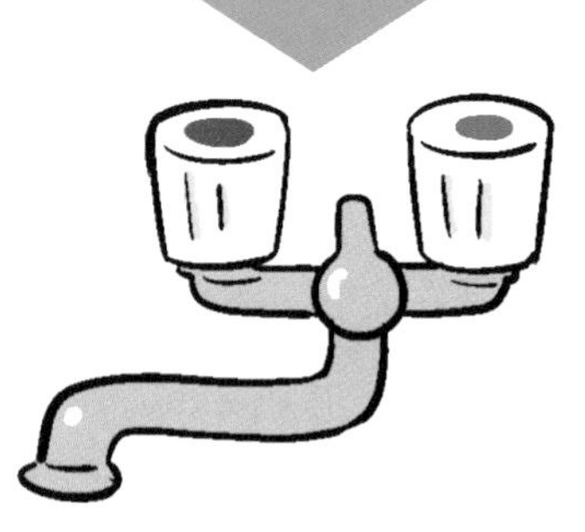

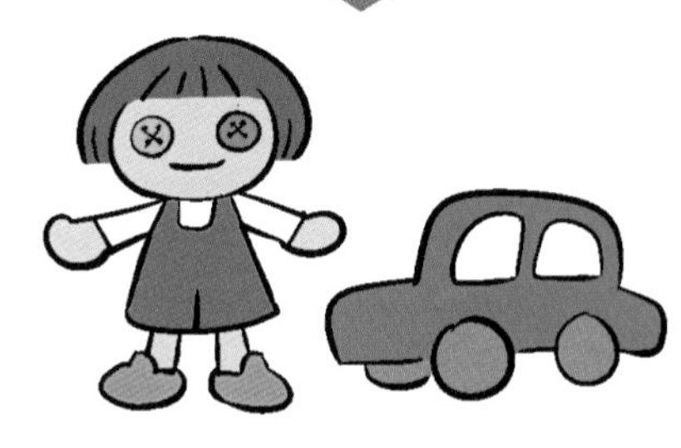

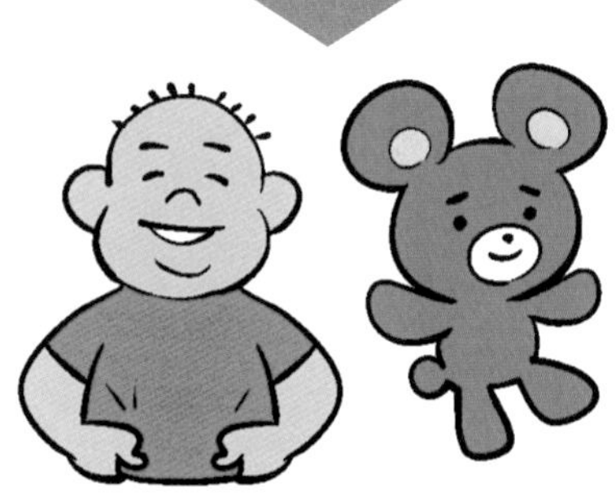

熱／冷

本能知道的事物。其實人看到紅色，體溫就會上升，看到藍色，體溫就會下降。

女生和男生的玩具顏色

由人所決定。
過去是常見的表現，但是如今已不再是以性別限定顏色的時代。

親友最愛的顏色／從小就有的娃娃顏色

不說明就不會知道

①一般資料

【優點】

可跨越人種和國籍傳遞

有很強的傳播力

不會因時代而過時

【缺點】如果僅靠這些資料，會形成相似的設計

②隨時代與文化而不同的資料

【優點】

可以傳遞更複雜的資訊

【缺點】

只會在擁有相同文化的人之間流傳

一旦時代改變就無法傳遞，也可能會傷害他人

③只有自己才知道的資料

【優點】

只有在這一項才能獲得原創性高的資料

【缺點】

不加以說明無法傳遞

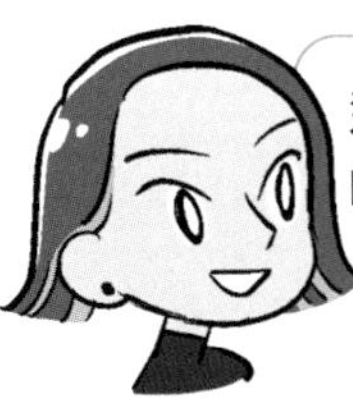

這樣你是不是覺得，我們不要使用 3【只有自己才知道的資料】，只利用 1 和 2 完成角色設計就好？

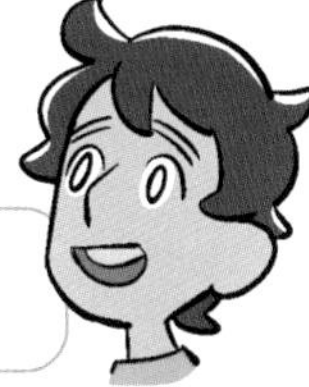

對啊，這樣比較容易讓大家了解。

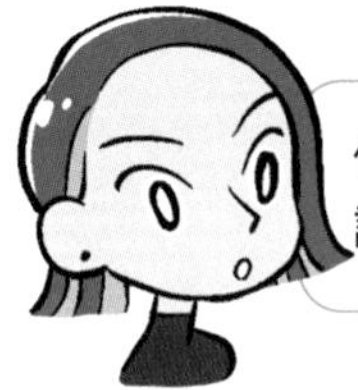

但是正好相反喔。不論是 1 、 2 ，還是 3 ，都是可傳遞訊息的工具。

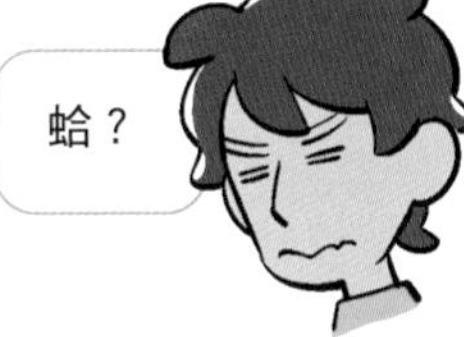

蛤？

A

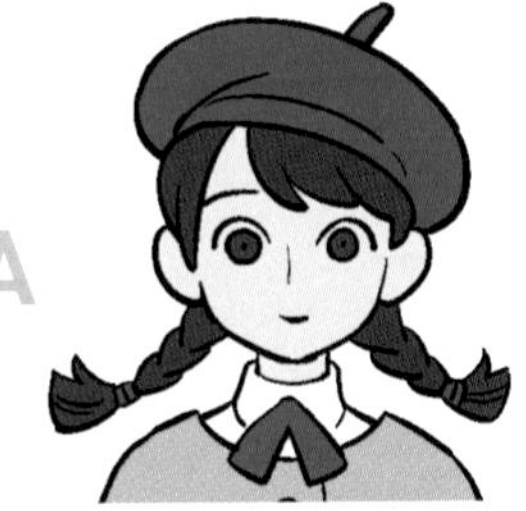

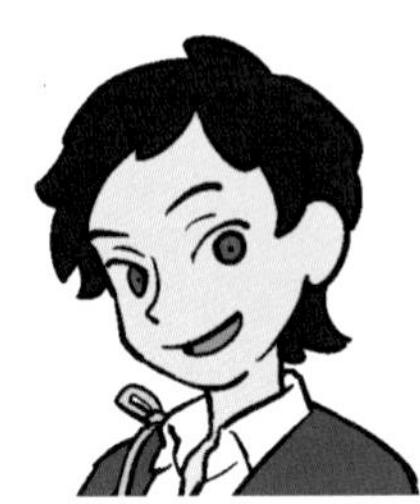

B

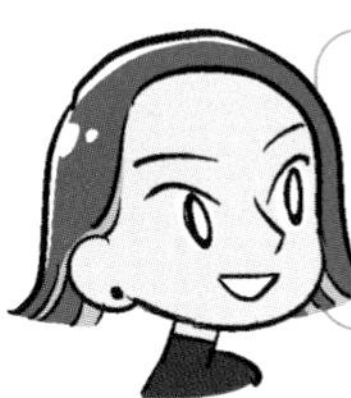

A 人物是只用 1 和 2 設計出的人物。而 B 是利用了 1 和 2 傳遞出 3 。如果只用 1 和 2 ，人物身上就只有眾所皆知的資料，所以不論如何就會形成似曾相識的設計。

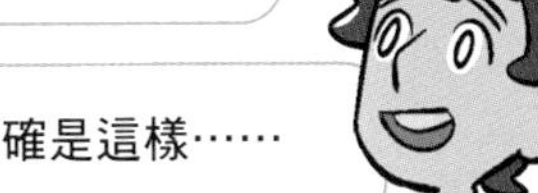

的確是這樣……

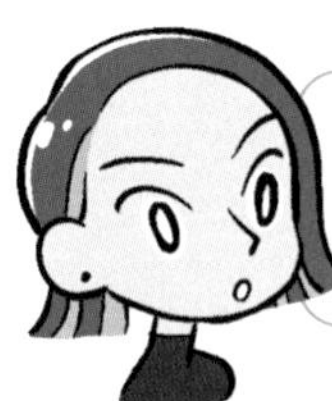

所以如果設計構想是運用 1 和 2 來表現 3 ，就會構成原創的設計。

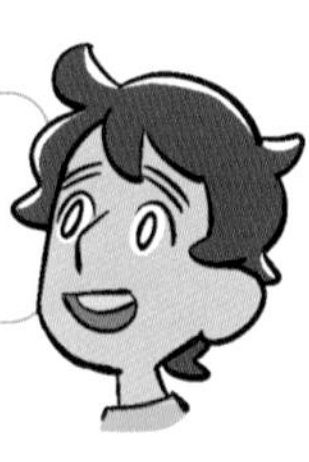

1 和 2 都是傳遞故事的好用工具，但是重要的是傳遞出角色專屬的故事。

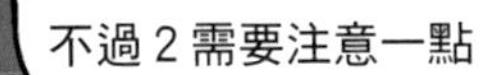

不過 2 需要注意一點，

那就是很容易形成有刻板印象的設計，要小心。

簡單明瞭的陷阱

大家認為這個包包的主人是誰？

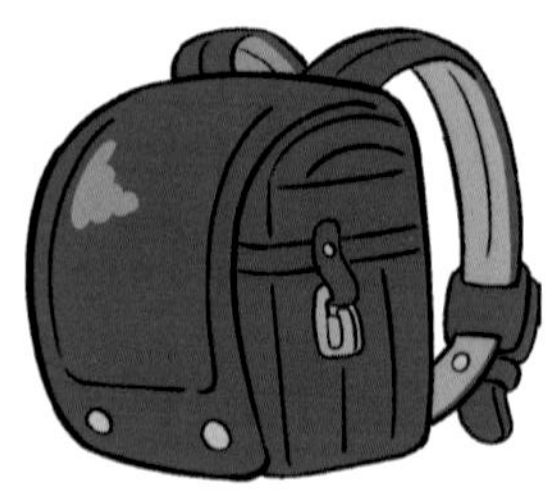

尤其小學時期歷經昭和到平成初期的人，應該都會覺得這是女生的書包吧！
我正是屬於那個世代的人。當時大部分的男生是黑色書包，女生是紅色書包。
如今來到依照個人喜好選擇各種顏色和設計的時代，在大眾的認知中，性別不再僅止於二元化，已是一種常識。

因為是小學女生，所以要背紅色書包，這可說是一種刻板印象的表現。不過要說這樣的表現不可行也不盡然。

- 這個角色是否會選擇紅色
- 因為有想表達的東西，所以需要拿紅色
- 在使用媒介或用途的考量上，是否會帶給觀眾不好的影響

我認為重點在於要基於上述觀點來設計。
我覺得這並非限縮了表現的可能性，而是一種真誠創作的態度，不但加深了對角色的理解，甚至還考量到是否會對未來的觀眾造成影響。

雖然我這麼說，但其實我也曾有過幾次因為自己的偏見而導致失敗的慘痛經驗。
工作的相關人員對刻板印象的表現會有嚴格的檢視。
以前曾經下意識將位高權重的人物描繪成男性，將來到幼稚園接小孩的親人畫成女性，而被對方要求修改。儘管我平常就知道不論職位高低，還是養育小孩都與性別無關。

不論你喜不喜歡，偏見都會像這樣無意識深入你的腦中，因此才會這麼容易傳遞。但是請大家留意，這些偏見中是否混入了助長刻板印象，或對誰不利的表現。

COLUMN

作者推薦書籍①

LGBTだけじゃない!　わたしの性　シリーズ
監修　佐々木掌子・長谷川奉延
国土社, 2022年～

這本書是針對兒童編撰，可以學到各種性別本身的樣貌。對於不知道哪種表現是不可行，哪種表現是可行的人，或是不知該從何處學習相關知識的人，我推薦這本入門書。

第1章　故事創作

1

1 故事創作

要如何創作故事？

何謂故事

在沒有故事的情況下設計

序言將角色設計定義為「角色設計就是將故事視覺化」。因此我們先來構思當成基礎的故事。或許有人覺得這是多此一舉，但是由穩固基礎誕生的設計，才會是既有原創性又能傳遞敘事的設計。

如果手邊已經有故事的人，可以跳過本篇的內容。

而想從零學習角色設計的人，接下來就和我一起構思故事吧！

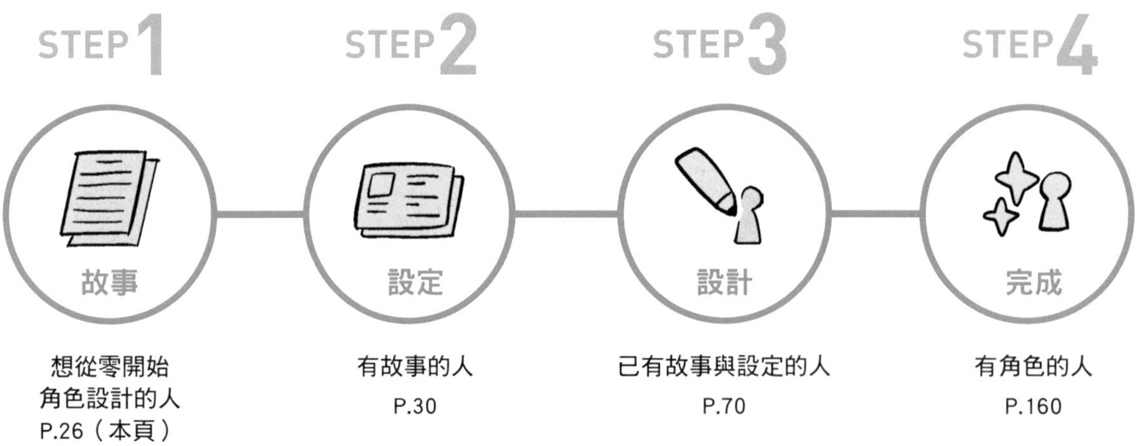

具體而言何謂故事？

當你聽到故事一詞，腦中會想到甚麼？

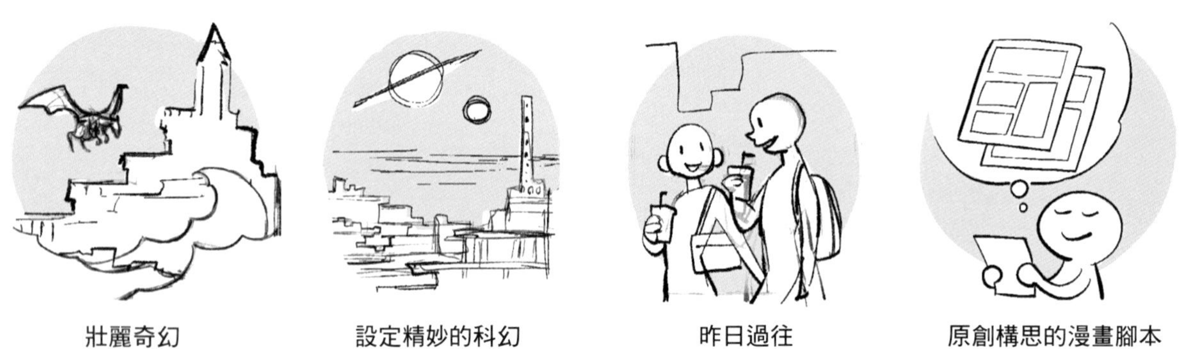

壯麗奇幻　設定精妙的科幻　昨日過往　原創構思的漫畫腳本

這些全都是故事。故事的定義就是如此廣泛多元。

因此，為了協助大家順利閱讀本書，我先定義本書所謂的故事。

本書所謂的故事定義

一言以蔽之……

角色相關事件的集合體！

換句話說，只要構思出一個又一個的事件，就會形成一篇故事！
事件的長短不拘，
例如：

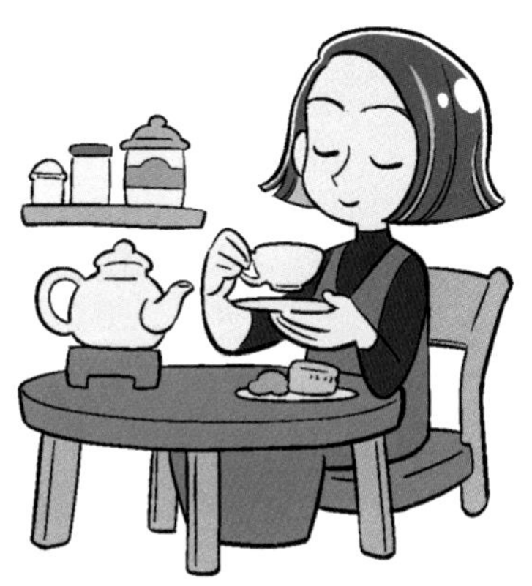

一直在家工作，為了轉換心情開始品茶，如今已成了一種興趣。

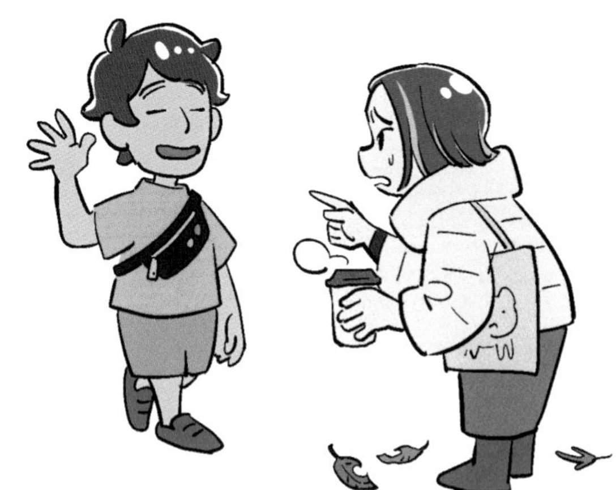

因為怕熱，所以小慶總是穿短袖短褲。

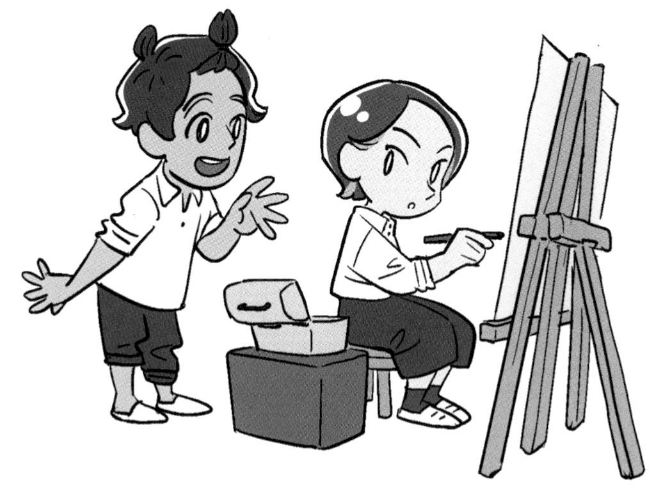

兩人因為高中上美術課而成為好友。
後來小慶也把畫畫當成興趣。

諸如此類。
接下來，我們繼續發展故事內容。

提筆寫故事！

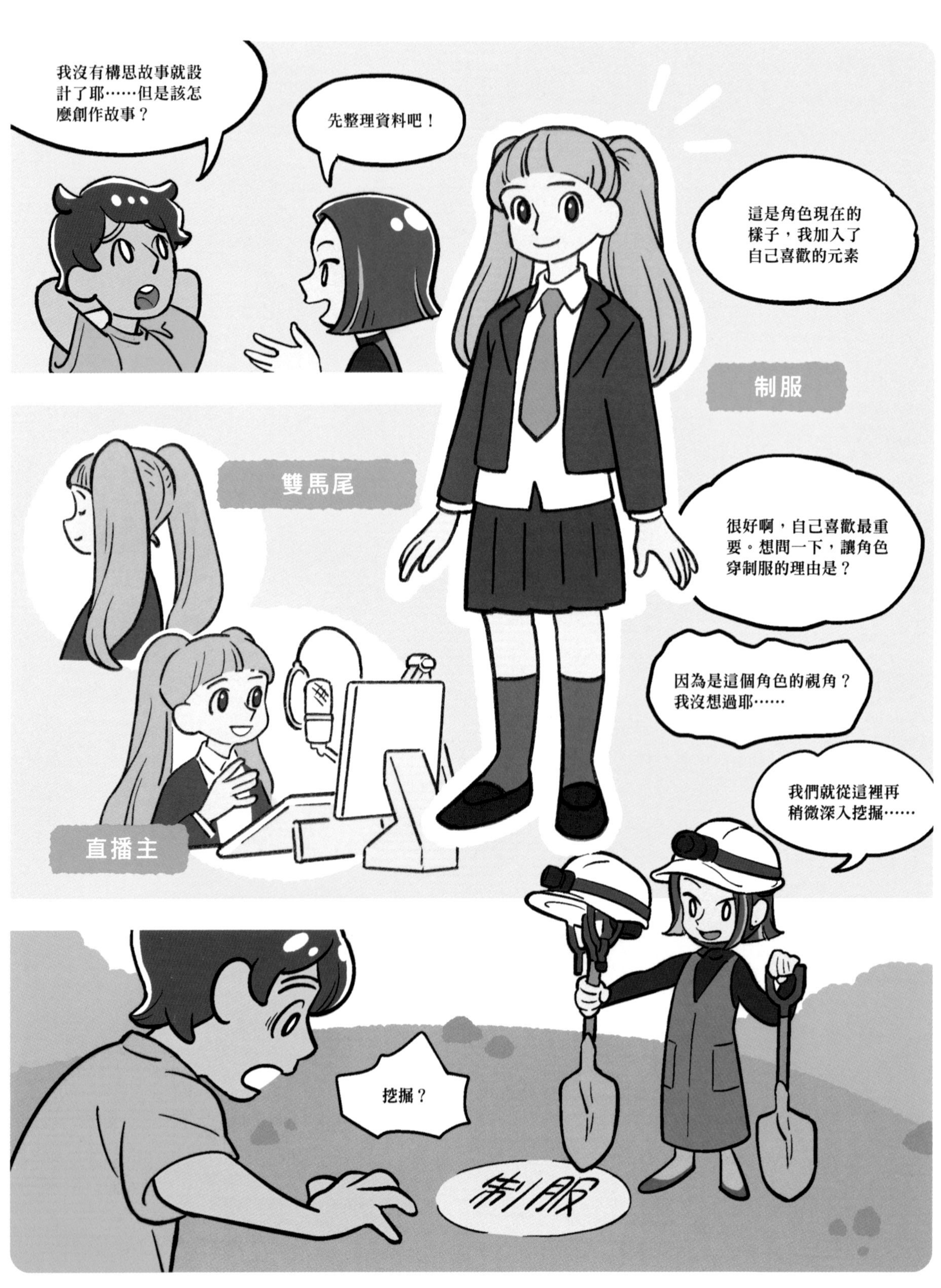
我沒有構思故事就設
計了耶……但是該怎
麼創作故事？
先整理資料吧！
這是角色現在的
樣子，我加入了
自己喜歡的元素
制服
雙馬尾
直播主
很好啊，自己喜歡最重
要。想問一下，讓角色
穿制服的理由是？
因為是這個角色的視角？
我沒想過耶……
我們就從這裡再
稍微深入挖掘……
挖掘？
制服

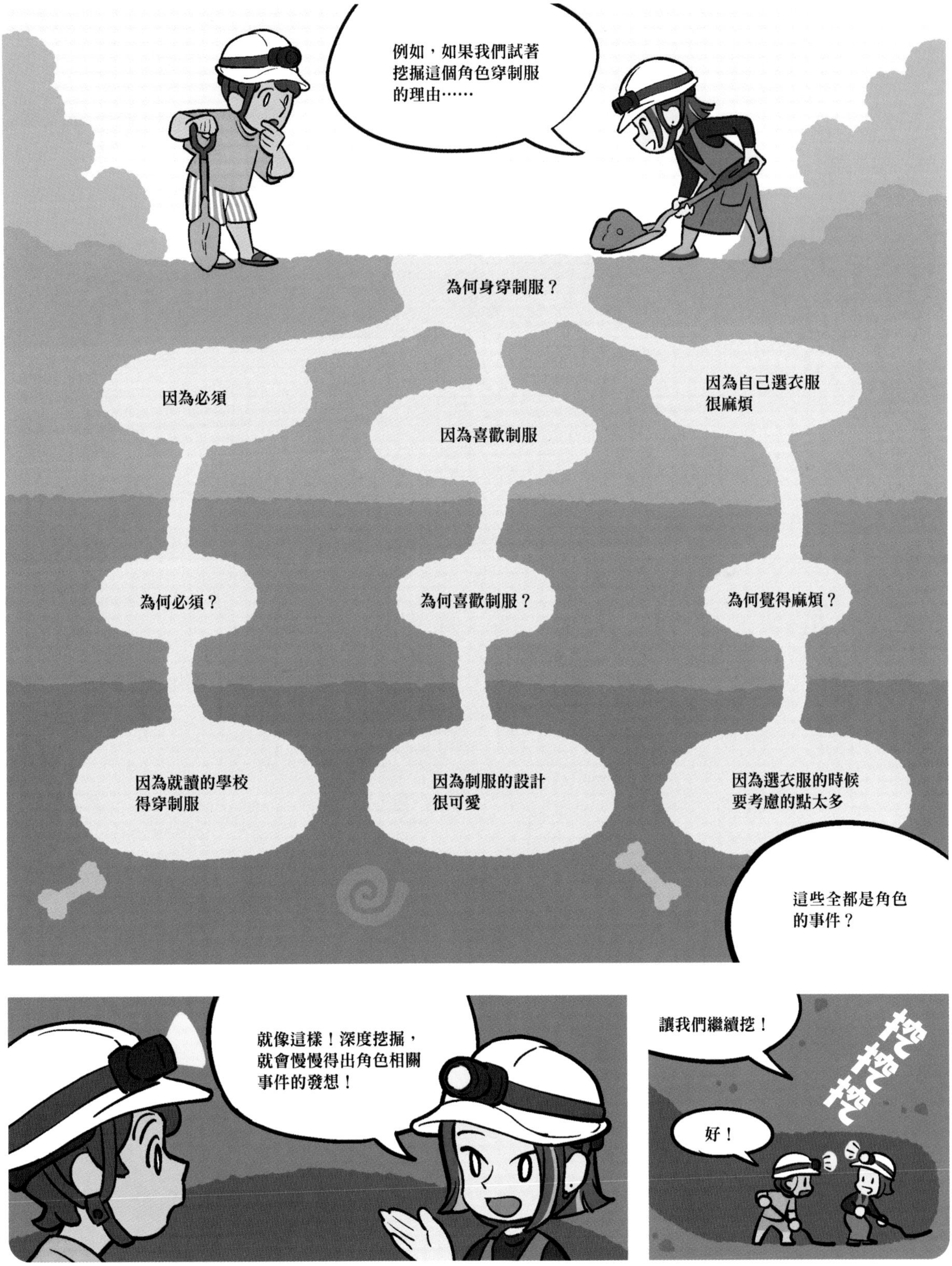

例如，如果我們試著挖掘這個角色穿制服的理由……

為何身穿制服？

因為必須

因為喜歡制服

因為自己選衣服很麻煩

為何必須？

為何喜歡制服？

為何覺得麻煩？

因為就讀的學校得穿制服

因為制服的設計很可愛

因為選衣服的時候要考慮的點太多

這些全都是角色的事件？

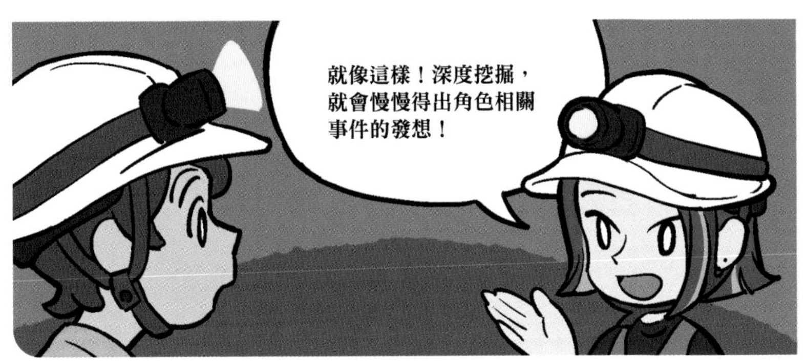

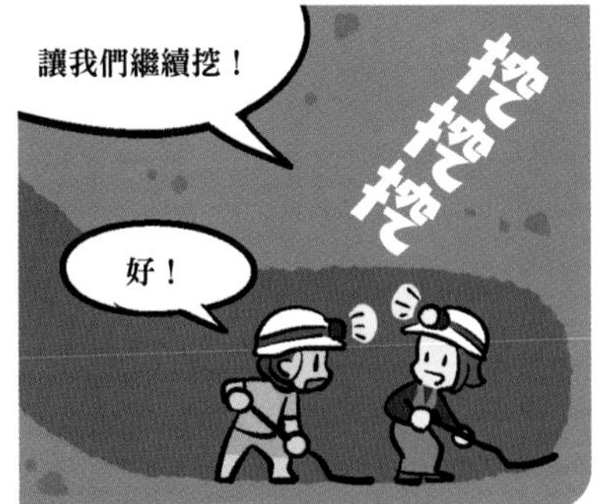

深度挖掘，創作故事

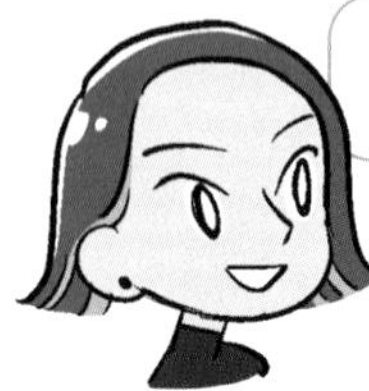

現在我們手上的資料有「直播主」、「制服」和「雙馬尾」。

直播主　　制服　　雙馬尾

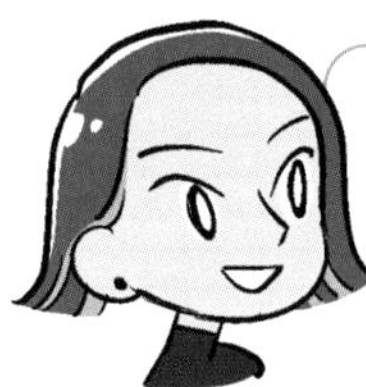

話說這個角色發布的內容是哪一種？

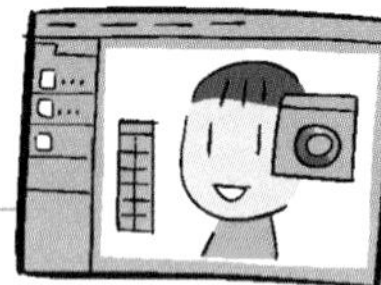

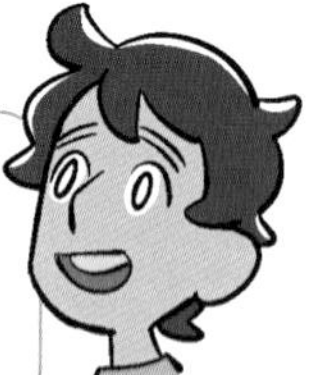

插畫作業
因為想要上傳繪圖影片，所以想做一個自己的虛擬化身。

原來如此！
是出於甚麼原因呢？

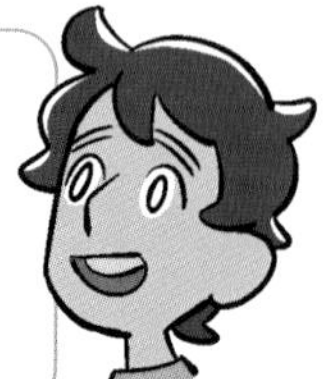

看到繪圖的朋友和喜歡的插畫家影片時，覺得自己也可以來試試看。
然後不喜歡自己一個人靜靜地畫圖，希望在畫圖時可以和別人多交流。

這樣說來，是一邊作業一邊通話，一直都在講話囉，那就是繪圖時得大量說話了。

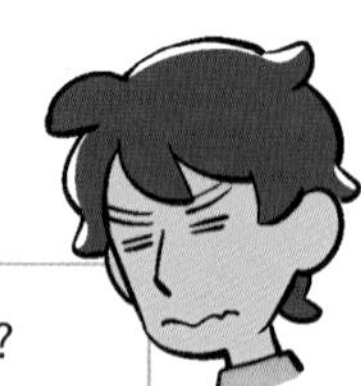

不覺得靜靜地畫圖反而更痛苦嗎？

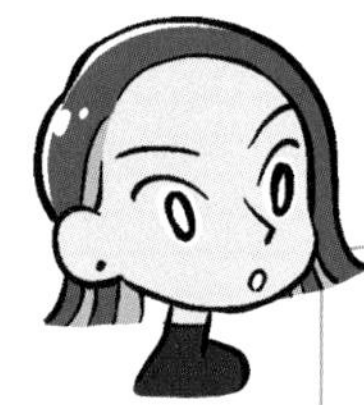

我是覺得還好……
那這個角色也是會不停說話、愛熱鬧的個性嗎？

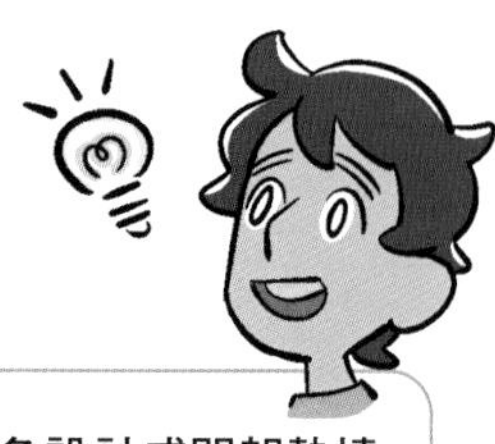

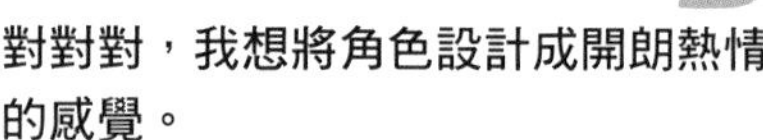

對對對，我想將角色設計成開朗熱情的感覺。

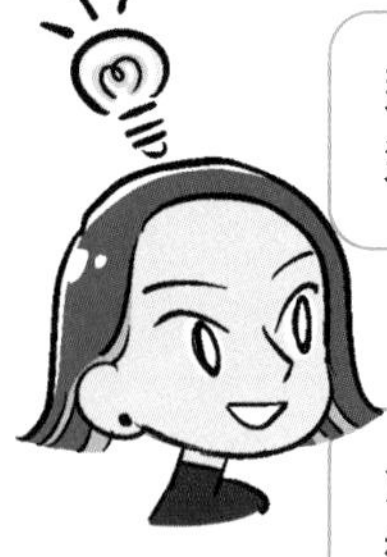

那這就是可以用於角色個性的想法啦！
這裡我們先彙整一下現有的資料。

角色的使用目的→發布繪圖影片的虛擬化身
想加入設計的元素→制服、雙馬尾
個性→開朗、熱情

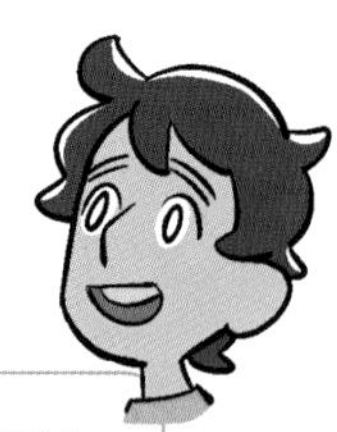

角色形象稍微變得鮮明了！

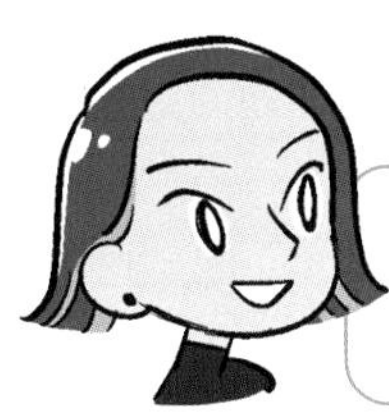

我們再試著進一步挖掘。
她穿著制服，這個角色是學生嗎？

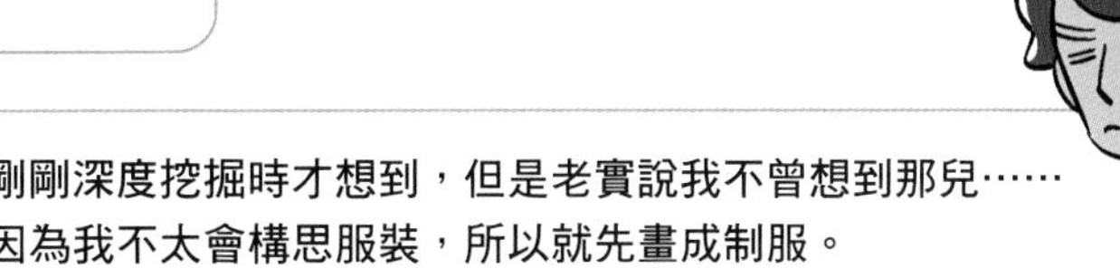

剛剛深度挖掘時才想到，但是老實說我不曾想到那兒……
因為我不太會構思服裝，所以就先畫成制服。

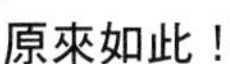

原來如此！
那我們從另一個角度來思考。
這個角色一般過著甚麼樣的生活？

每天畫畫、看動畫、午睡、吃零食、晚上會在線上和朋友連絡畫圖。
就像我一樣。

完全就是小慶的夢想嘛！
畢竟是分身，總是得加入自己的心願。

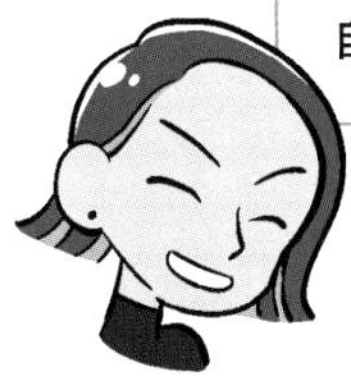

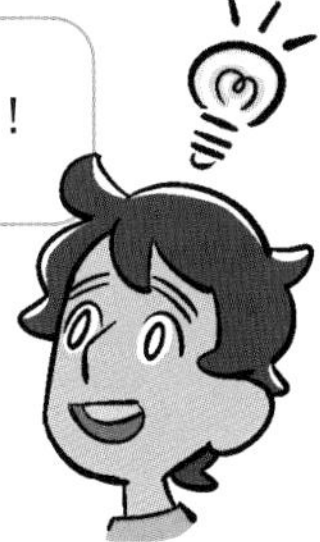

這樣的話，把這些心願當成角色的故事好了！

不錯啊！

故事

超喜歡畫畫的學生。
很喜歡動畫、漫畫和零食。
造型標誌是雙馬尾。
開朗，有很多朋友。
每天會發布繪圖影片，熬夜和畫圖的朋友交流。
這導致早上起不來……。
上課也老是打瞌睡，個性散漫，不太注重細節。

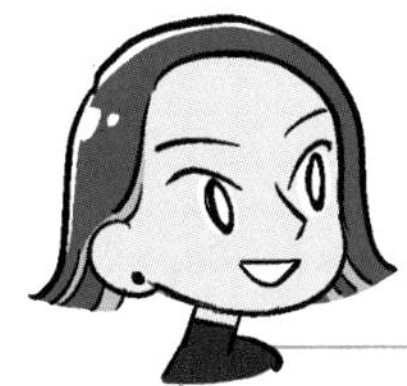

完成啦！
和一開始的角色相比，形象變鮮明了！
也稍微浮現想設計的模樣。

沒錯！
接著為了讓設計更順利，試著將故事轉換成設定吧！

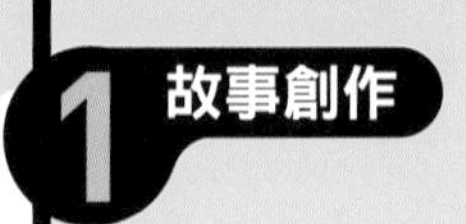

完成設定

設定的功用

故事是設計的基礎，但是由此開始直接描繪成設計的難度太高。因為故事是世界觀和人物等各種資料還處於分散的狀態。

因此設定的功用就是擔任故事與設計的橋梁。

我想大家對設定的定義各有不同，不過本書「所謂的設定是指將故事整理成方便設計的形式」。

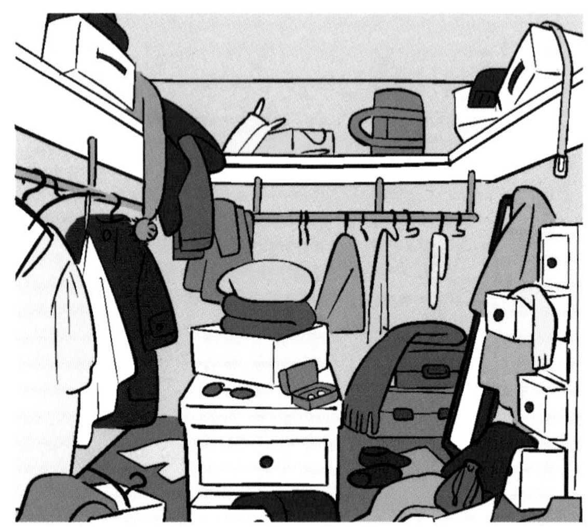

例如：請大家想像凌亂的衣櫥。外套、鞋子、包包等全都隨便亂放。要從這種狀態挑出穿搭可謂困難重重。

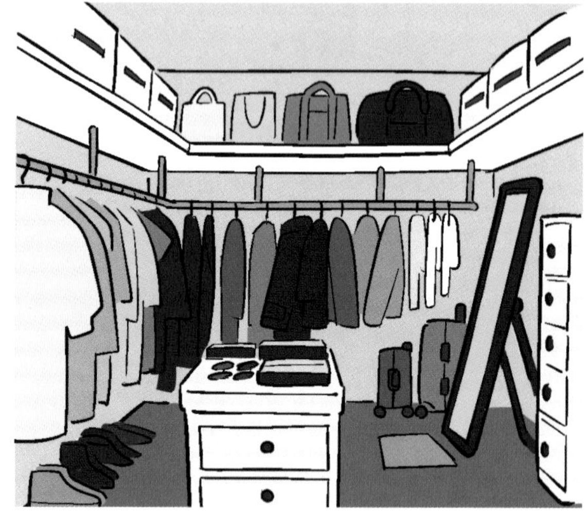

但是如果是分門別類的衣櫥，就可以快速挑選出需要的衣服，並且搭配出最佳穿搭。

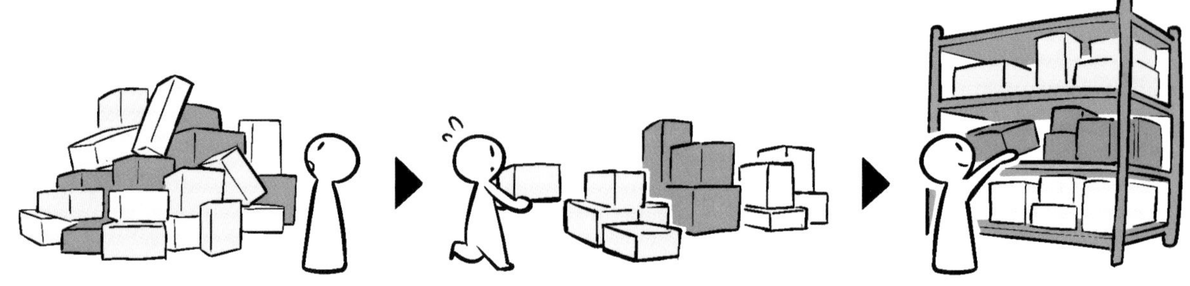

將故事轉換成設定的步驟，就類似整理衣櫥。

依照種類如外套、包包等、依照季節，如秋天衣物、冬天衣物等，或依照顏色等，找出共通點後分類。

同樣地，故事也是依照共通點來分類。

設定的項目

首先將故事的資料大致分成「方向性」、「世界觀」、「人物形象」這 3 大類，接著再分出細項。

設定

方向性

這是設計的指針，決定整體設計的方向。

用途 ———————— 漫畫？插畫？遊戲？

故事領域 ———————— 日常故事？動作？恐怖？

希望帶給觀眾哪種感覺 ——— 帥氣？可愛？輕鬆？

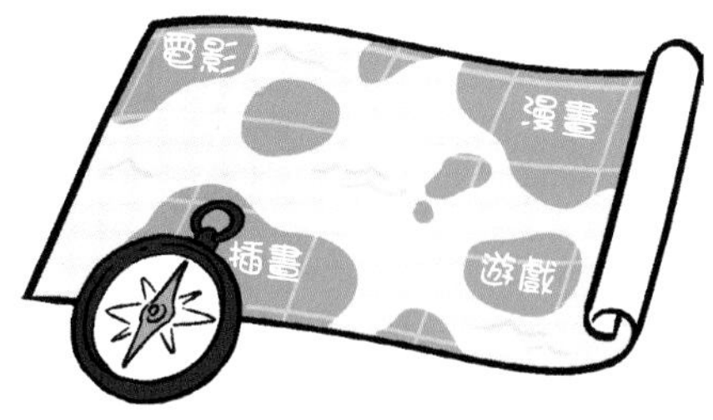

世界觀

角色生活在甚麼樣的世界？

時代 ———————— 現代？中世紀？未來？

地區 ———————— 南方國家？西方？其他星球？

文化 ———————— 當地的傳統與價值觀？

寫實程度 ———————— 想在天上飛需要甚麼邏輯？
魔法？技術？本來就不會飛？

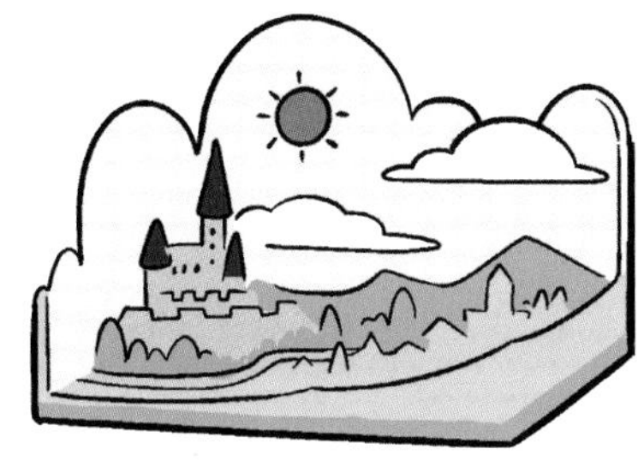

人物形象

哪種人？（還是動物、機器人、外星人等）

個性 ———————— 活潑？正經？鬆散？

興趣 ———————— 釣魚、烹飪？運動？

喜歡 ———————— 甜的？漂亮的？殭屍電影？

想要 ———————— 朋友？金錢？和平？

角色 ———————— 主角？敵人？配角？

社會身分 ———————— 學生？國王？旅人？

人際關係 ———————— 有甚麼家人？有甚麼朋友？1 個人？

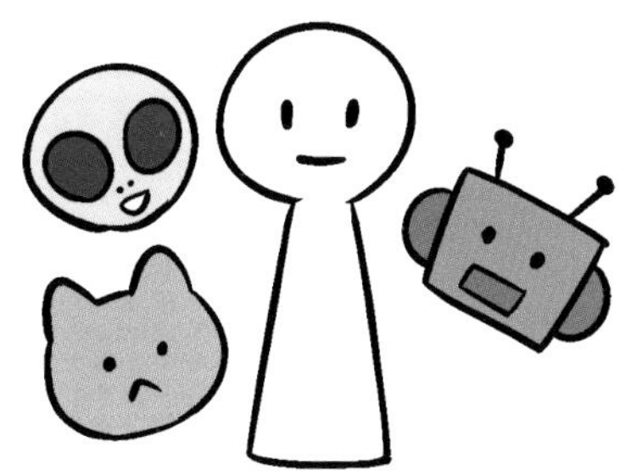

項目可以隨故事自由添加和刪減。

例如：若是魔法師的故事，若是「擅長的魔法」戰鬥，那就追加一項「弱點」。

調整成方便自己設計的形式。

嘗試設定

接下來就將小慶的故事轉換成設定。
從故事裡挑出適合當設定項目的詞組並加以分類。

故事

超喜歡畫畫的學生。
很喜歡動畫、漫畫和零食。
造型標誌是雙馬尾。
開朗，有很多朋友。
每天會發布繪圖影片，熬夜和畫圖的朋友交流。
這導致早上起不來……。
上課也老是打瞌睡，個性散漫，不太注重細節。

設定

方向性

用途 ———— 虛擬化身、圖示等
故事領域 ———— 日常故事？
希望帶給觀眾哪種感覺 ———— 可愛／開心

世界觀

時代 ———— 現代？
地區 ———— 日本？
文化 ———— 和現今的日本相同？
寫實程度 ———— 還不知道……

人物形象

個性 ———— 開朗／喜歡朋友／不在意細節／散漫
興趣 ———— 繪圖、動畫、漫畫、一邊發布繪圖作業一邊觀看
喜歡 ———— 熬夜／零食
想要 ———— 認識畫畫的朋友
角色 ———— 主角
社會身分 ———— 高中生
人際關係 ———— 畫畫的朋友

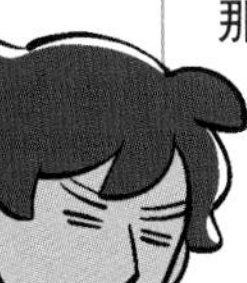

那個……我試著設定了，還是有很多不確定的地方。

以我的經驗，如果留下了不確定的部分，之後設計時會產生很多困擾。
雖然也可以就此進入設計，但也可以返回故事的步驟喔！

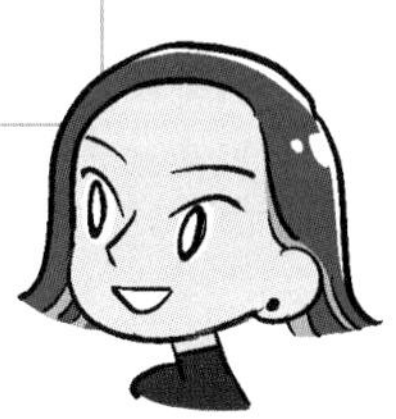

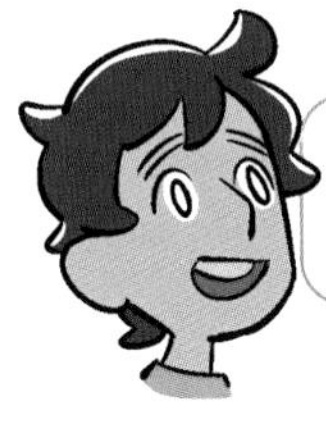

可以返回上一個步驟？

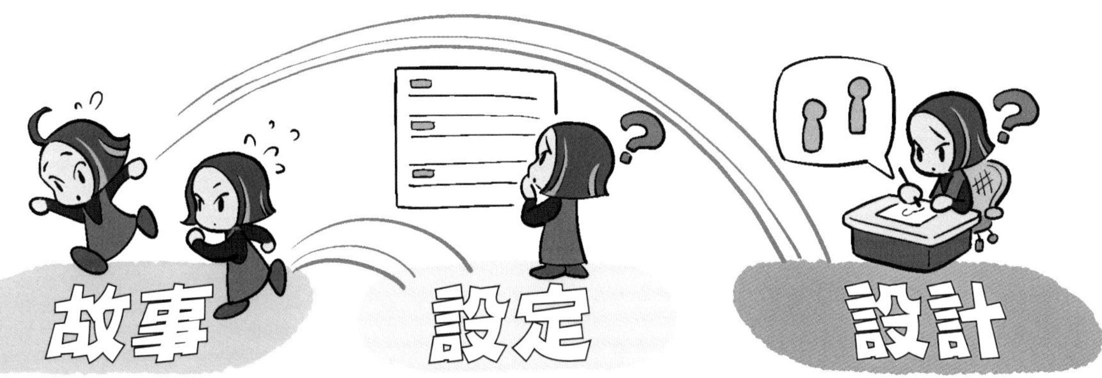

當然可以啊！因為實際上不會如作業流程一樣順利進行啊！
通常會在故事、設定、設計之間反覆來回才能完成。

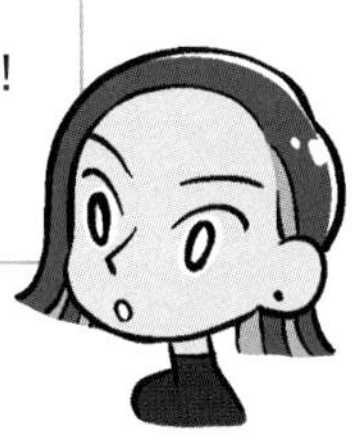

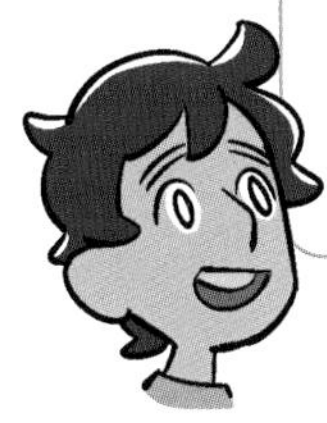

這樣好耶～
那我再稍微想想故事吧！

OK！
那我就介紹你幾個好用的「構思方法」。

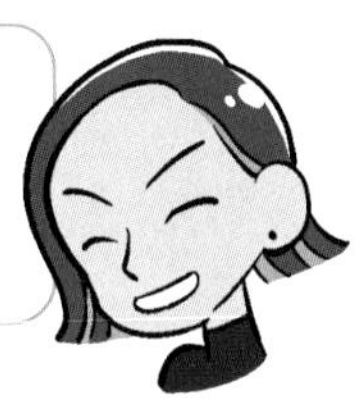

各種構思故事的方法

從詞彙發想故事

這是從詞彙構思的方法。
從故事中找出可以拓展想法的詞彙，列出聯想的詞彙，藉此想出故事。

步驟①……篩選

請從故事中篩選出可以拓展想法的詞彙。

故事

超喜歡畫畫的學生。很喜歡動畫、漫畫和零食。造型標誌是雙馬尾。
開朗，有很多朋友。每天會發布繪圖影片，熬夜和畫圖的朋友交流。
這導致早上起不來……。上課也老是打瞌睡，個性散漫，不太注重細節。

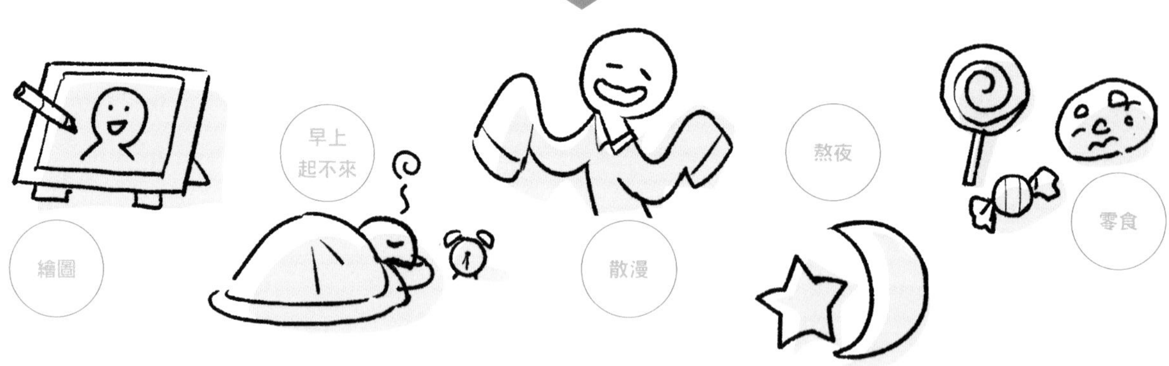

步驟②……聯想

列出一切從篩選詞彙聯想到的詞彙、圖像等。

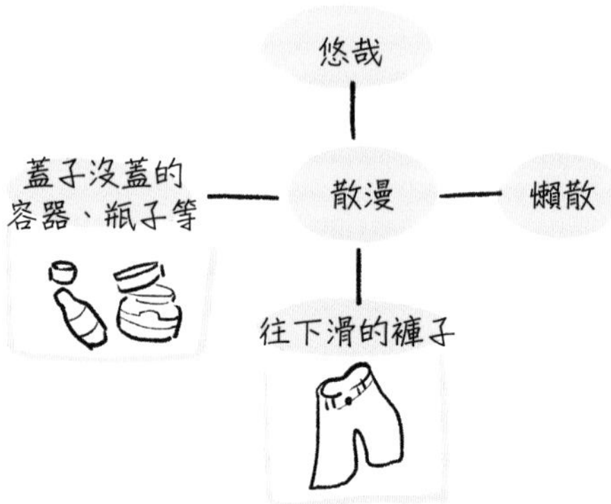

步驟③……聯想到極限

進一步列入聯想的關鍵字，直到極限。
大家可能會認為這一項應該和故事沒關聯，或覺得這應該不是而不再列出，因此只要一有想法就請一一列出。
這個步驟的目的是獲得大量的想法，讓故事更加豐富。
反覆這道步驟，就會發現未曾想像的新點子。

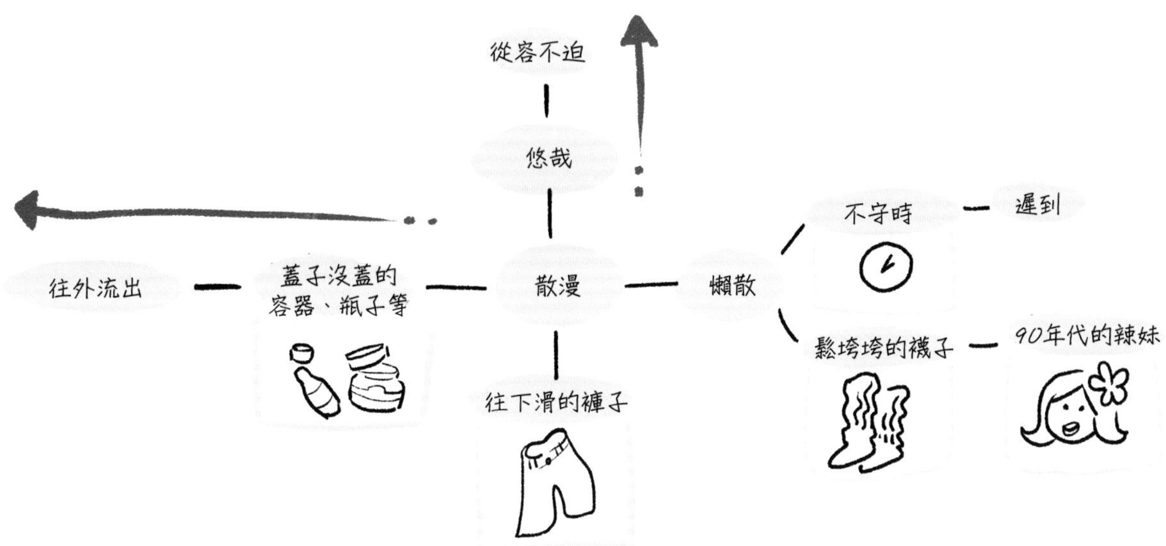

步驟④……篩選

篩選出似乎可以發展成故事的詞彙。
從「遲到」可以想像角色老是快遲到的模樣，而採用了這個想法。

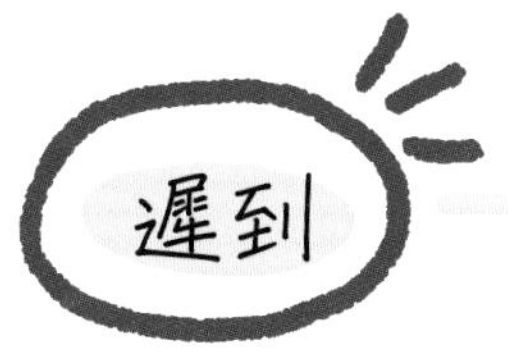

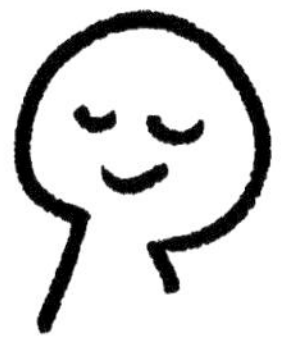

範例

這是實際寫出相關詞彙的心智圖。大家是不是覺得很沒邏輯？以我的經驗，通常寫出不著邊際的內容，比較會出現我認為還不錯的想法。

請標記自己喜歡的關鍵字。即便不會用在故事或設定，當設計遇到瓶頸時，或許可以當成新想法使用。

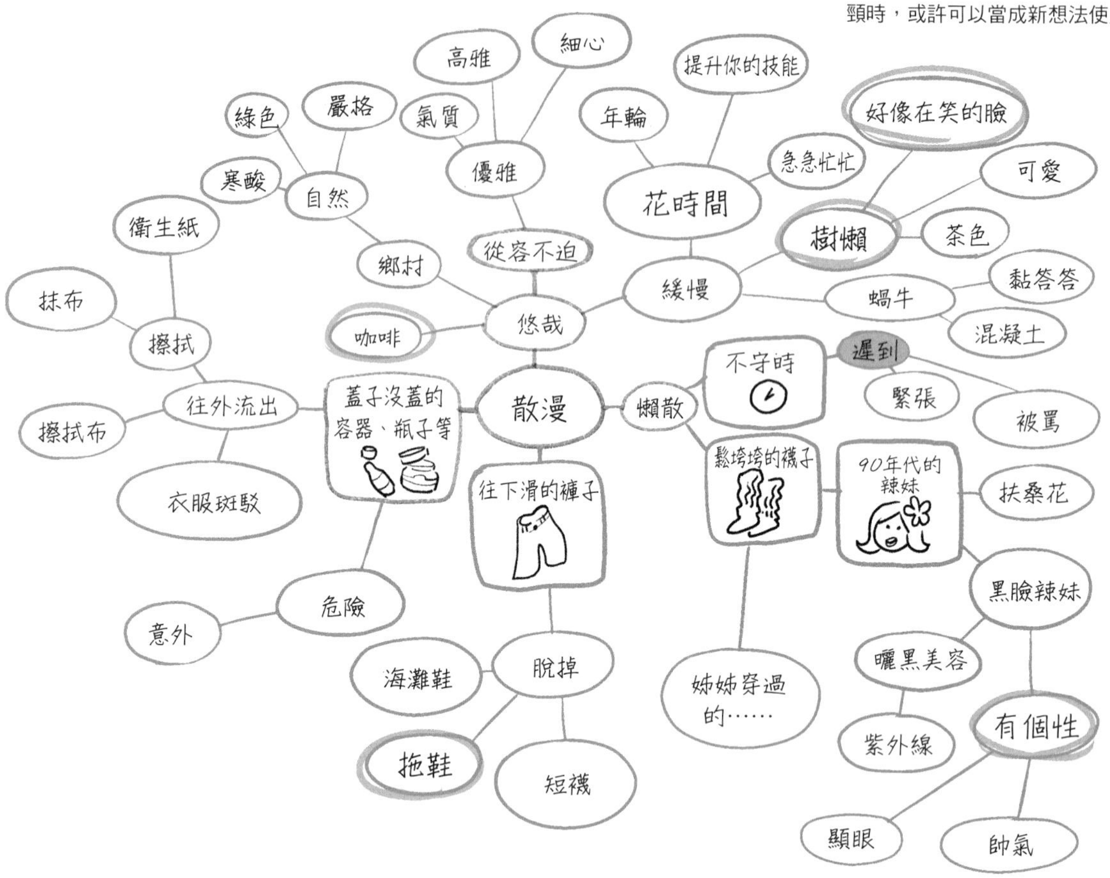

高雅
細心
提升你的技能
綠色
嚴格
氣質
年輪
好像在笑的臉
寒酸
自然
優雅
急急忙忙
可愛
衛生紙
花時間
樹懶
茶色
鄉村
從容不迫
抹布
緩慢
黏答答
蝸牛
悠哉
咖啡
混凝土
擦拭
不守時
遲到
蓋子沒蓋的容器、瓶子等
散漫
懶散
緊張
往外流出
被罵
擦拭布
鬆垮垮的襪子
90年代的辣妹
往下滑的褲子
扶桑花
衣服斑駁
黑臉辣妹
危險
意外
脫掉
曬黑美容
海灘鞋
姊姊穿過的……
有個性
紫外線
拖鞋
短襪
顯眼
帥氣

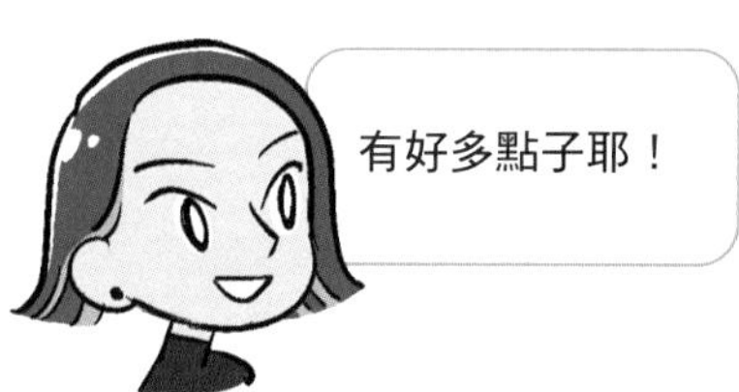

意外地，我從一些以為沒關係的詞彙找到不錯的想法。

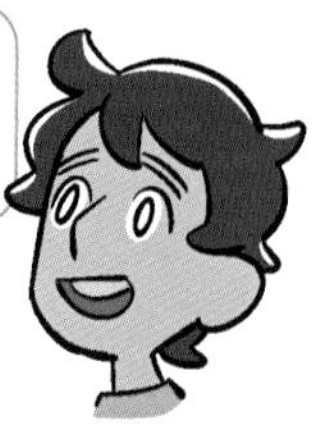

所以最好全部列出來，反正沒有要給別人看。

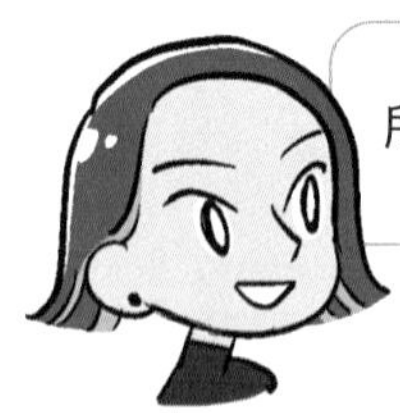

步驟⑤……反映在設定中

將點子寫入故事中，並且反映在設定裡。

故事

超喜歡畫畫的學生。
很喜歡動畫、漫畫和零食。
造型標誌是雙馬尾。
開朗，有很多朋友。
每天會發布繪圖影片，熬夜和畫圖的朋友交流。
這導致早上起不來……。上學老是快遲到。
上課也老是打瞌睡，個性散漫，不太注重細節。

設定

方向性

用途 —— 虛擬化身、圖示等
故事領域 —— 日常故事？
希望帶給觀眾哪種感覺 —— 可愛／開心

世界觀

時代 —— 現代？
地區 —— 日本？
文化 —— 和現今的日本相同？
寫實程度 —— 還不知道……

人物形象

個性 —— 開朗／喜歡朋友／不在意細節／散漫
早上起不來，總是快遲到
興趣 —— 繪圖、動畫、漫畫、一邊發布繪圖作業一邊觀看
喜歡 —— 熬夜／零食
想要 —— 認識畫畫的朋友
角色 —— 主角
社會身分 —— 高中生
人際關係 —— 畫畫的朋友

從視覺發想故事

這是收集角色相關視覺資料、構思發想的方法。
角色可能穿的服飾、住的房間、喜歡的食物，調查所有一切資料。

步驟①……篩選喜歡的要點

故事

超喜歡畫畫的學生。很喜歡動畫、漫畫和零食。造型標誌是雙馬尾。
開朗，有很多朋友。每天會發布繪圖影片，熬夜和畫圖的朋友交流。
這導致早上起不來……。上課也容易打瞌睡，個性散漫，不太注重細節。

步驟②……收集與要點相關的視覺資料

篩選出喜歡的要點後，開始收集相關圖片。
我通常會利用圖片搜尋。
因為當發現不錯的資料時，就可以順藤摸瓜地找到相關圖片。
另外，我在稍後的內容也會再深入解釋，在收集圖片製作成資料集時，以圖片資料的形式製作相當方便。
※請注意，僅止於個人使用的範圍內。

收集視覺資料的優點和缺點

一旦開始收集圖片，腦中模糊不清的角色形象將越來越鮮明清晰。因為有了「這個髮型適合腦中形象」、「這個演員的形象完全符合，就借用這種感覺」等視覺參考，就可以從這個視角激發出更多想法。
與此同時，還可以在描繪設計之前的階段，就開始檢視設計。

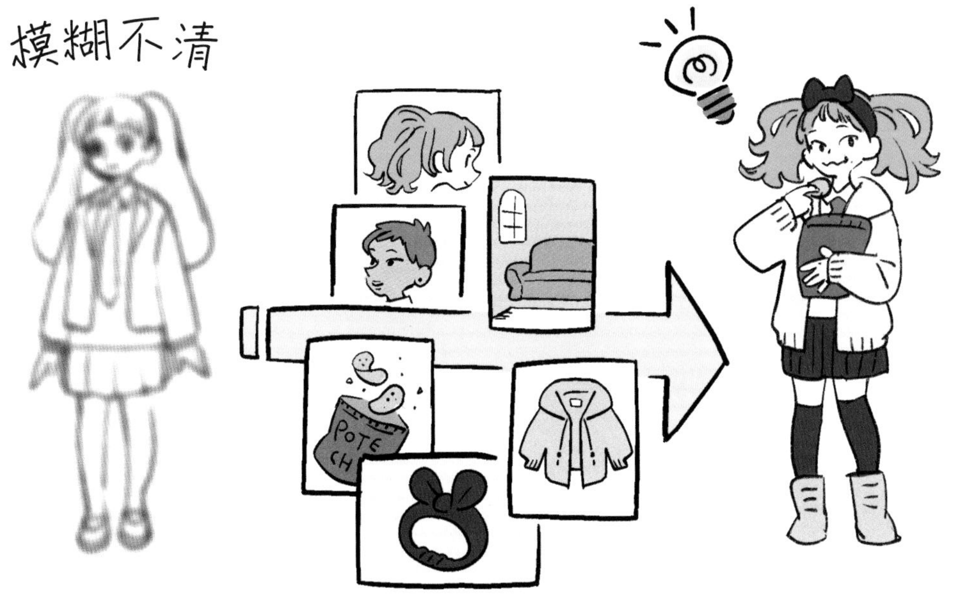

然而，這種作法也是會有缺點。
缺點就是「收集視覺圖片實在太有趣，經過了數小時也不知道該停手……」，而且這種狀況經常發生。
另外，因為腦中輸入了很具體的視覺資料，有時反倒使設計受到侷限。
畢竟這些視覺資料只是激發想法的參考工具，請小心不要受到這些資料的影響。

步驟③……運用收集的視覺資料

收集好視覺資料不代表工作結束。
我們還需要進一步分類並剖析挖掘這些視覺資料，藉此構思出故事內容。

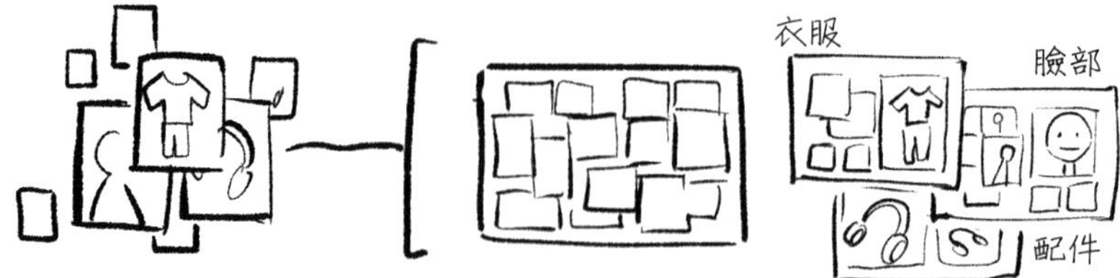

選擇帶來靈感的視覺資料並分門別類整理。
在設計時也會成為好用的資料。

剖析視覺資料

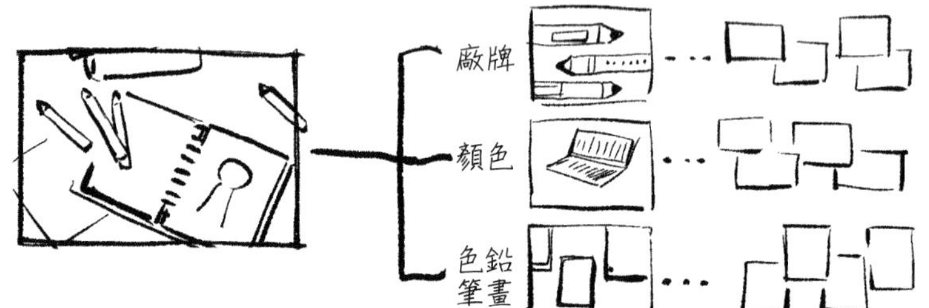

重點調查與角色高度相關的項目。

從視覺資料構思故事

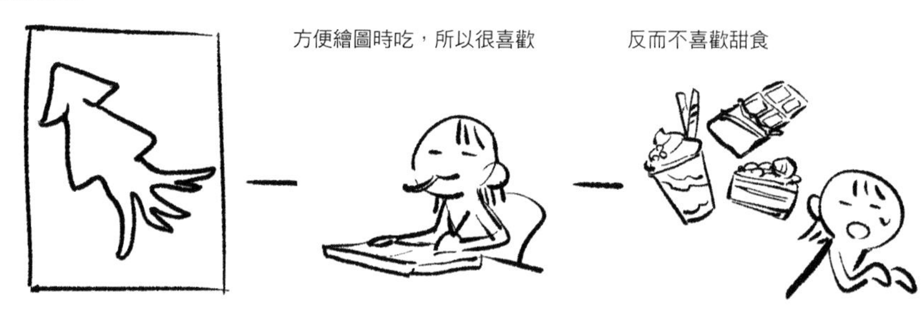

將視覺資料與角色連結來構思故事。

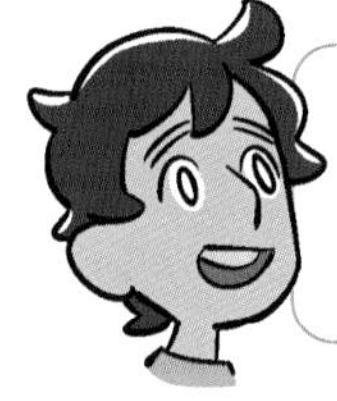

在調查零食的時候出現了魷魚乾的圖片……
因為覺得可以一邊繪圖一邊吃，所以應該很適合角色。

不錯啊！容易瞭解的視覺資料。
那就採用吧！

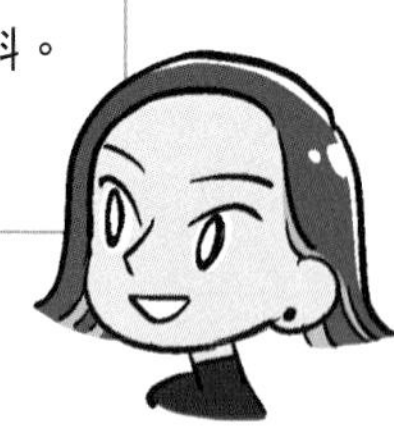

步驟④……反映在設定裡

故事

超喜歡畫畫的學生。
很喜歡動畫、漫畫和零食。
喜歡方便繪圖時吃的魷魚乾，不喜歡甜食。
造型標誌是雙馬尾。
開朗，有很多朋友。
每天會發布繪圖影片，熬夜和畫圖的朋友交流。
這導致早上起不來……。上學老是快遲到。
上課也容易打瞌睡，個性散漫，不太注重細節。

設定

方向性

用途 —— 虛擬化身、圖示等
故事領域 —— 日常故事？
希望帶給觀眾哪種感覺 —— 可愛／開心

世界觀

時代 —— 現代？
地區 —— 日本？
文化 —— 和現今的日本相同？
寫實程度 —— 還不知道……

人物形象

個性 —— 開朗／喜歡朋友／不在意細節／散漫
早上起不來，總是快遲到
興趣 —— 繪圖、動畫、漫畫、一邊發布繪圖作業一邊觀看
喜歡 —— 熬夜／零食（主要是魷魚乾）
討厭 —— 甜的零食
想要 —— 認識畫畫的朋友
角色 —— 主角
社會身分 —— 高中生
人際關係 —— 畫畫的朋友

從場景發想故事

這個方法是實際描繪一幅角色生活場景，藉此發展故事。
從故事現況描繪象徵角色的一個場景，就可以發現大量刺激靈感的線索。

所謂的場景

這是指用鏡頭拍攝角色的樣子。
刷牙與吃飯、與朋友閒聊，若是戰鬥就是戰鬥場景，若是工作就是工作的模樣。

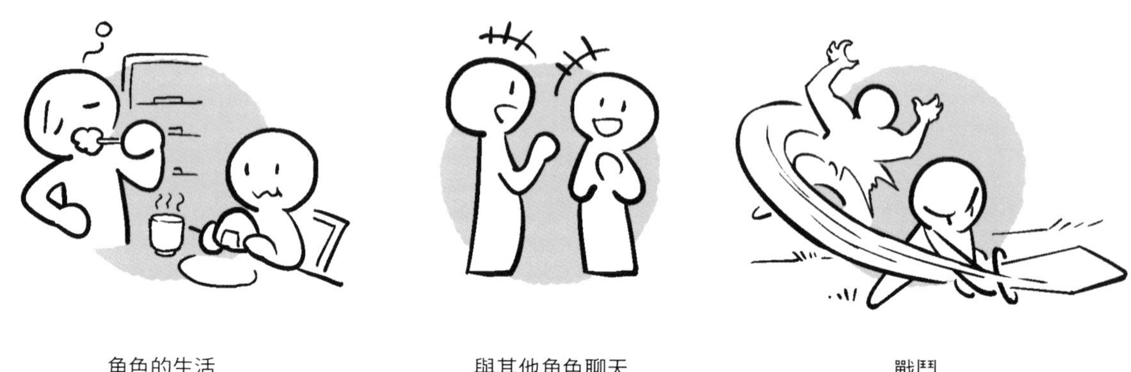

角色的生活　　與其他角色聊天　　戰鬥

步驟①……選擇象徵角色的場景

「每天會發布繪圖影片，熬夜和畫圖的朋友交流。」
從故事中挑選一個象徵角色的場景。

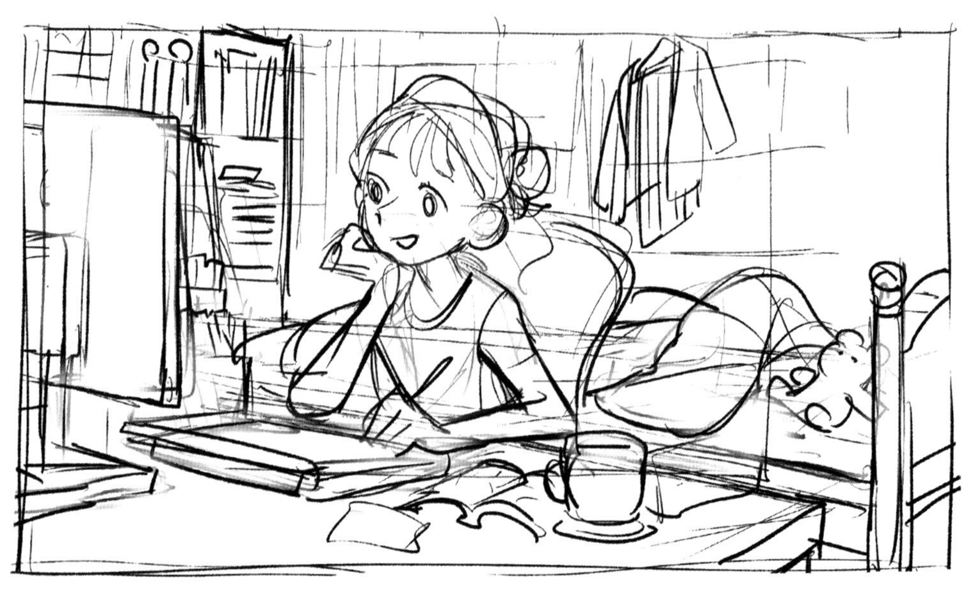

步驟②……列出描繪場景時想到的事物

請列出描繪時腦中浮現的疑問或想法。
這就是構思故事的題材。

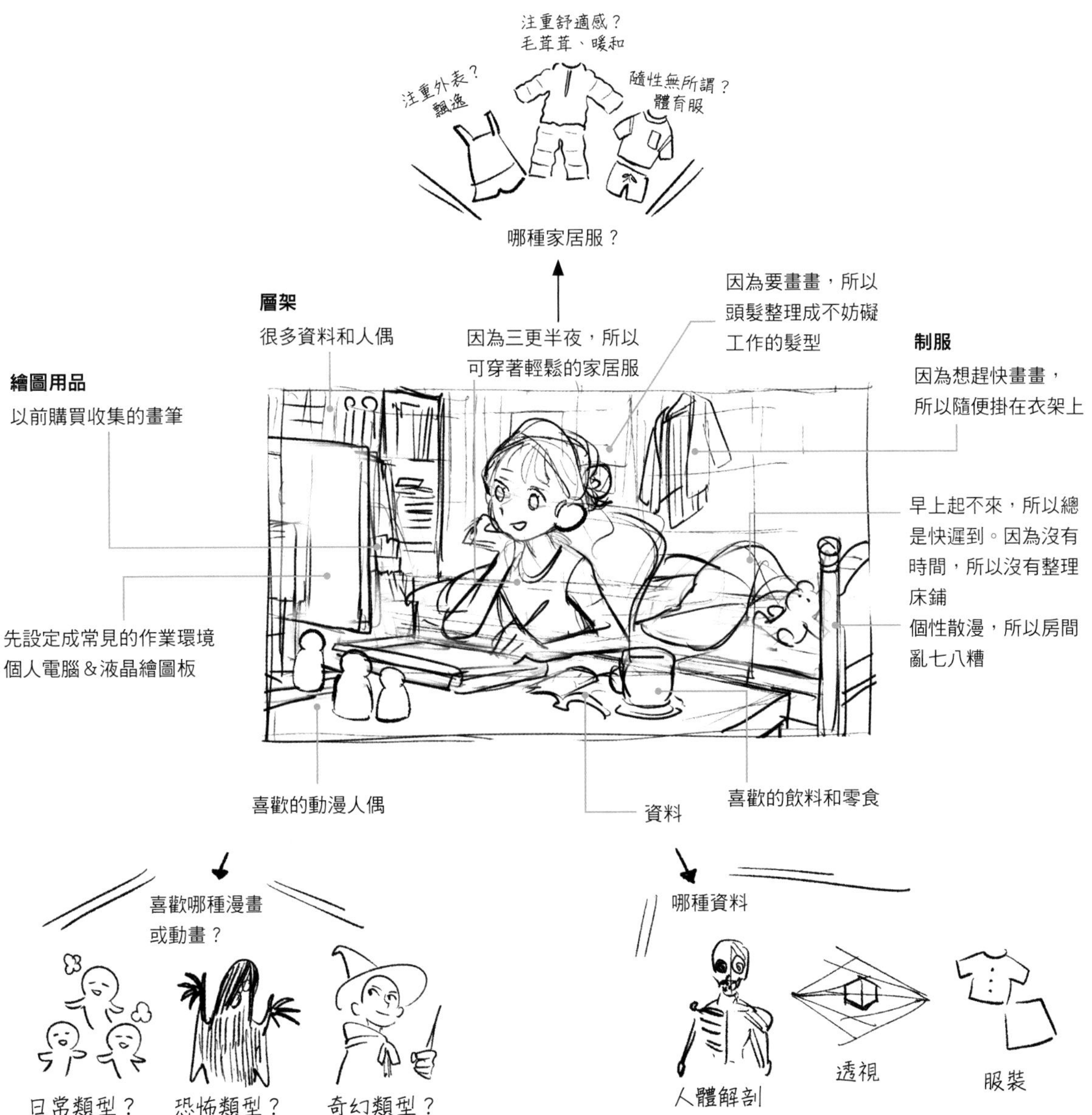

步驟③……拓展故事

描繪聯想的場景

隔天的早晨？

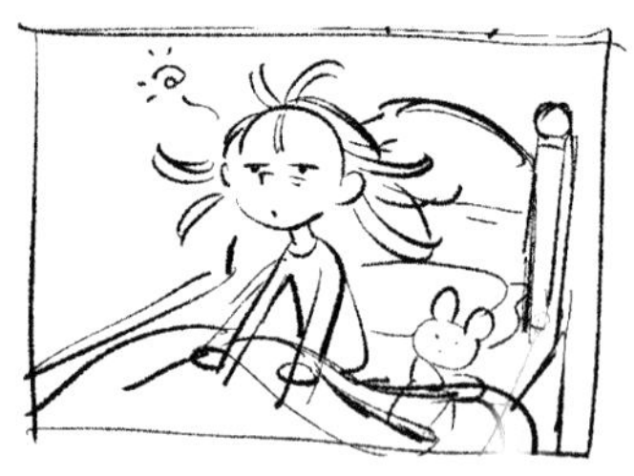

早上起床時頭髮嚴重亂翹的設定如何？
→似乎是可用設定

合併視覺資料

選出喜歡的想法，然後收集資料

因為三更半夜，所以可穿著輕鬆的家居服

注重舒適感？
毛茸茸、暖和

注重外表？
飄逸

隨性無所謂？
體育服

穿著舒適又可愛的家居服好像比較適合角色

合併心智圖

從喜歡的想法列出聯想的關鍵字

布料舒適

穿著舒適

因為三更半夜，可穿著輕鬆的家居服

寬鬆

舊衣服

腰部有鬆緊帶

T恤

破破舊舊

似乎喜歡寬鬆的衣服

每個人各有一套適合自己的構思方法

本書雖然介紹了許多我個人常用的方法，但是每個人都會有一套有助於自己構思的方法。
有人較難從文字吸收，但是旁邊有圖示就可輕鬆理解，有人只聽聲音無法吸收，但是有文字就可以理解，每個人都有自己的習慣。

另外，在之前的講座中，學員也會提出各種構思的方法。

- 一邊向朋友說出自己的想法一邊構思故事
- 將東西擬人化
- 讓角色在自己的腦中對話

我想這些都是可以參考的方法。
還有來到書店也可以看到許多專門針對激發靈感的書籍，請大家試著找出屬於自己的方法。

步驟④……反映在設定裡

將想到的點子寫進故事裡，並且反映在設定中。
我覺得這是表現人物形象的重要想法，所以在設定追加一個項目。

故事

超喜歡畫畫的學生。
很喜歡動畫、漫畫和零食。
喜歡方便繪圖時吃的魷魚乾，不喜歡甜食。
頭髮亂翹的造型標誌是雙馬尾。
開朗，有很多朋友。
每天會發布繪圖影片，熬夜和畫圖的朋友交流。
這導致早上起不來……。上學老是快遲到。
上課也容易打瞌睡，個性散漫，不太注重細節。

設定

方向性

用途 —— 分身、圖示等
故事領域 —— 日常故事
希望帶給觀眾哪種感覺 —— 可愛／開心

世界觀

時代 —— 現代
地區 —— 日本
文化 —— 和現今的日本相同
寫實程度 —— 與現實相同

在構思故事時，我認為不需要特殊的世界觀

人物形象

個性 —— 開朗／喜歡朋友／不在意細節／散漫
早上起不來，總是快遲到
興趣 —— 繪圖、動畫、漫畫、一邊發布繪圖作業一邊觀看
喜歡 —— 熬夜／零食（主要是魷魚乾）
討厭 —— 甜的零食
想要 —— 認識畫畫的朋友
角色 —— 主角
社會身分 —— 高中生
人際關係 —— 畫畫的朋友
個人標誌 —— 亂翹的雙馬尾

增加重要的項目

整理設定

4 步整理法

從故事內容列出了設定，但是在設計前仍須加以彙整。
因為如果將所有設定都放入設計中，容易讓完成的設計擁有過多的資訊。
基本上傳遞故事的角色設計，需經過資料篩選，所以接下來就要篩選加入設計的資料。

①分類

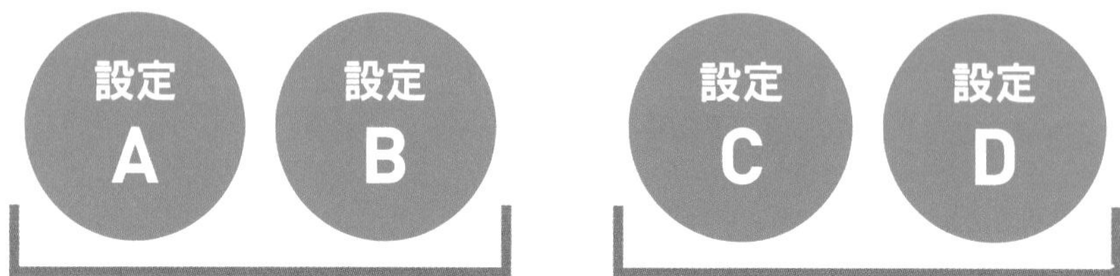

②彙整

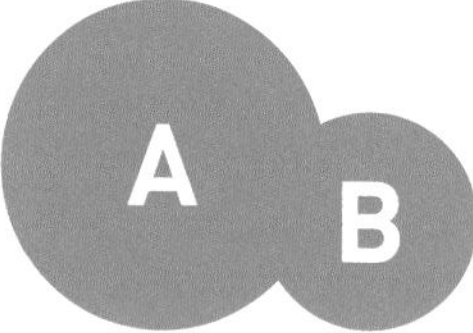

③刪除

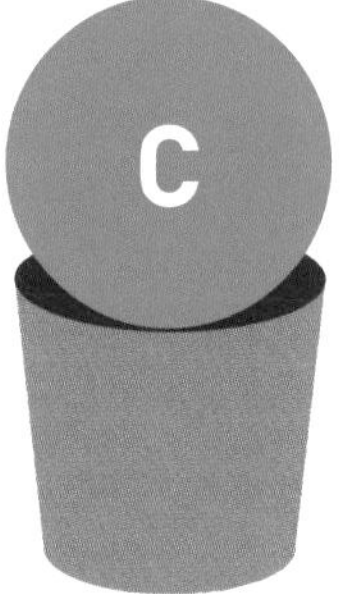

④列出優先順序

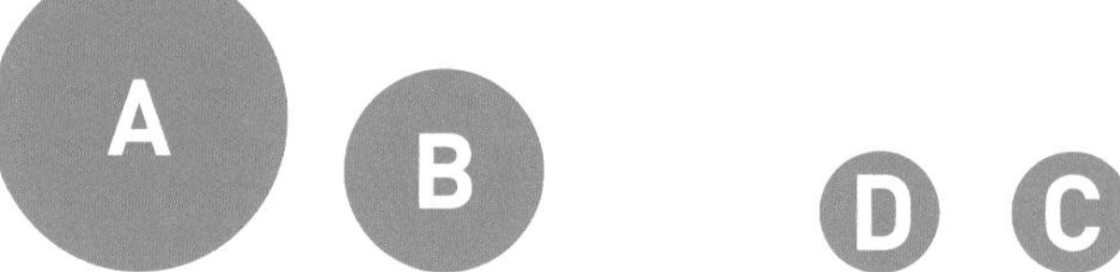

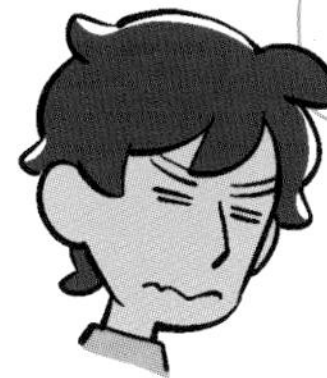

欸……我好不容易收集的點子，要經過篩選？

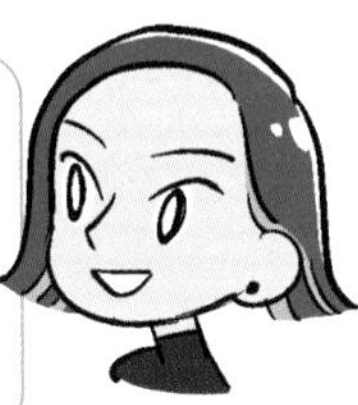

這是因為放入設計的資料一旦太多，就容易使設計變得複雜。
雖然你會覺得很可惜，但是為了完成傳遞故事的設計，篩選資料也很重要。
請看看這個範例。

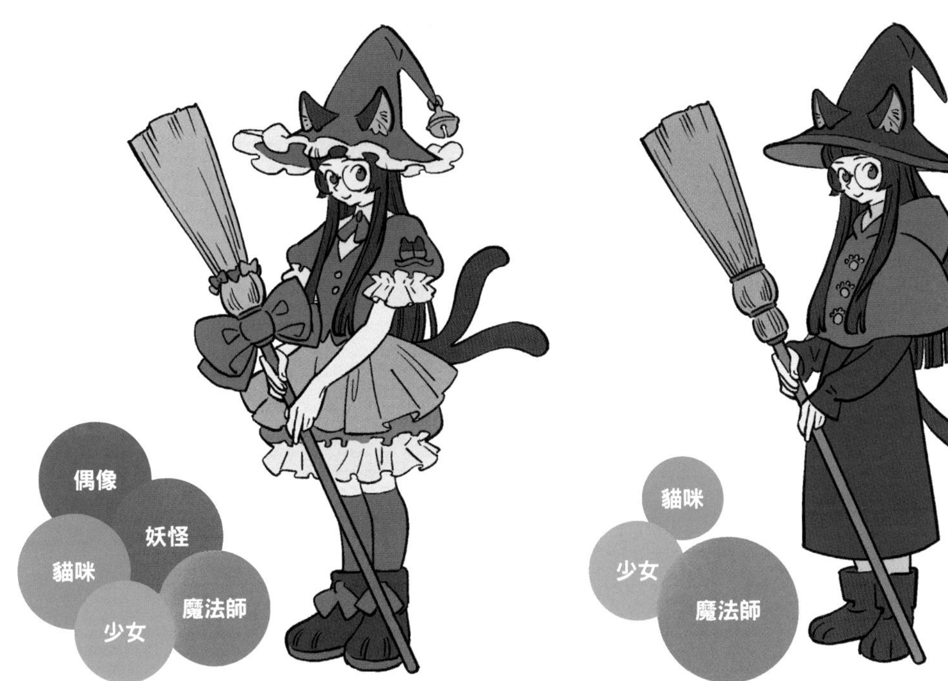

A 資訊爆炸的角色

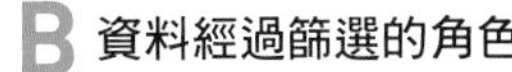

B 資料經過篩選的角色

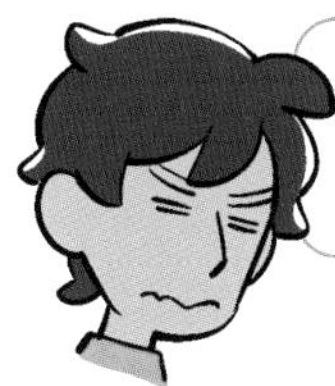

A很可愛，但是B好像比較容易讓人知道是甚麼角色？

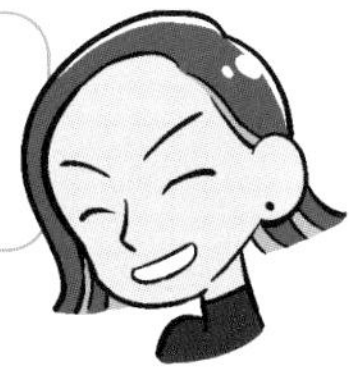

基本原則就是篩選出可傳遞訊息的資料！

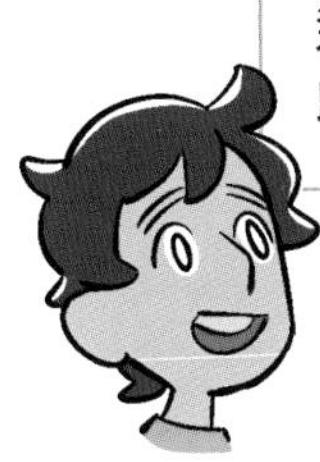

這是不是和一般對話相同？
即便一下子傳遞大量資訊也會忘記⋯

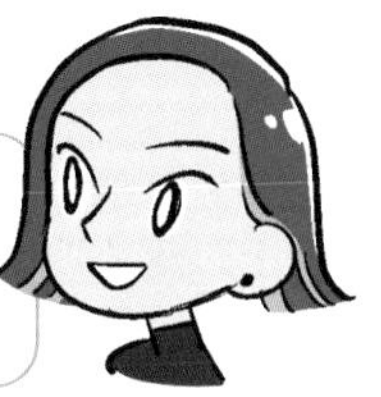

可以這麼說。
所以設計前的資料整理很重要。

①分類

首先，將一開始設定的資料，分成在設計上可以傳遞和無法傳遞的資料。
這是因為在故事中有些訊息可以透過設計傳遞，有些訊息無法透過設計傳遞。
以下範例故事背景就是「角色失去心愛之人的悲慟過往，使其墮入邪惡變成反派」。

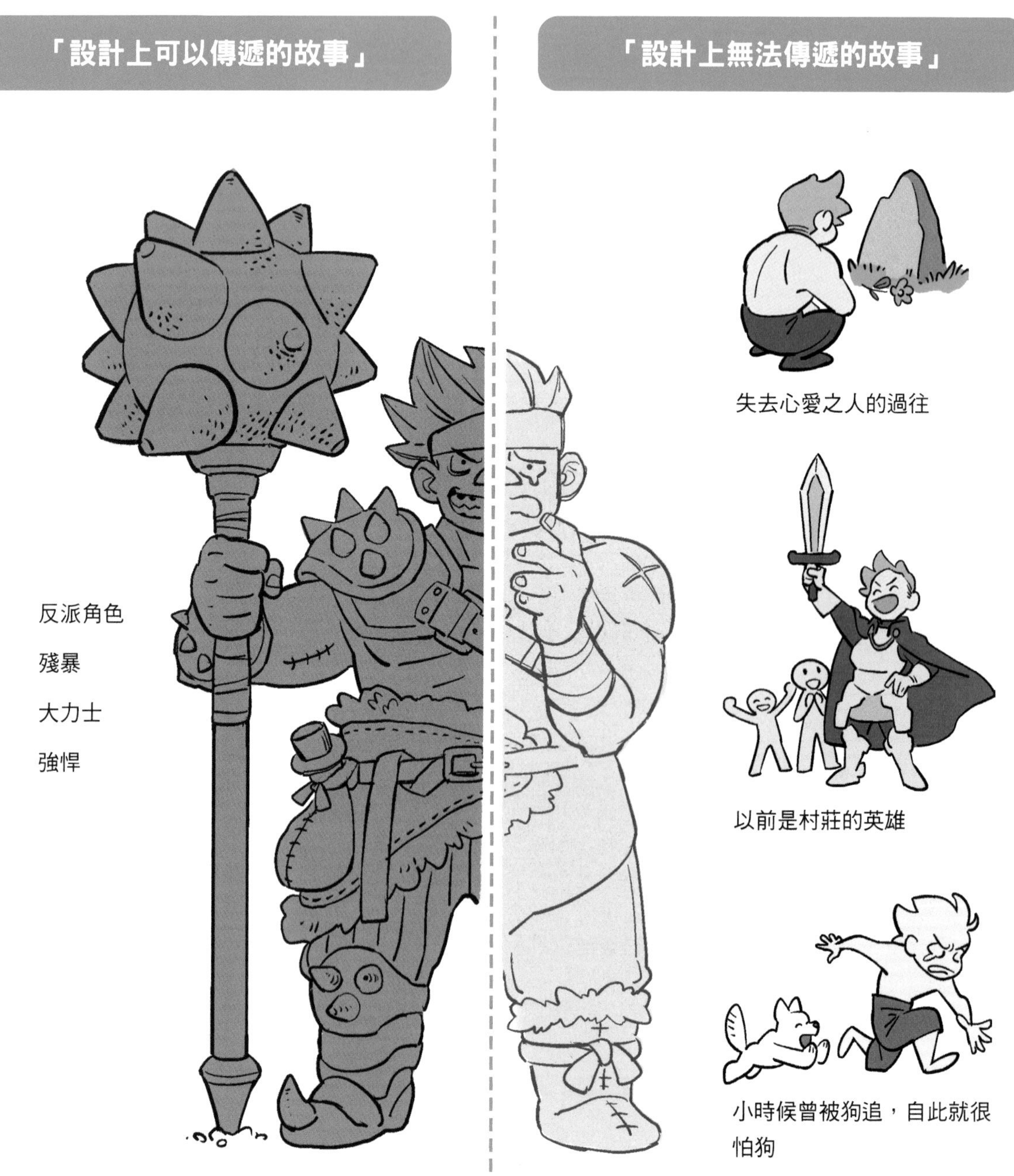

其實小說或漫畫等表現形式才適合講述複雜的過往故事，其中會有詳細地角色描寫。設計則適合傳遞簡單的故事，例如這是一個反派角色或大力士等。

應該如何分類

下面就讓我們一起將設定資料區分成設計上可以傳遞和無法傳遞的資料。
如果不知道屬於哪種資料，請想像如何在角色設計上表現這項資料而不是在故事中。
如果很難想像就很難設計。

※設定方法請參照P.43

在設計上可以傳遞的資料

開朗

喜歡朋友

不在意細節

散漫

繪圖

雙馬尾

動畫和漫畫

透過繪畫作業的發布與人交流

零食（主要是魷魚乾）

高中生

早上起不來

在設計上無法傳遞的資料

總是快遲到

不喜歡甜食

想要有畫畫的朋友

熬夜

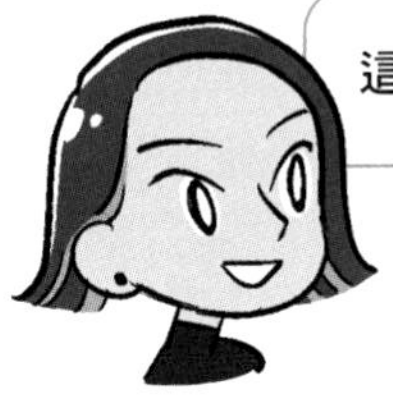

這樣要設計哪一項資料就變得一目瞭然了！

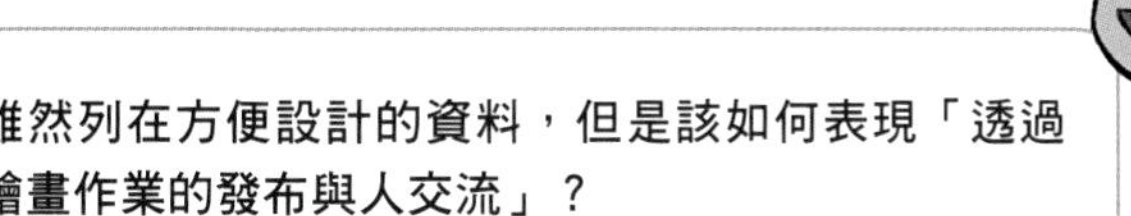

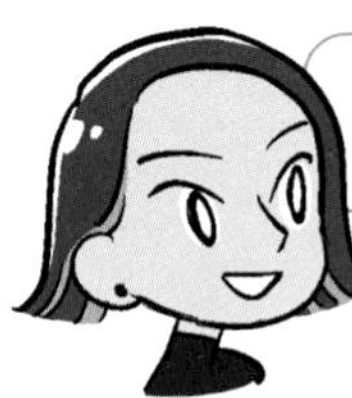

如果是我，就會利用發布時使用的物件。

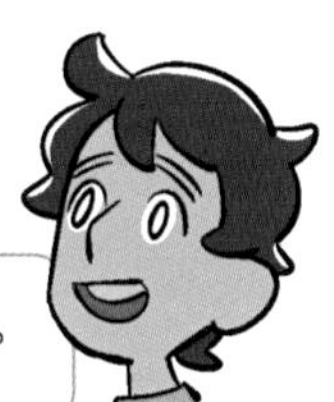

對耶！用耳機就可以表現出那種感覺。

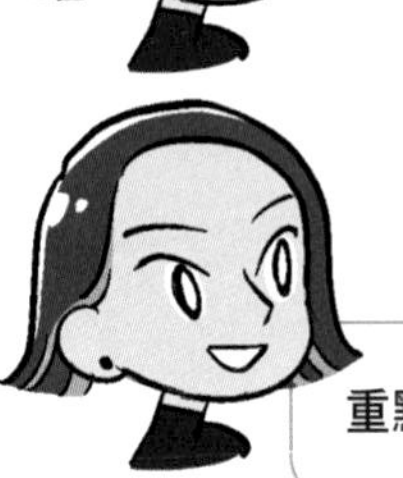

重點就在於是不是可以將每個設定想像成視覺圖像！

②彙整

一旦資料太多，就不知道該將哪項資料運用在設計中。
因此**請將類似的設定彙整在一起**，就可以清楚知道哪些資料對角色來說很重要。

開朗	**雙馬尾**
喜歡朋友	**動畫和漫畫**
不在意細節	**透過繪畫作業的發布與人交流**
散漫	**零食（主要是魷魚乾）**
繪圖	**高中生**

首先，請選出和「開朗」相似的資料。
從「喜歡朋友」、「透過繪畫作業的發布與人交流」就可以想像開朗與人交流的樣子。
將這些資料歸類成「開朗」的相似資料。

開朗 | **喜歡朋友** | **透過繪畫作業的發布與人交流**

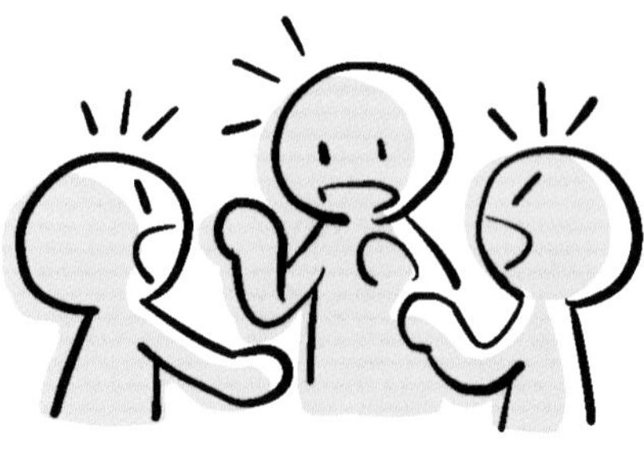

開朗

喜歡朋友
透過繪畫作業的發布與人交流

開心與人交流的樣子是與開朗相關的資料。
就像這樣將有共同形象的資料彙整在一起。

彙整其他資料

一起看看其他資料。
作法如同前面所述。

散漫	不在意細節	喜歡畫畫	透過繪畫作業的發布與人交流

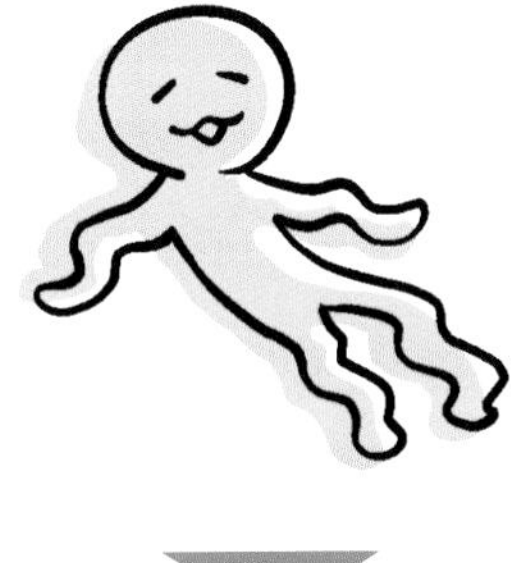

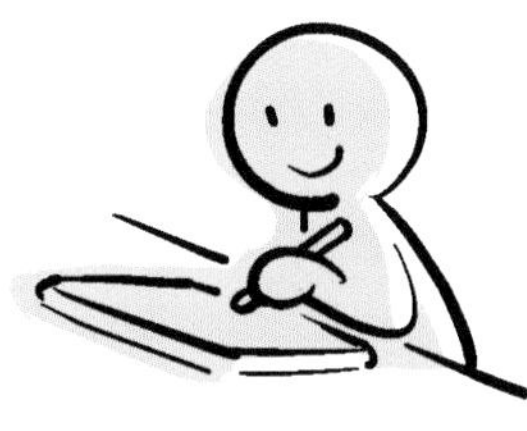

▼

散漫
不在意細節

喜歡畫畫
透過繪畫作業的發布與人交流

資料全部彙整完成。
「高中生」和「早上起不來」等無法彙整的資料就個別保留。

開朗	散漫	喜歡畫畫	早上起不來	喜歡魷魚乾
喜歡朋友 透過繪畫作業的發布與人交流	不在意細節	透過繪畫作業的發布與人交流	雙馬尾	高中生

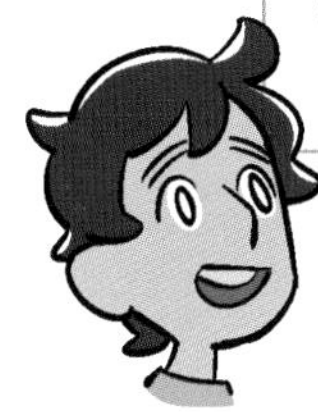

複雜的資料變得清楚多了！

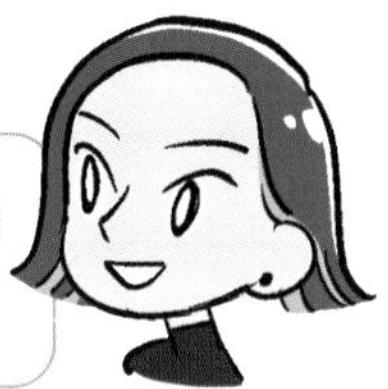

資料一多就會混亂，像這樣經過彙整後就變得簡單明瞭了。

③刪除

基本上資料越多越難表現想要傳遞的訊息。
接下來就要嚴格篩選放入角色的資料。
大家可能會覺得有點可惜，但是有時刪除資料才能突顯重要資料。
最終就會成為可傳遞故事的設計。

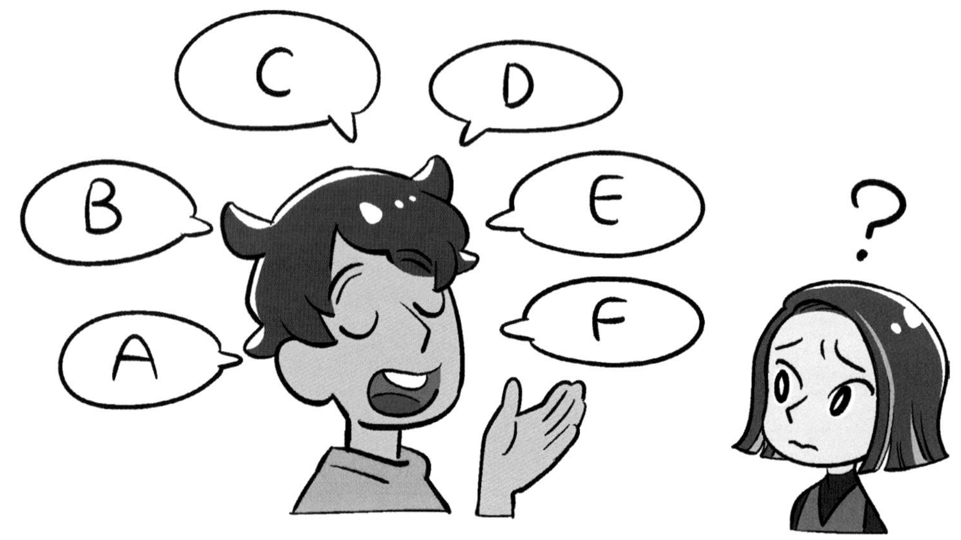

與其一口氣傳達各種資料……

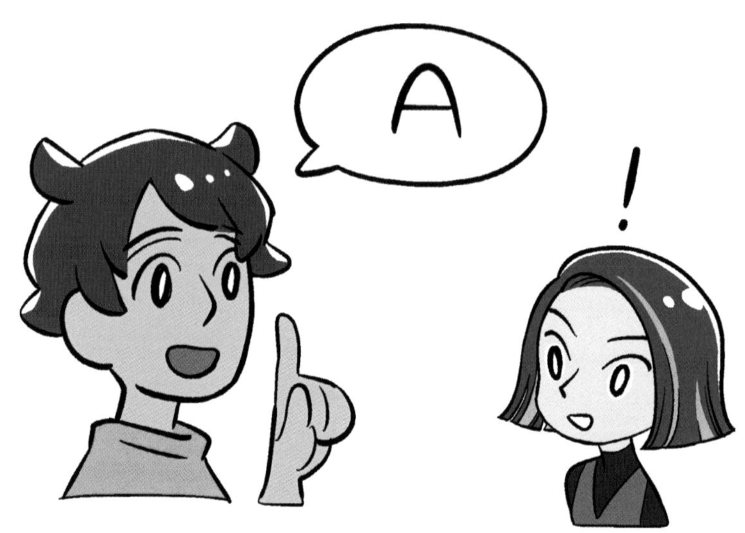

倒不如傳達經過篩選的重要資料！

刪除範例

看看剛才彙整好的資料，
我想最好刪去「早上起不來」這一項。

開朗
喜歡朋友
透過繪畫作業的發布
與人交流

散漫
不在意細節

喜歡畫畫
透過繪畫作業的
發布與人交流

早上起不來

喜歡魷魚乾

雙馬尾

高中生

原因

這個資料或許從故事中得知即可。
可能會有人認為可以用頭髮亂翹或黑眼圈表現在設計上？但是這也可能會向觀眾傳遞角色「睡眠不足」的訊息。
由於這個角色是個開朗的孩子，不適合出現有健康疑慮的形象。
當然有將相反資料放入設計的案例，但是在這個案例中，會造成資料過多與資訊混亂的情況，因此刪除。

開朗
喜歡朋友
透過繪畫作業的發布
與人交流

散漫
不在意細節

喜歡畫畫
透過繪畫作業的
發布與人交流

喜歡魷魚乾

雙馬尾

高中生

④列出優先順序

終於來到最後一道步驟，將挑選出的資料排出優先順序。
排列優先順序的視角為哪一項資料是這個角色在故事中最重要的資訊？
有人可能會想：不是全部的資料都一樣重要嗎？
但是請想想，通常我們向他人傳遞資訊時會經過甚麼處理？
是不是會先告知最重要的資料，之後再一一說明細節。

為了向對方傳遞資訊，資料的重要性和順序很重要。
請以此為基準，將剛才的資料排列出優先順序。
這個順序將直接影響到角色的設計。

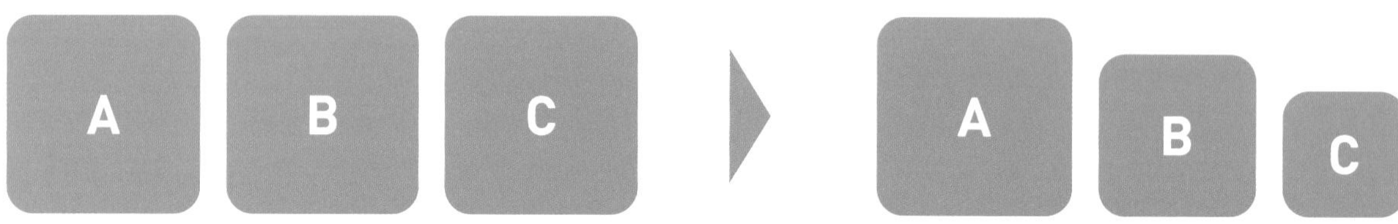

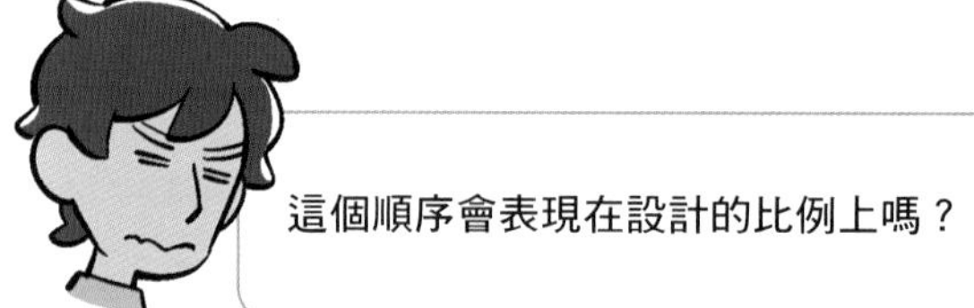

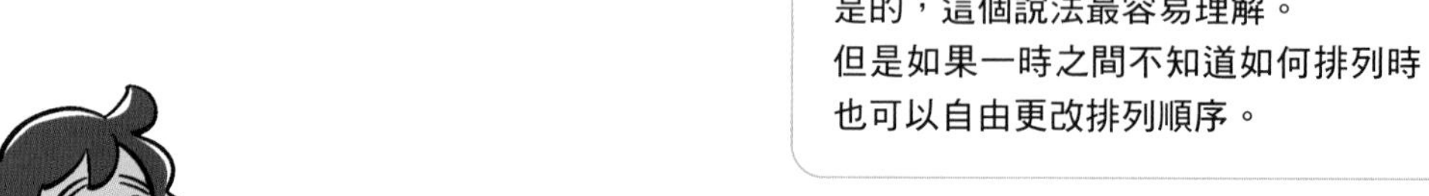

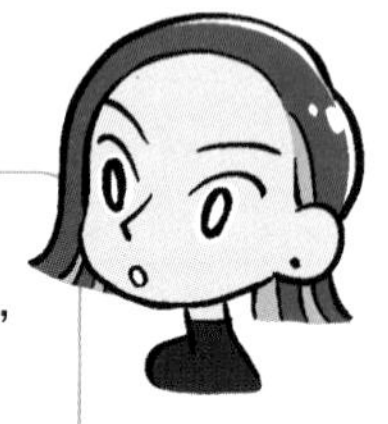

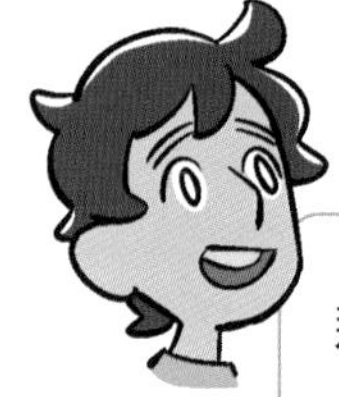

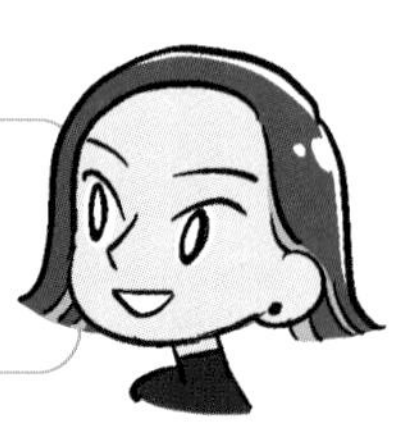

排列優先順序

①只決定一個資料
②依序決定重要的資料
③依序改變比例

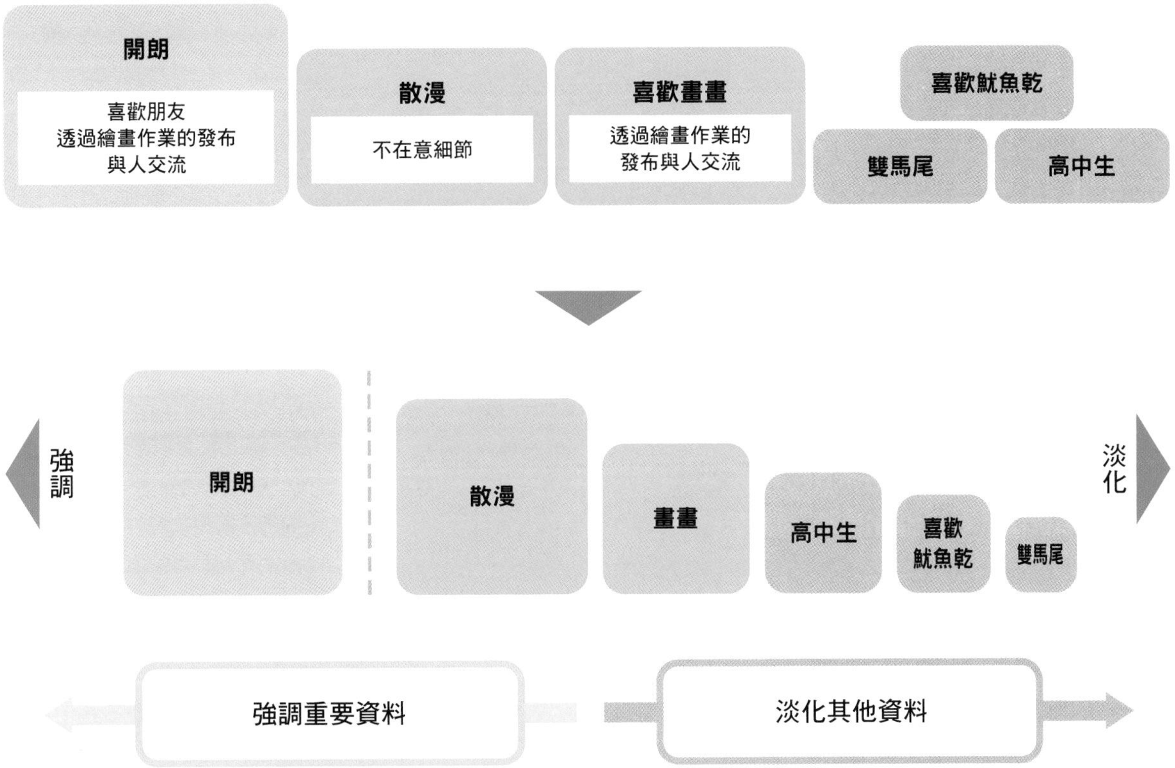

開朗	散漫	喜歡畫畫	喜歡魷魚乾 / 雙馬尾 / 高中生
喜歡朋友 透過繪畫作業的發布 與人交流	不在意細節	透過繪畫作業的 發布與人交流	

強調 ← 開朗 ｜ 散漫　畫畫　高中生　喜歡魷魚乾　雙馬尾 → 淡化

強調重要資料 ⟷ 淡化其他資料

因為都是重要的資料，所以只強調一項資料著實困難。
但是還是請耐心挑選，大家可以想成
「只可以傳遞一項資料，其他都是輔助」。

但是如果覺得其他資料也很難捨棄時，大家可以試著探索另一種可能，設計成其他方案。

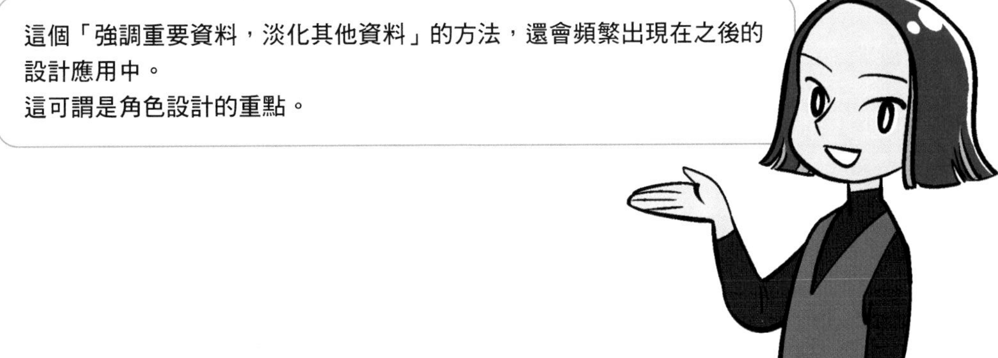

EX.其他方案

排列出優先順序就完成了角色的設定。
但是想了各種點子，很難就這樣捨棄其他項目……。
這個時候，請想想其他的可能性。
只要更換條件的優先順序，就可以發展成其他方案。

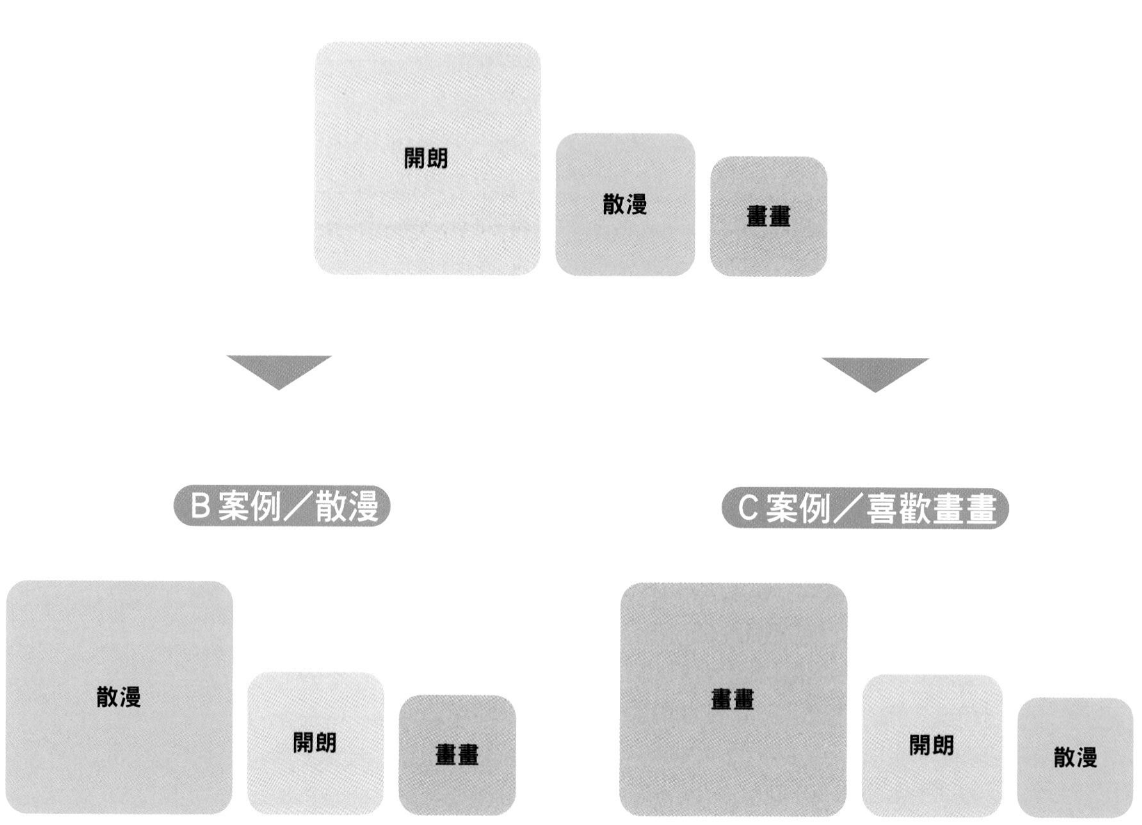

透過重新排列優先順序，不是外表差異的方案，而是發現以不同概念為基礎的其他方案。
另外，因為是以不同概念為基礎，自然而然就會增加許多想法。

最後階段就是要找出各方案細微的差異，一開始請盡情探索各種可能性吧！

試著依照每種優先順序畫出簡單的草稿。
即便資料相同，優先順序不同，設計也會不同。

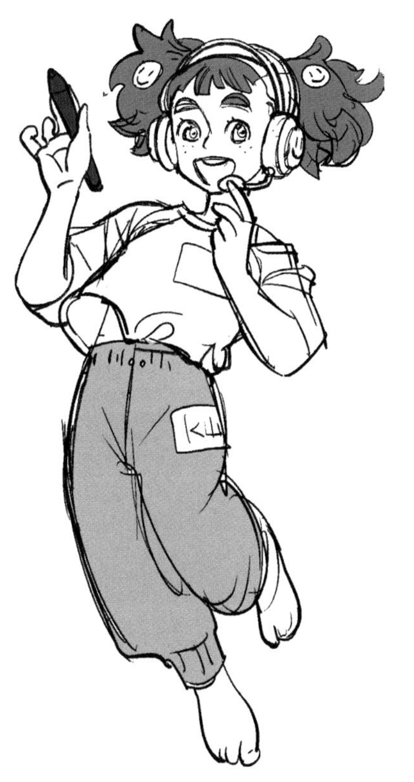

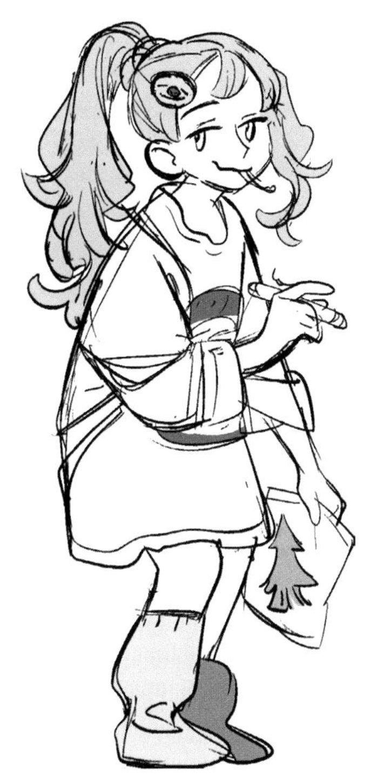

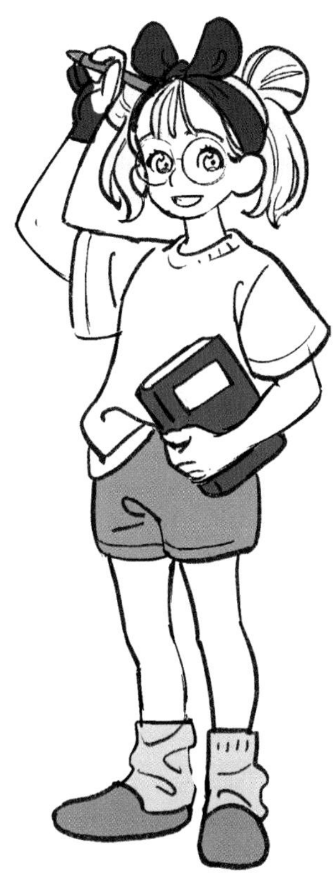

A案例／社交

- 戴著耳機，突顯與人交流的感覺
- 再以亂翹的雙馬尾、表情和姿勢，呈現開朗活潑又熱愛交流的形象。

B案例／散漫

- 為了誇大個性散漫的特點，將雙馬尾綁成左右高低不一的樣子，還穿著超級寬鬆的衣服。
- 表情和姿勢也突顯出懶洋洋的散漫模樣。

C案例／喜歡畫畫

- 為了方便畫畫，用頭帶固定頭髮。
- 刻意表現角色繪圖行為的特別設計，例如手上戴著使用繪圖板畫畫時的手套、拿著技巧書的小配件。

大家都有各自的見解

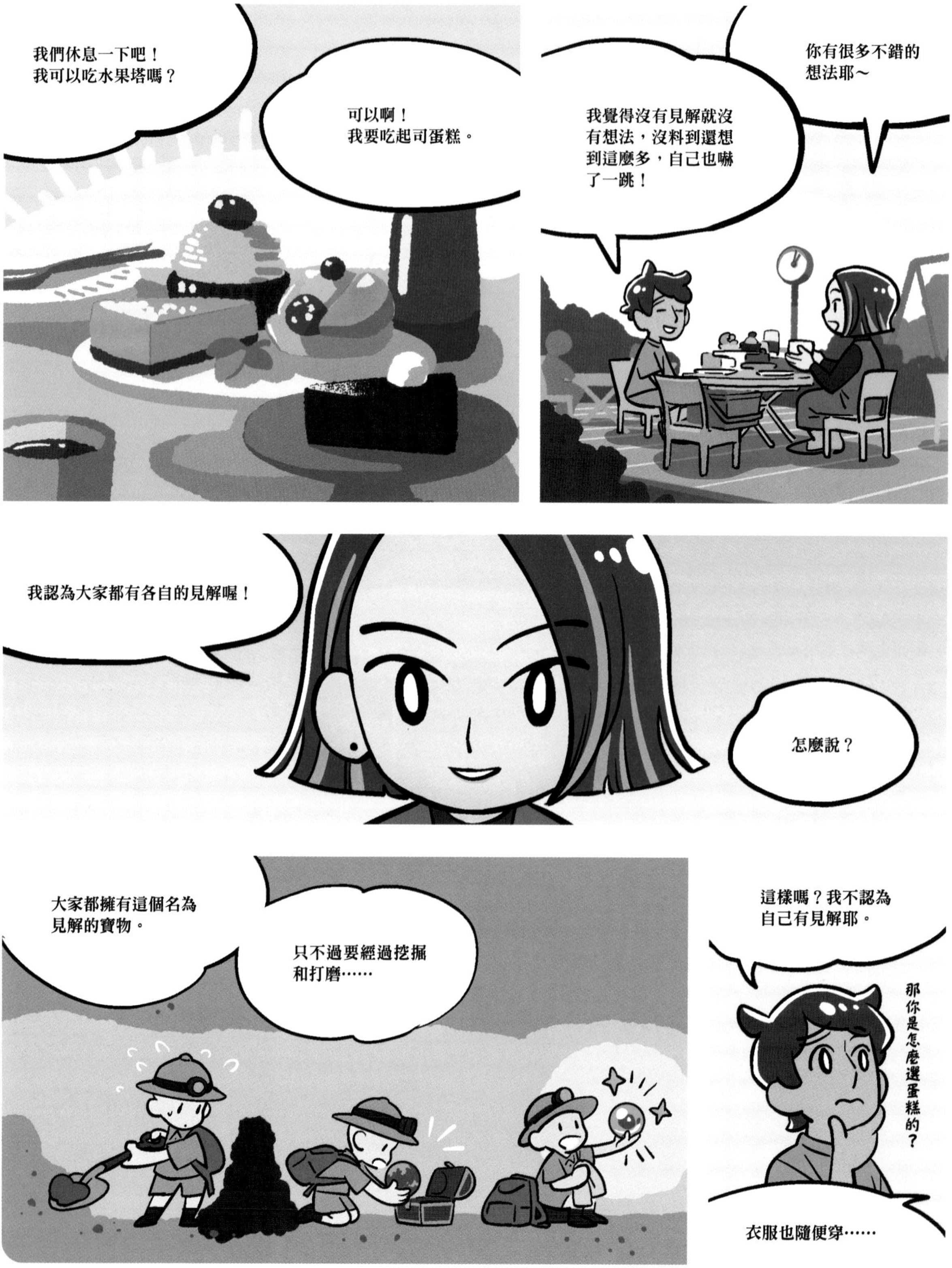

我們休息一下吧！
我可以吃水果塔嗎？

可以啊！
我要吃起司蛋糕。

你有很多不錯的想法耶～

我覺得沒有見解就沒有想法，沒料到還想到這麼多，自己也嚇了一跳！

我認為大家都有各自的見解喔！

怎麼說？

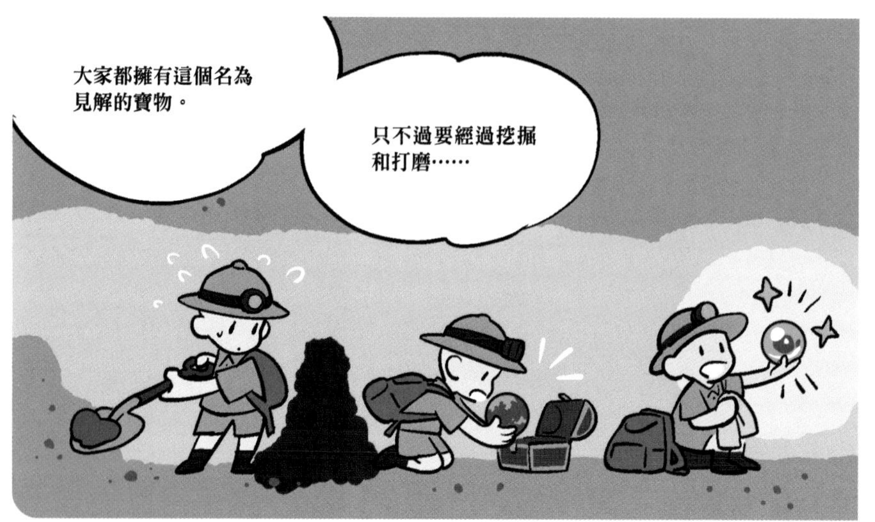

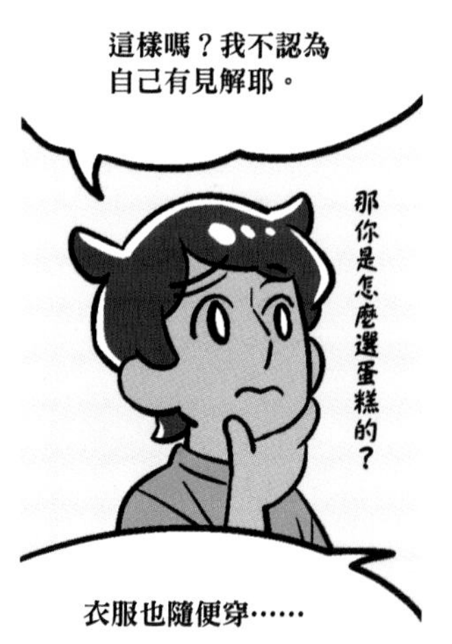

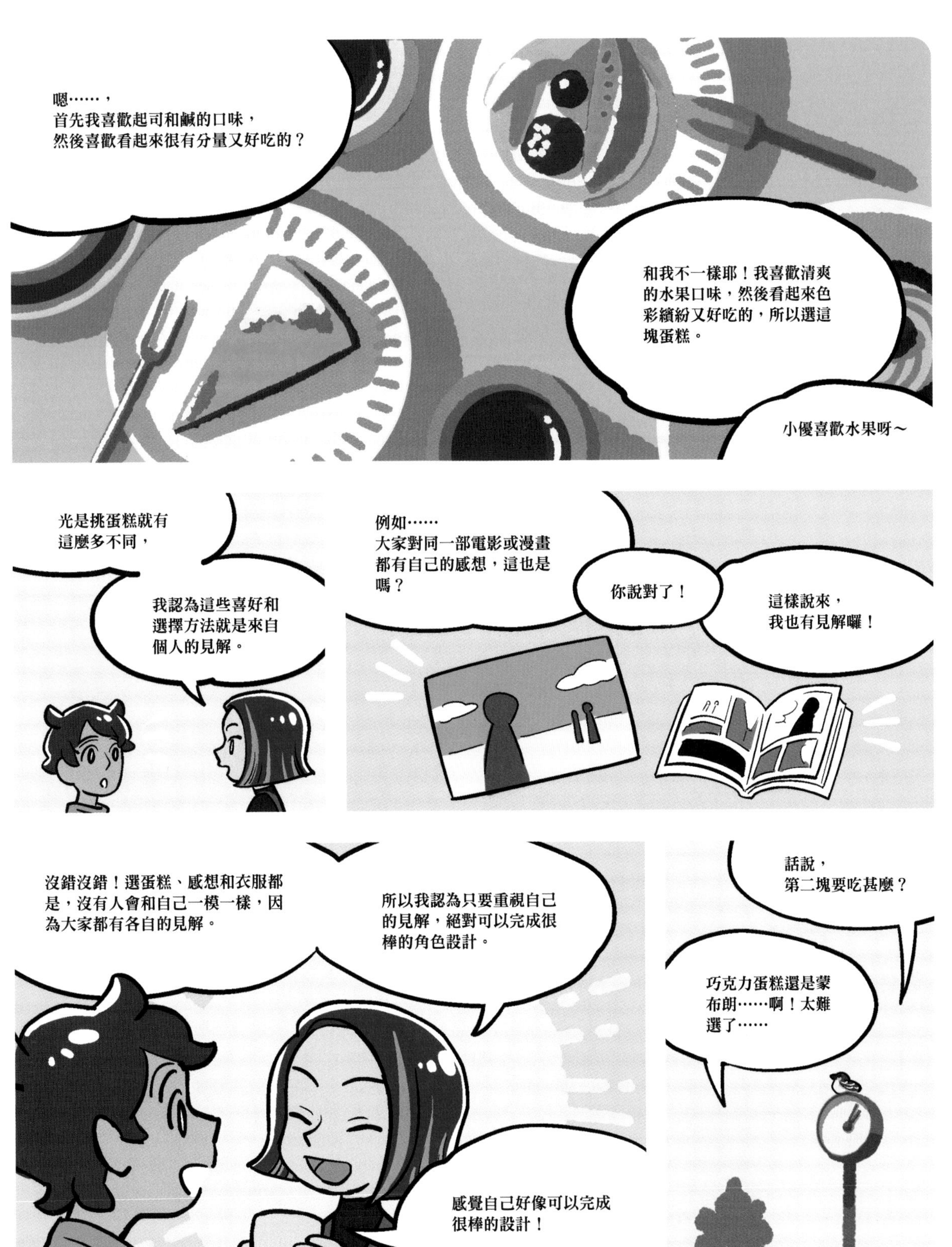
嗯……，
首先我喜歡起司和鹹的口味，
然後喜歡看起來很有分量又好吃的？
和我不一樣耶！我喜歡清爽的水果口味，然後看起來色彩繽紛又好吃的，所以選這塊蛋糕。
小優喜歡水果呀～
光是挑蛋糕就有這麼多不同，
我認為這些喜好和選擇方法就是來自個人的見解。
例如……
大家對同一部電影或漫畫都有自己的感想，這也是嗎？
你說對了！
這樣說來，
我也有見解囉！
沒錯沒錯！選蛋糕、感想和衣服都是，沒有人會和自己一模一樣，因為大家都有各自的見解。
所以我認為只要重視自己的見解，絕對可以完成很棒的角色設計。
感覺自己好像可以完成很棒的設計！
話說，
第二塊要吃甚麼？
巧克力蛋糕還是蒙布朗……啊！太難選了……

個人的調查方式

我在創作故事時也會收集視覺資料，但是本書著重於角色設計所需的調查（搜尋與查閱）。
為何會著重調查是由於通常面臨瓶頸時大多是因為缺乏激發靈感的資料。而且最終設計會因為調查的品質與數量而有所不同。以下也為各位介紹我個人調查的步驟。

1. 在腦中彙整想調查的資料

- 調查時需要關鍵字以便搜尋調查
- 經過反覆的調查作業，在腦中累積關鍵字

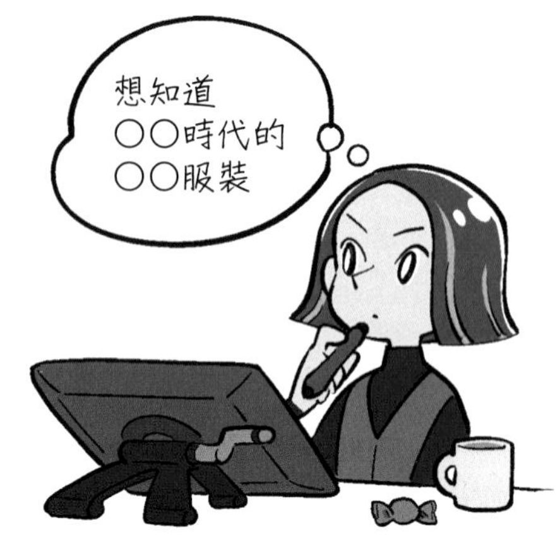

2. 透過網路調查（網頁網站、圖片、影片等）

- 先用腦中出現的詞彙調查
- 因為調查方便，所以一有想了解的部分，就先輸入關鍵字看看圖片或影片

【目的】

- 用於掌握大概的全身像
- 獲得調查所需的關鍵字
- 找尋可當成參考資料的「書籍」資料

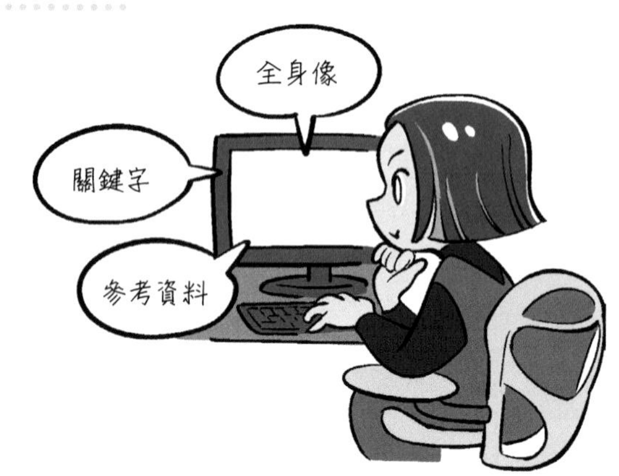

3. 用書籍或電影等資料（考據資料）調查

- 比網路的資料更正確
- 因為經過專家監修，可信度高
- 可以獲得系統性的資料
- 因為要去圖書館或書店，會需要一點成本和時間

【目的】

- 獲得正確有系統的資料。
- 獲得活用網路資料所需的判斷基準。
- 獲得進一步調查詳細資料所需的關鍵字。

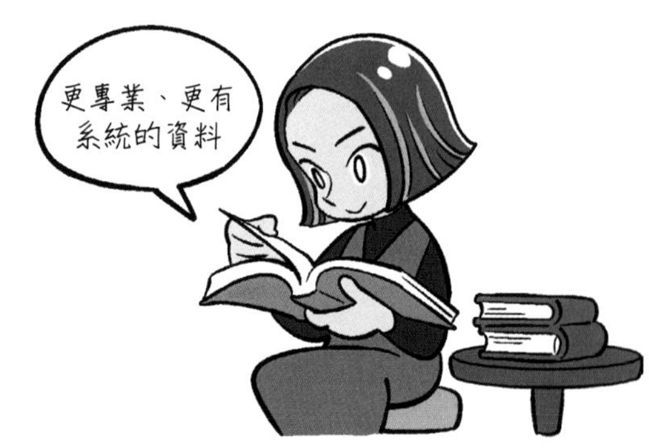

3大調查重點

1. 參考真正的物件

基本上我不會參考動畫、漫畫和遊戲的插畫。

因為不論是否刻意為之，自己的想法都會受到侷限，最終也會影響自己的設計。

如果要設計盔甲，就調查真正的盔甲，由此獲得設計靈感。

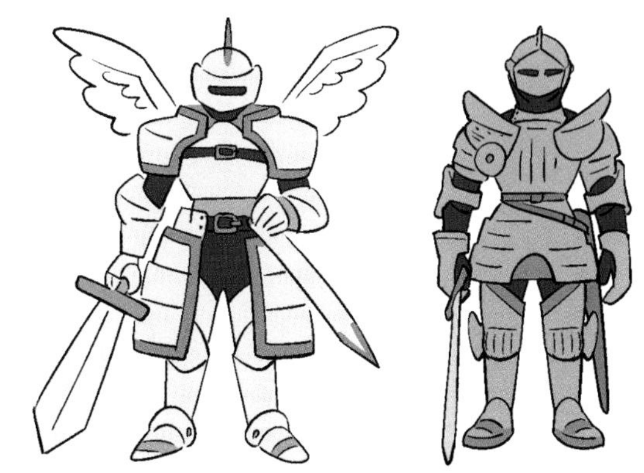

2. 利用書籍

網路資料搜尋極為方便，但是若缺乏相關知識，很難判斷這些是否為正確資料。這時就輪到書本出場了。

在一開始就先收集相關書籍，然後從中找出想詳細了解的資料，再用網路搜尋或購買專門的書籍。

例如：想設計中世紀的奇幻角色

⇒調查民俗服飾

⇒購買相關書籍（圖鑑或可以瞭解完整歷史的書籍）

⇒找出關鍵字

⇒進一步在網路或書中調查

如上述步驟，一步一步深入探究。

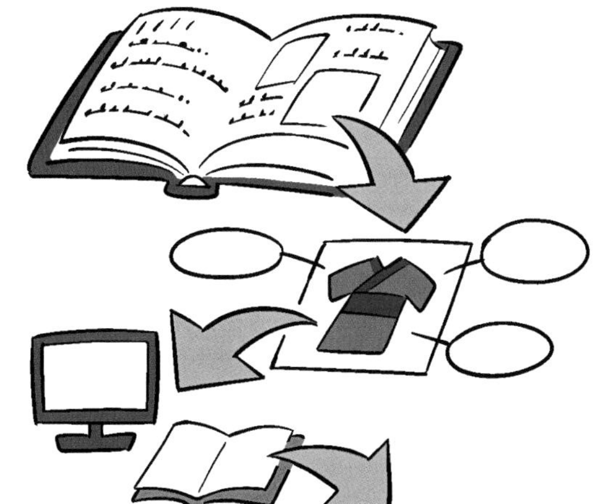

3. 用其他國家的語言查詢資料

當要調查日本刀時，以日文調查的資料會比以英文調查的資料準確，這點大家應該都可了解。

同理可證，當你想要設計國外角色時也是如此。

例如：

美國　1920年代　服裝

⇒America 1920's fashion

德國　民俗服裝

⇒Deutsche Volkstracht

經過實際調查，因為語言會出現完全不同的搜尋結果。

另外，變更搜尋引擎的設定，也可以顯示不同國家的搜尋結果。

請多多利用翻譯功能挑戰用其他語言搜尋資料吧！

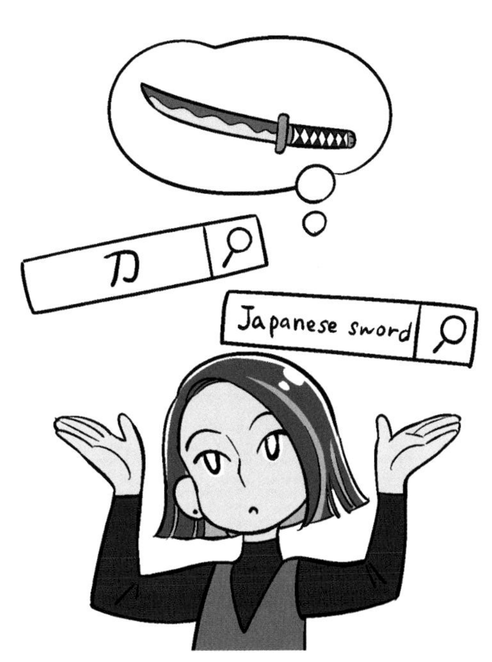

調查範例

調查範例　小紅帽

長相

先在腦中探索
符合形象的演員
認識的小孩〇〇

演員的名字

腦中無想法時
⇒查詢是否有這類角色的作品或形象符合的人

兒童電影

童星

服裝

⇒查詢故事發源地的民俗服飾

小紅帽　發源地

⇒好像是德國，以德語查詢

小紅帽　發源地（德語）

⇒查到地名和年代！查詢當地的民俗服飾

地名　民俗服飾（德語）

年代　服裝（德語）

⇒用手邊的圖鑑確認德國的民俗服飾

小配件

⇒小紅帽手提的籃子是哪一種？
若是村裡製作的籃子

地名　籃子（德語）

調查範例　懸疑故事

以日本為背景的時裝劇
冷靜沉著／沉默寡言／一絲不苟／不知心裡的想法／殺手／男性／約莫40多歲

長相

先在腦中探索
⇒某部電影出現的某位演員符合心中形象
⇒認識的人，符合總是不知其心裡想法的形象

腦中無想法時
⇒查詢是否有這類角色的作品或形象符合的人

動作片　電影　日本

40多歲　演員

服裝

⇒冷靜沉著又沉默寡言的人會穿甚麼服裝？
⇒殺手的服裝是？
查詢電影、雜誌、SNS、實際的人等
⇒沉默寡言的殺手，所以服裝一定很低調

雅痞　服裝　男性

⇒因為有錢，或許對服裝很講究

品牌　男性　服裝

小配件

這個人手上會拿甚麼？做案工具是？
⇒手槍／刀？使用最新型？還是因為講究而使用舊型？兩種都查詢看看

手槍　歷史

〇〇（槍支名稱）

如何使用？調查網站影片

（槍支名稱）

可能會抽菸，因為一絲不苟，或許有用菸盒？

菸盒

古典造型或許比較符合角色形象？
拍賣網站上或許有可參考的商品

Cigarette case vintage

資料用法

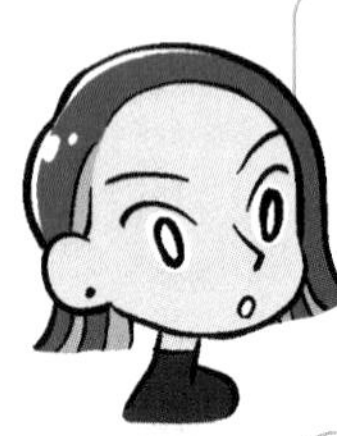

角色設計中最重要的作業是調查。
調查的方法五花八門，但是收集資料和運用收集的資料時，有一個很重要的地方。

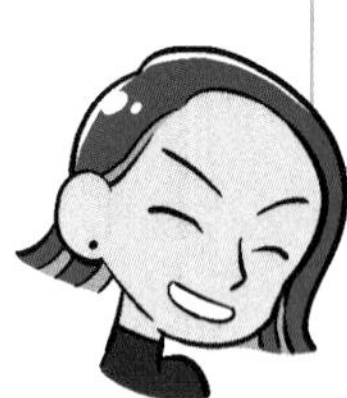

那就是「請從真實物件獲取靈感」！
例如要描繪櫻花的插畫，你認為要參考真的櫻花還是櫻花插畫？

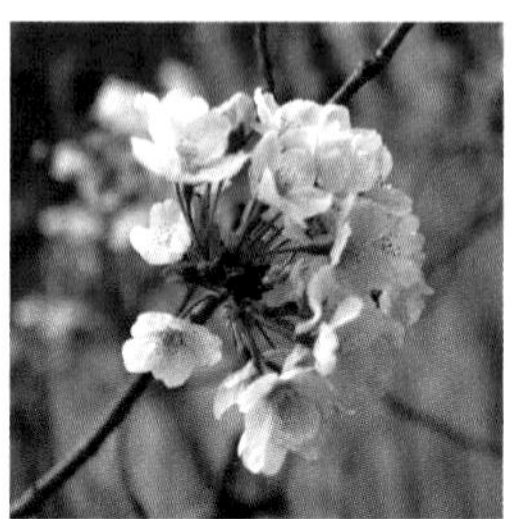

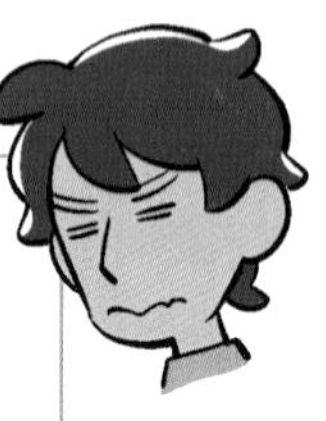

插畫……嗎？真的櫻花比較複雜，也不知道該如何描繪……。

的確真的櫻花資訊量很多。
要知道真的櫻花哪裡該畫，哪裡不該畫，作業時必須先經過自己過濾。

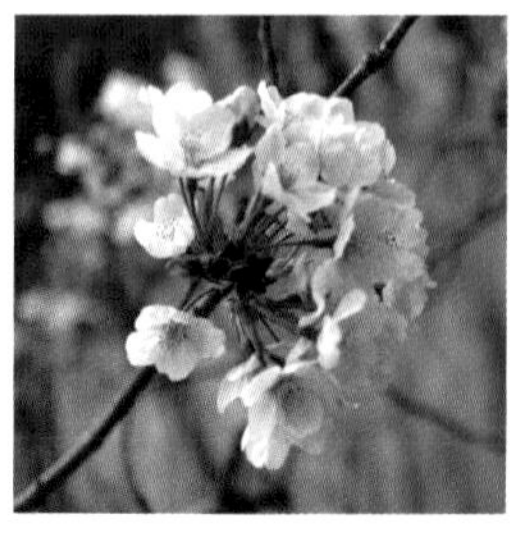

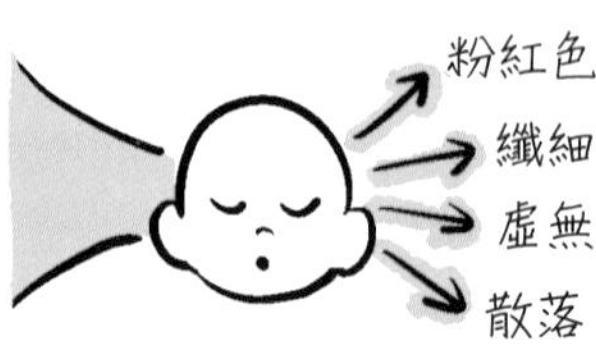

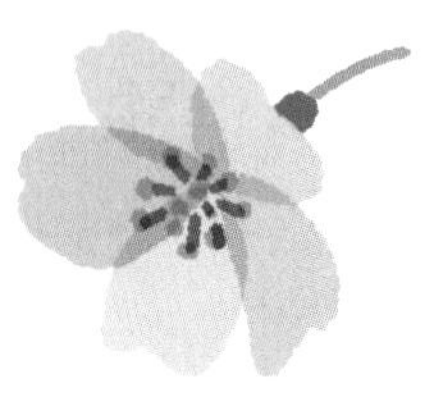

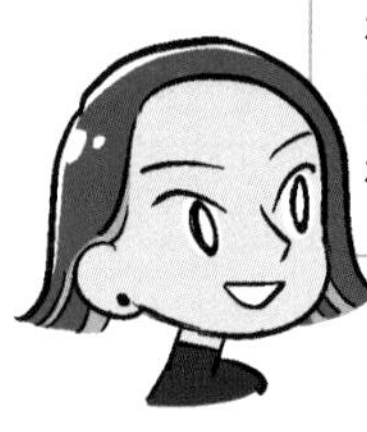

相較之下，櫻花插畫是經過繪者的過濾。
因此資訊經過篩選，簡單易懂。
相反地，即便你不想畫得和原畫一樣，也會與它相似。

參考圖片

自己描繪的插畫

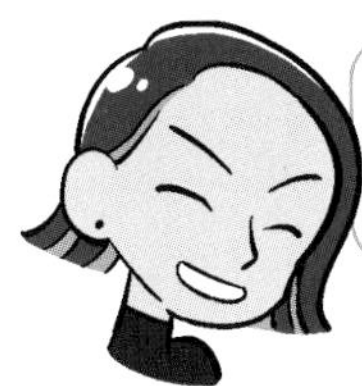

看到真的櫻花的哪個部分？該如何描繪？經過自己的過濾才會有原創性。因此構思設計時，我會參考實際的物件作業。

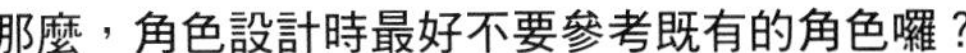

那麼，角色設計時最好不要參考既有的角色囉？

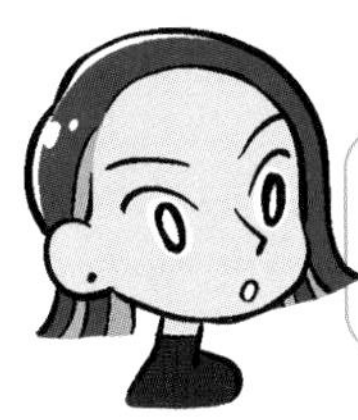

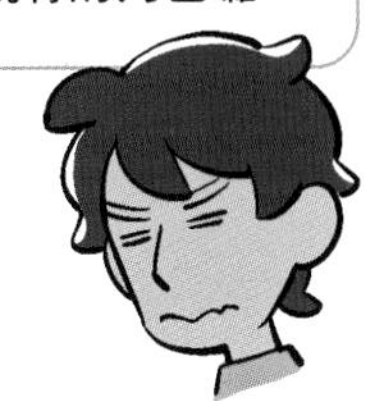

雖然沒有不可以，但是參考既有角色，多多少少會變成相似的設計，原因就和櫻花插畫一樣。

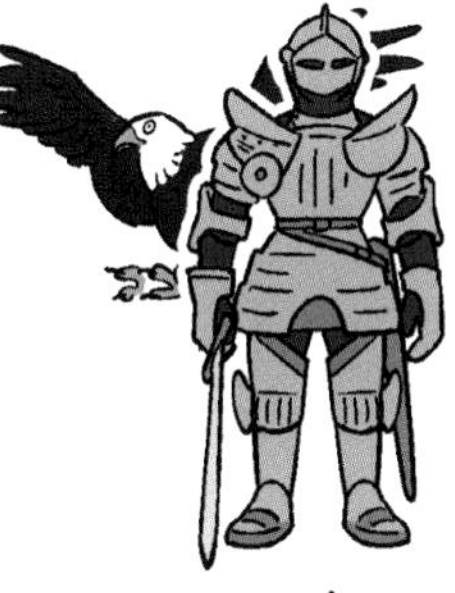

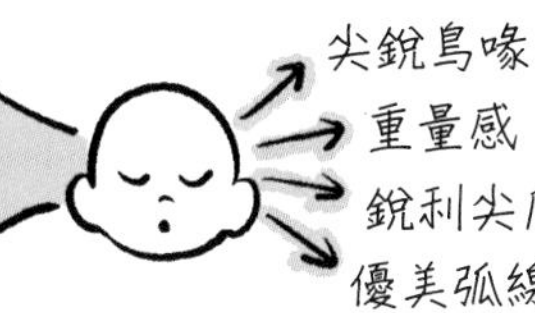

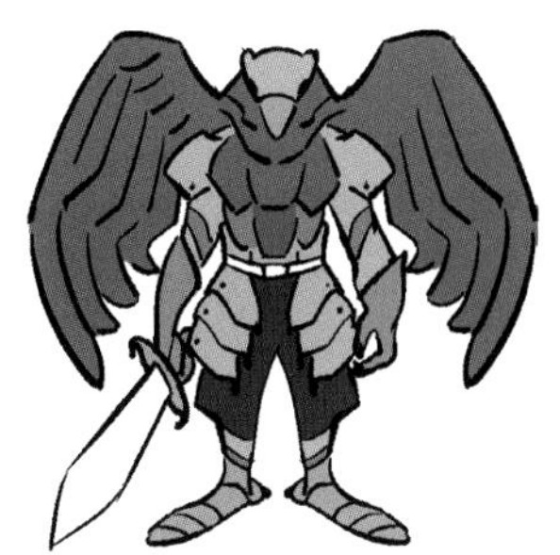

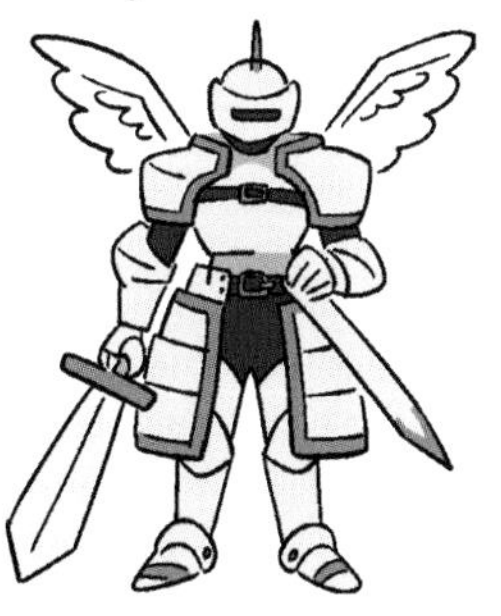

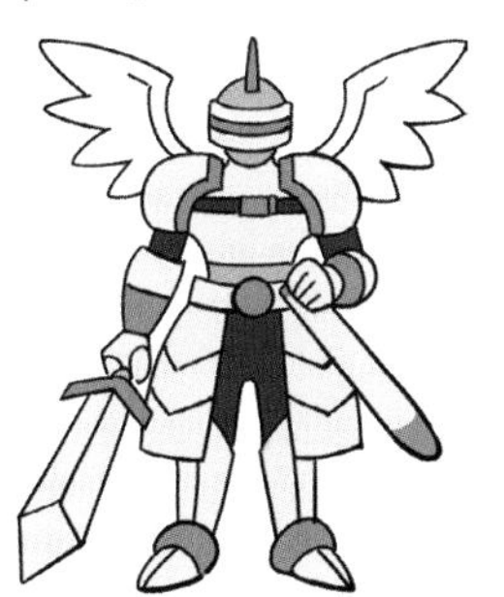

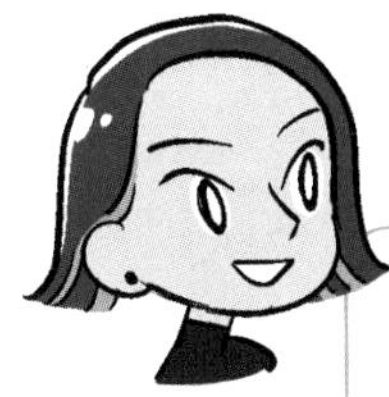

這是因為不是由自己過濾，而是由他人過濾的關係。但是，可以從分析他人過濾後的設計獲益良多。

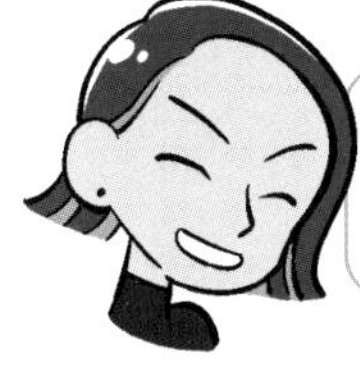

「為何會形成這種設計和變形？」、「自己看到的樣貌究竟從何而來？」這些分析都可以應用在自己的過濾作業中。

重要的不是直接使用資料，而是由自己再次消化吸收，在自己的腦中想想有何感觸。

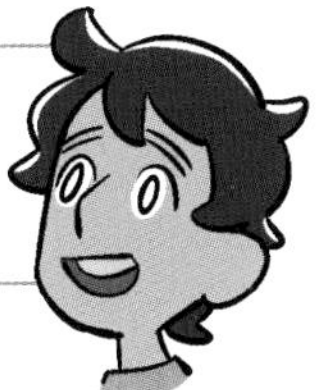

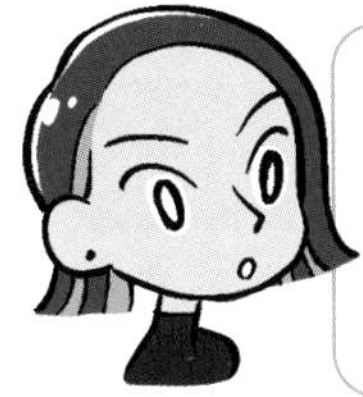

當然對所有當成參考的資料都要予以尊重。

為何會覺得很纖細又虛無呢？

因為花瓣是透明的，所以好像會很快凋落而感到纖細與虛無嗎？

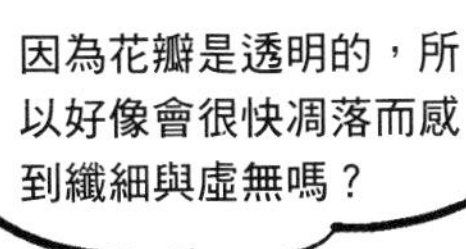

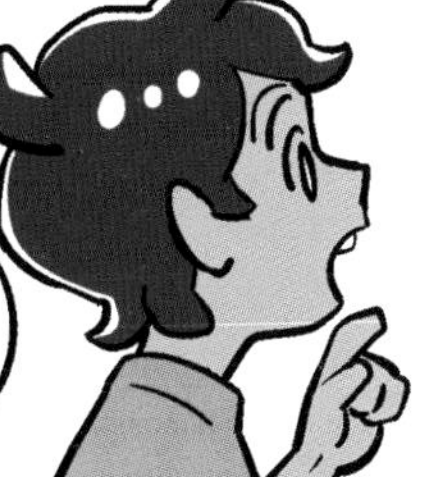

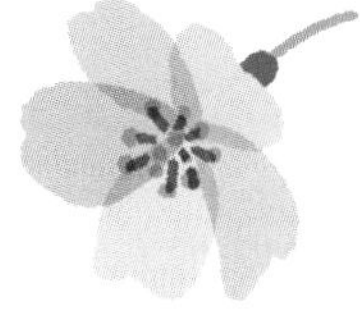

彙整

所謂的故事

- 角色相關事件的集合體

所謂的設定

- 將故事彙整成有助於設計的形式
- 先將資料大致分成「方向性」、「世界觀」、「人物形象」這 3 大類，接著再分出細項

想不出故事時

- 從故事中出現的詞彙想出點子
- 收集與角色相關的視覺資料想出點子
- 描繪角色生活的一個場景想出點子

整理設定的方法

- ①分類　● ②彙整　● ③刪除　● ④排列優先順序

排列優先順序

- ①只決定一個主要項目
- ②依序決定重要資料
- ③依序變更設計比例

重點是「強調重要資料，淡化其他資料」。

COLUMN

作者推薦書籍②

キャラクター
登場人物の本質と創作の技法

ロバート・マッキー 著｜越前敏弥 譯
フィルムアート社, 2022年

這本書簡化並傳授構建角色的元素，推薦給想更深入構思角色的讀者。可以好萊塢式的劇本技巧為基礎學習角色的本質。書中第二部介紹了「打造故事人物」的構思方法應該也可以當成作業參考。
另外，書中以實際電影和劇集為題材的分析內容，可讓人感受到角色造型的深奧。若創造角色遇到瓶頸時，這本書絕對會讓你找出解決之道。

第2章 設計與繪圖

2

設計的順序

掌握易於設計的順序

設定請依照方向性→世界觀→人物形象的順序來思考。
這個概念就是漸漸縮小了設計選項的範圍。依照這個順序，就不會迷茫並且能設計出有一致性的作品。
即便設計多個角色時，也只要改變人物形象的部分即可，相當方便。

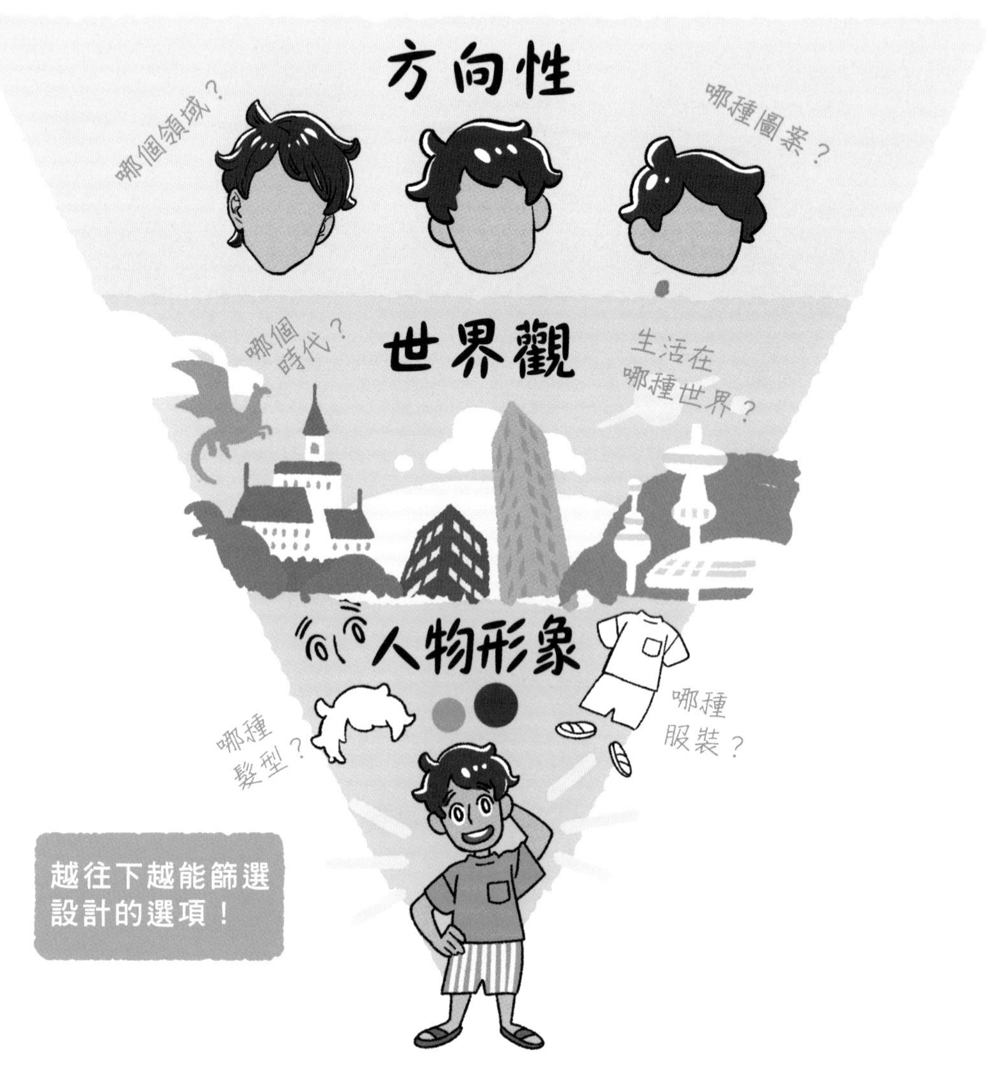

當設計出現疑惑時，從下面回溯就可以找出原因。
通常問題會在根本的故事，或故事尚未定型時，也常會對設計感到有所困惑。

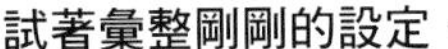

試著彙整剛剛的設定。

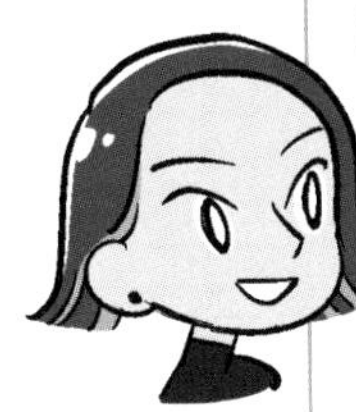

設定時可以依照自由排序設計。
但是依照方向性→世界觀→人物形象的順序會比較容易設計。

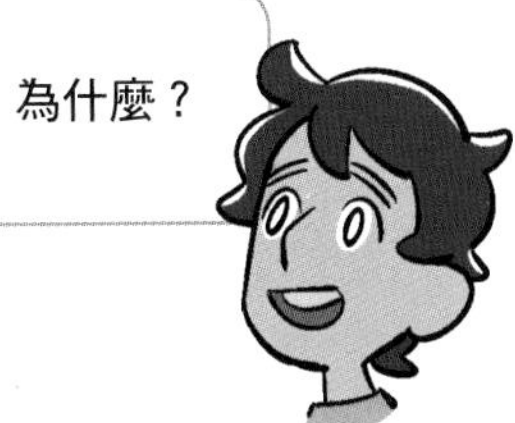

為什麼？

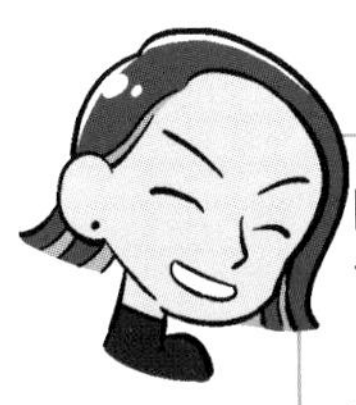

因為從上往下可依序限縮設計的範圍。
首先是方向性。決定頭身比、畫畫的資訊量等繪圖。

接著是世界觀。決定設計成哪種服裝和髮型等大致的輪廓。
比如若是古裝劇，就得符合當時的髮型和服裝吧？

最後是人物形象。以方向性和世界觀為基礎，構思加入角色個性的設計。

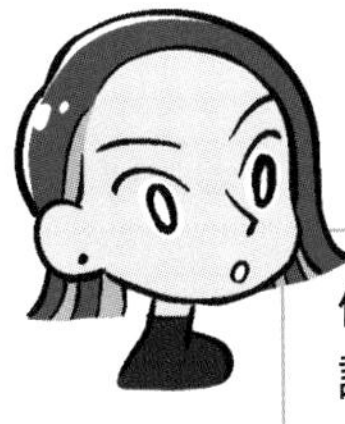

倘若以相反的順序處理……
該穿哪種服飾？該設計成哪種繪圖？變成要從許多項目來設計。

就像沒有地圖朝目的地前進的感覺。
反過來說，在走彎路或繞遠路的過程中，有時也會有好處，例如遇到意想不到的點子，因此這也是另一種可行辦法。

所以這個順序有其意義。

所以依照方向性、世界觀、人物形象的順序是有意義的。

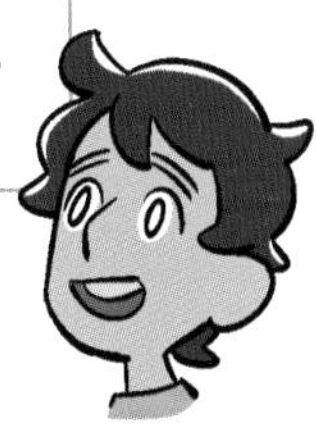

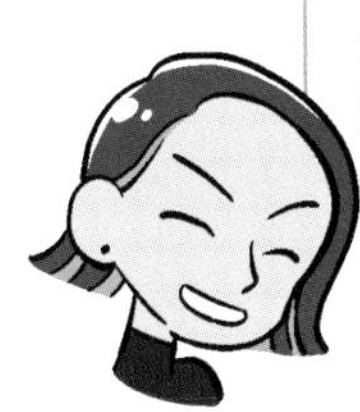

是的！而且在設計多個角色時，只要改變人物形象就好了。

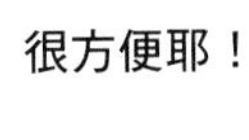

很方便耶！

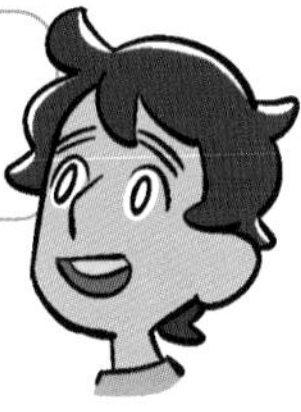

繪圖與故事的關係

選擇能夠傳遞故事的繪圖

小慶和小優擔任了本書的引導角色。
為何我會將這兩人描繪成這樣的繪圖？其中可是有很深的意涵喔！

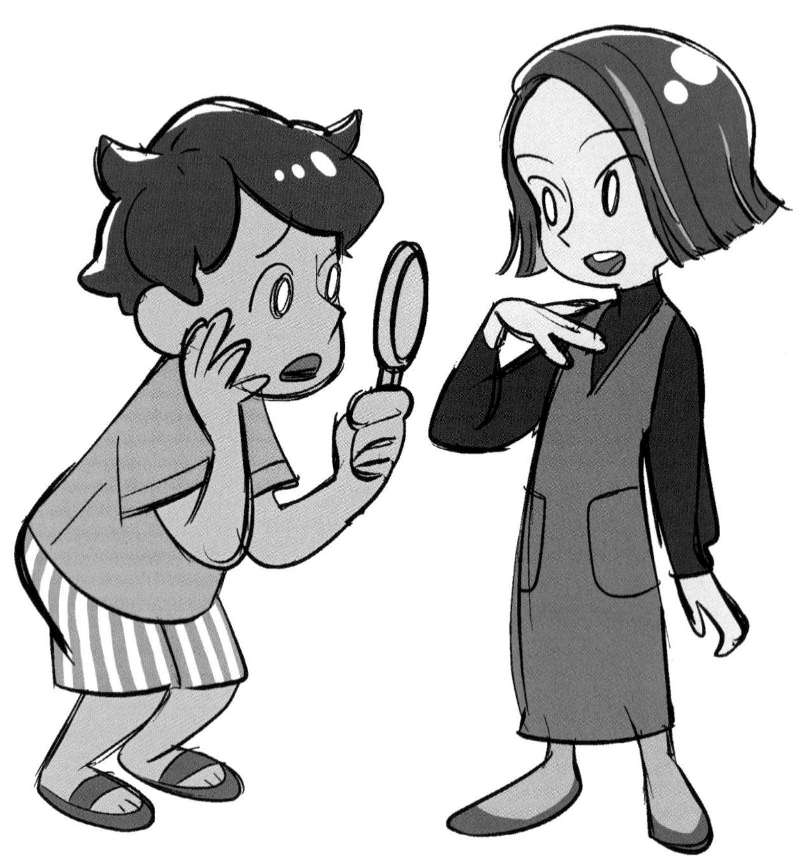

本書採用漫畫形式的目的

- 我想簡單明瞭地傳達角色設計的知識技巧
- 因為可能是一本有很多文字敘述的書，所以想避免讀者中途棄讀

配合目的的繪圖

- 繪圖簡單能讓人覺得內容簡單
- 繪圖資訊量少可讓人輕鬆閱讀
- 繪圖不會與範例重複

因此我減少角色的資訊量，降低頭身比。
我認為因為角色簡單明瞭，即便文字多，仍可維持整本書的協調與平衡。

然後我們就被創造出來啦……。

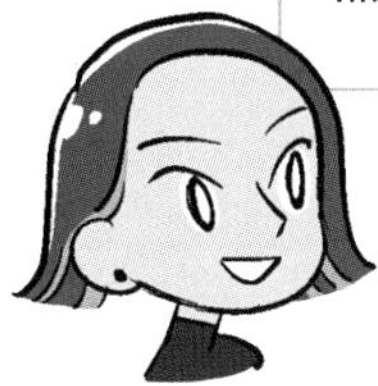

的確資訊量多的繪圖資料過多，會讓人不想看下去……。

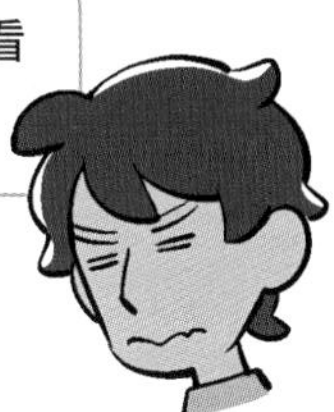

話雖如此，但如果資訊量刪減過多，又會欠缺說服力喔……。

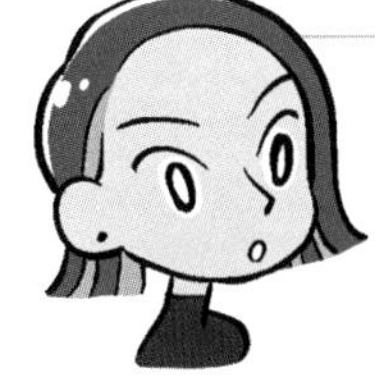

是耶，我們就是恰如其分。

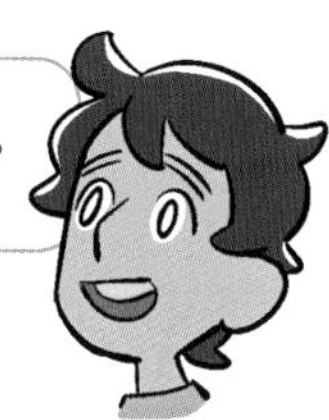

資訊量多

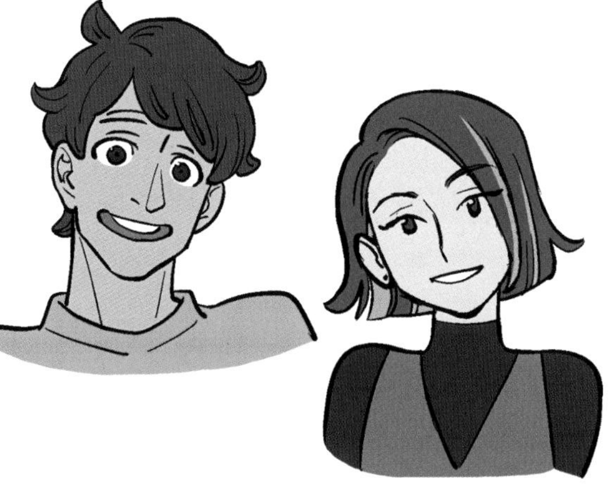

資訊量少

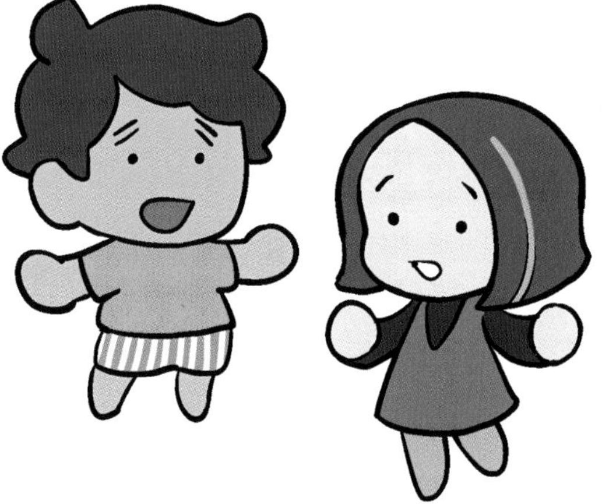

換句話說，如果反過來運用，以普普繪圖表現嚴肅的故事，就可以輕鬆閱讀；而以寫實繪圖表現搞笑劇情，就可設計成超現實喜劇。

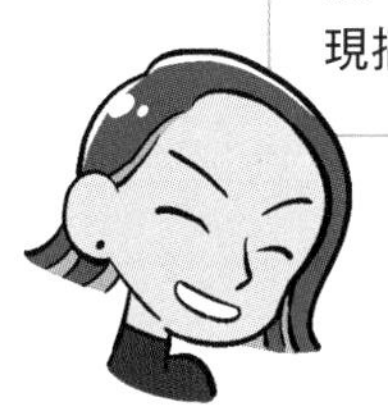

將兒童作品角色設計成寫實外表帶來的興趣，就成了一種反差感。

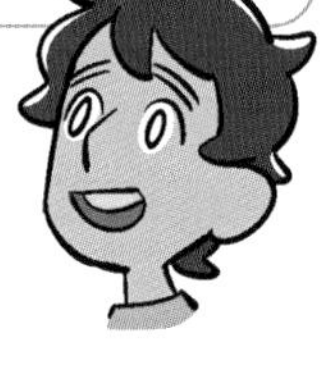

以結論而言，重要的是你想要傳達甚麼？想要如何傳達？依照自己的目的構思最佳繪圖，也是角色設計的一部分。

設計因目的而不同

即便是同一個角色，也會因為目的而有各自適合的設計。

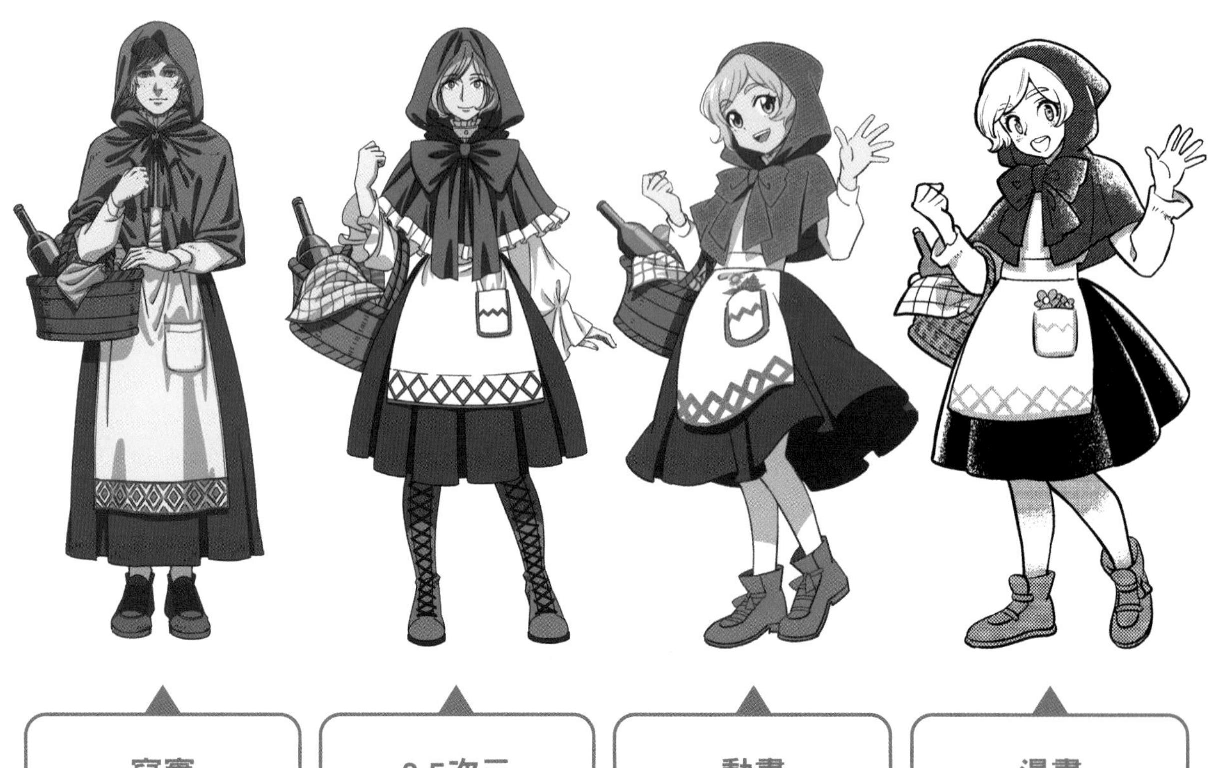

寫實	2.5次元	動畫	漫畫

寫實

假設作品

戲劇和電影

重點

- 布料以及造型都很引人注意。雖然這關乎作品氛圍，但是如果服裝過於廉價會影響作品表現。

特別構思的部分

- 設定在真實世界，需呈現寫實的設計，必須控制色彩表現。

2.5次元

假設作品

舞台劇

重點

- 不論特寫或是從遠距離觀賞，都要呈現華麗漂亮的造型。

特別構思的部分

- 要如何表現與寫實之間的差異。
- 為了在舞台顯得漂亮，所以會有很多飄逸造型的設計。

動畫

假設作品

兒童動畫

重點

- 好活動的設計。
- 因為需要由很多人描繪，所以重點是要容易模仿。

特別構思的部分

- 作畫很辛苦，所以簡化鞋帶和服裝圖案。

漫畫

假設作品

少女漫畫

重點

- 黑白比例很重要。

特別構思的部分

- 為了讓繪圖在黑白色調下依舊很漂亮，添加了對比變化。
- 為了方便閱讀，外輪廓和內側的線條都添加了強弱變化。

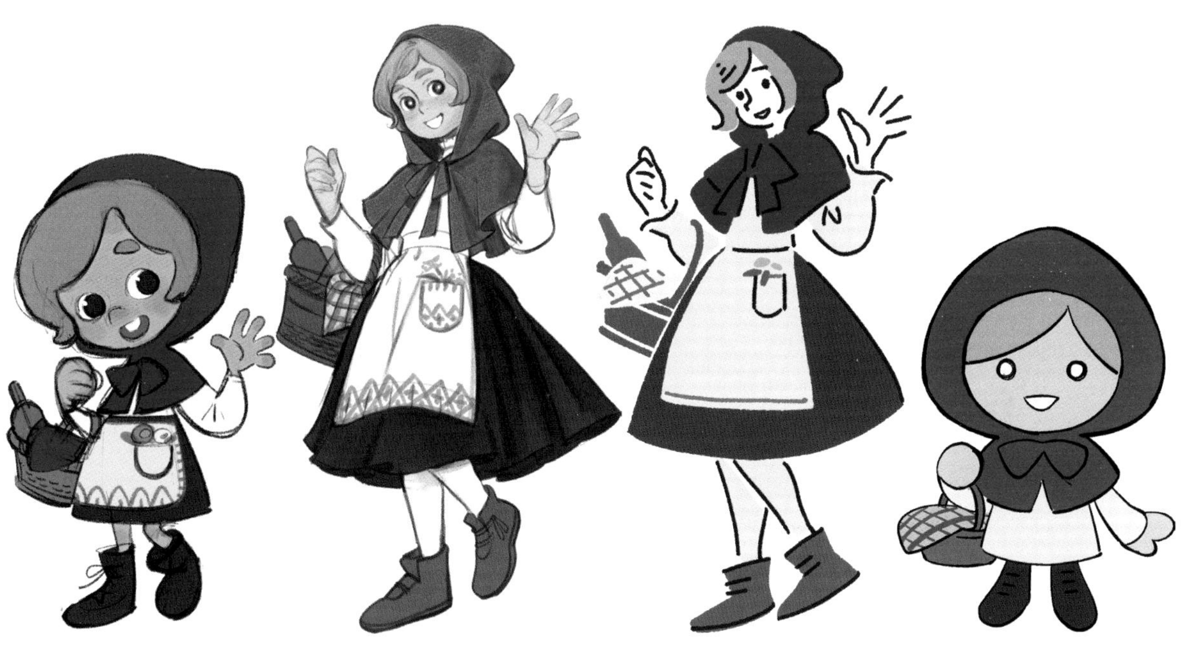

卡通

假設作品

兒童動畫

重點

- 為了表現出角色內心與其他角色的不同，特徵是大膽將外形輪廓設計成明顯的比例差異。

特別構思的部分

- 為了表現親切感，頭部畫成圓形，並且將頭部畫得最大。

遊戲

假設作品

小說遊戲

重點

- 設計細膩以免玩家看膩。

特別構思的部分

- 符合世界觀的塗色。

插圖

假設作品

書籍插圖

重點

- 配合用途和媒介調整繪圖的精緻度和資訊量。

特別構思的部分

- 因為作品以文字為主，所以要控制繪圖的資訊量。

吉祥物角色

假設作品

商品或玩偶裝

重點

- 容易成為商品或立體造型的設計。

特別構思的部分

- 造型上要留意以最少的元素，表現出令人印象深刻的設計。

選擇符合目的的繪圖

繪圖是決定角色氛圍的重要元素。
繪圖的構成大致分成 2 部分，分別是「資訊量」和「頭身比」。透過改變這兩項，就可以描繪出許多不同的繪圖。

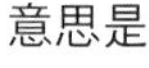

意思是

資訊量……線條的多寡

頭身比……身體大小等於幾顆頭？

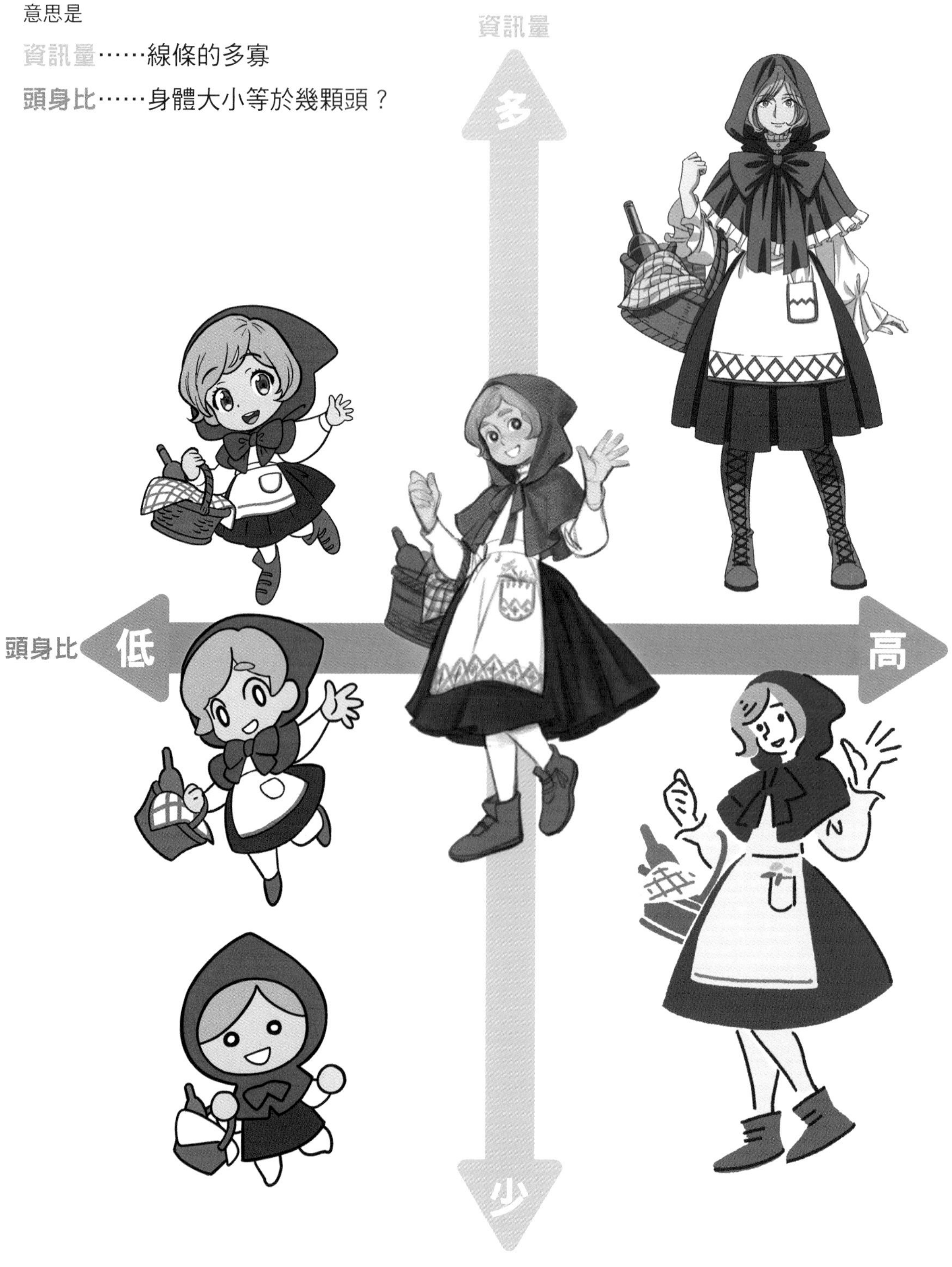

資訊量

多

頭身比

低

高

少

寫實程度

繪圖會左右作品呈現的物理定律。
例如，這兩人為了逃離大野狼，跳向對面的懸崖……。
大家覺得她們會如何？

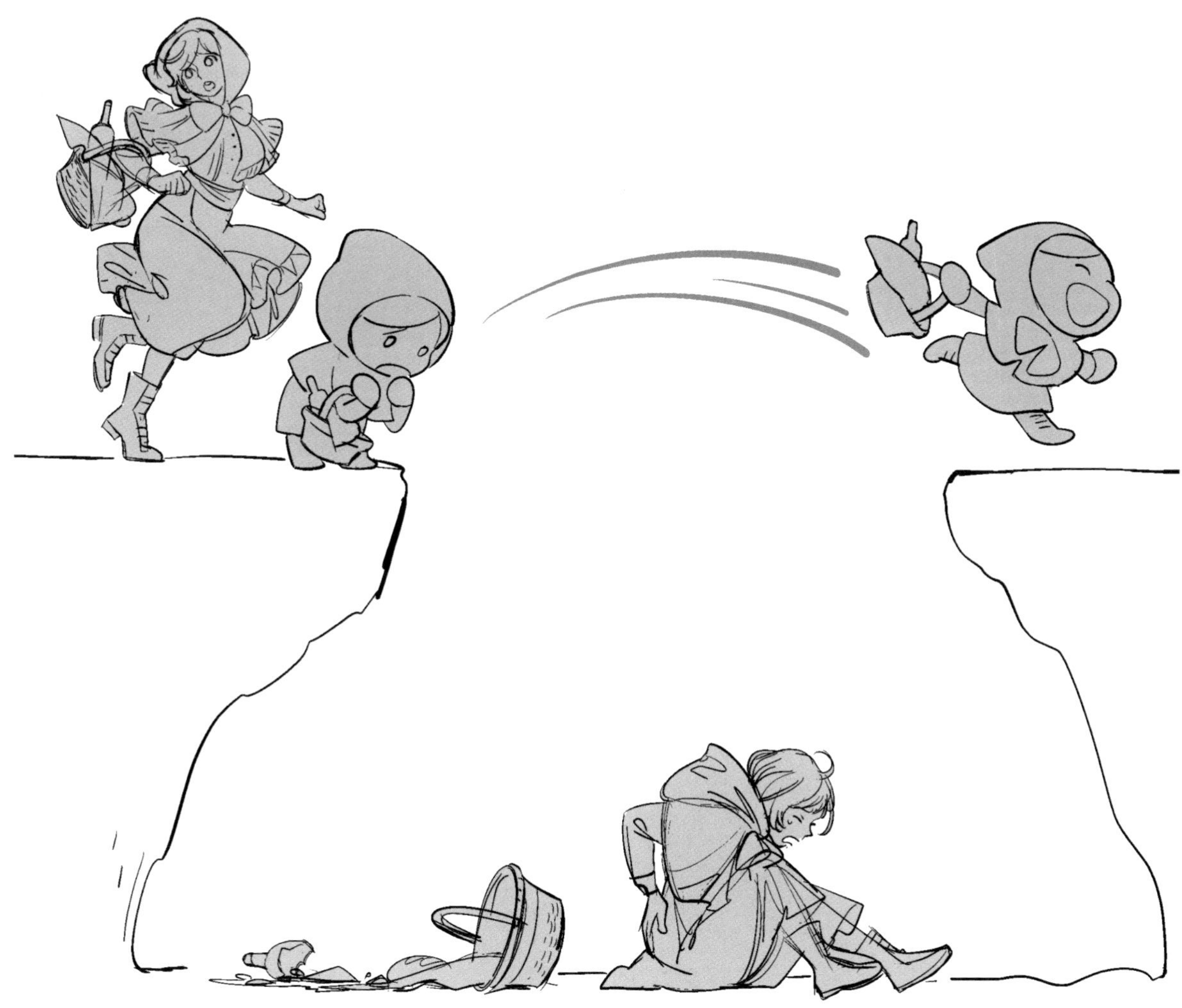

頭身比高的小紅帽：差點跳到對面的懸崖，因跌落而腰痛。

頭身比低的小紅帽：輕鬆跳躍移動

是不是默默覺得怎麼會是這樣的結果呢？
這是因為角色越貼近現實越適用於現實條件，角色越脫離現實即便跳脫現實條件也不會讓人感到突兀。

你想講述哪一種故事？
請好好想想最適合這個故事的繪圖。

彙整

繪圖的功用

- 為了講述故事，選擇適合的繪圖很重要。

設計因目的而不同

- 須為實物的作品：寫實、2.5次元等。
- 2次元：動畫、漫畫、卡通、遊戲、插畫、吉祥物角色等。

選擇符合目的的繪圖

- 構成繪圖的是「資訊量（線條的多寡）」和「頭身比（身體大小等於幾顆頭？）」。
- 透過改變這兩項，就可以描繪出許多不同的繪圖。

何謂寫實程度

- 角色越貼近現實越適用於現實條件，角色越脫離現實即便跳脫現實條件也不會讓人感到突兀。

COLUMN

作者推薦書籍③

ONIのすべて～トンコハウスと堤大介、旅の途中～

堤 大介 (著), 吉田 宏子 (編輯), 水野 沙希子(編輯)

ブルーシープ, 2023年

這是在Netflix上映的影片《鬼族：雷神傳說（ONI～神々山のおなり）》的畫冊。

我想請大家看的是，作者為了角色設計繪製的素描。一張張講述故事的素描似乎不僅僅是畫，上面的角色栩栩如生，彷彿還能聽到他們的聲音。我認為這樣的作業才能創造出讓人信以為真的角色。

第3章　設計與形狀線條

3

3 設計與形狀線條

設計的基礎是形狀與線條

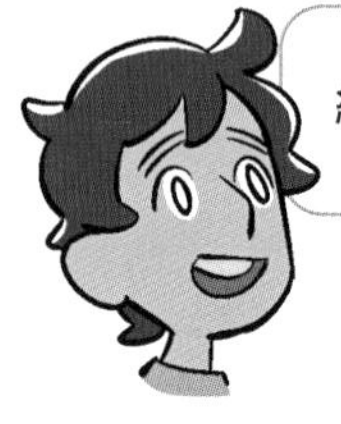

終於來到設計環節了！

在正式開始之前，先學習設計的基本。

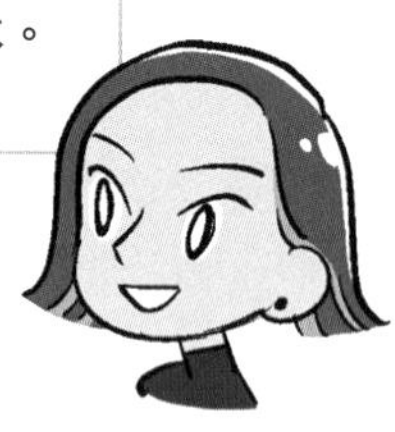

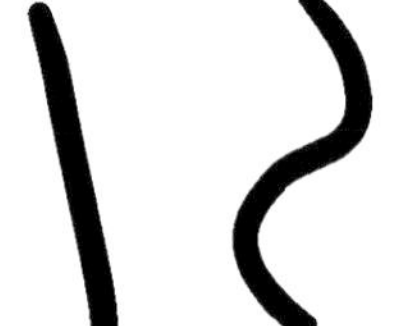

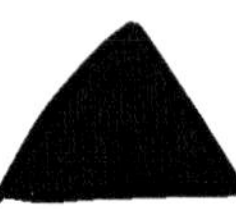

就是分解繪圖。

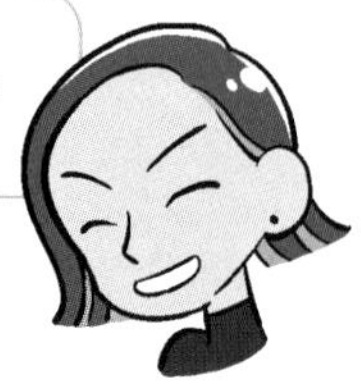

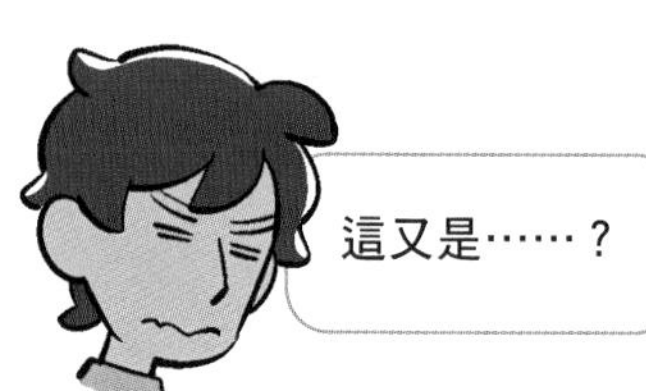

所謂的繪圖是由線條和形狀構成，而這些元素都有其分別的意義。例如，若將這兩者設計成角色，你覺得分別會是甚麼樣的個性？

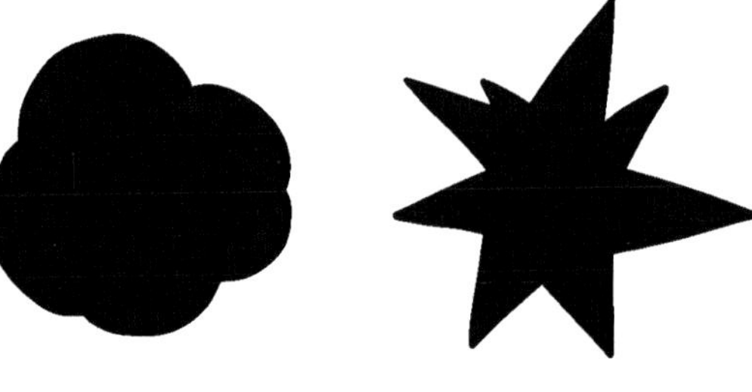

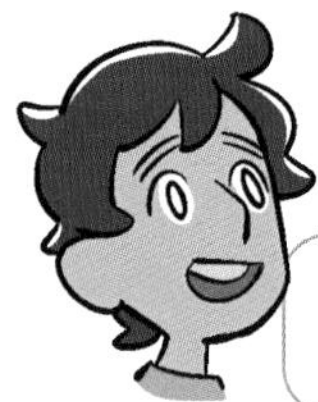

感覺一個很溫柔，另一個會很殘暴、作惡多端。

為什麼會這樣覺得？

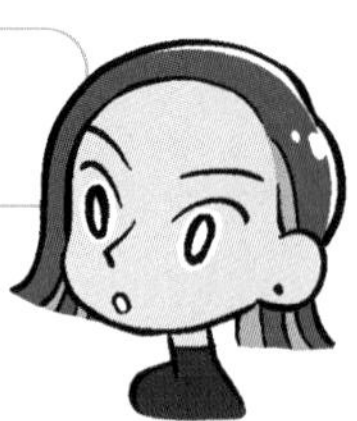

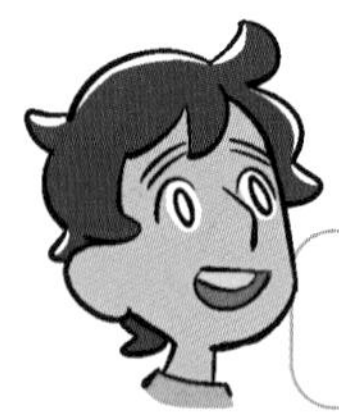

你這樣一說，為什麼我會這樣覺得呢！

其實這是因為人看到圓形就會很安心。看到尖銳的形狀就會刺激到大腦掌管恐怖的區塊。

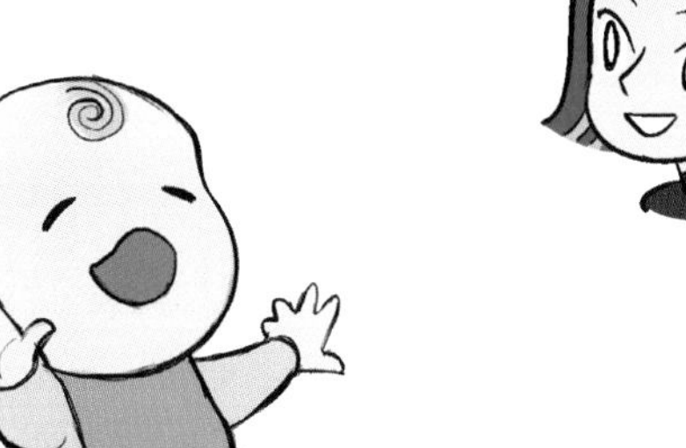

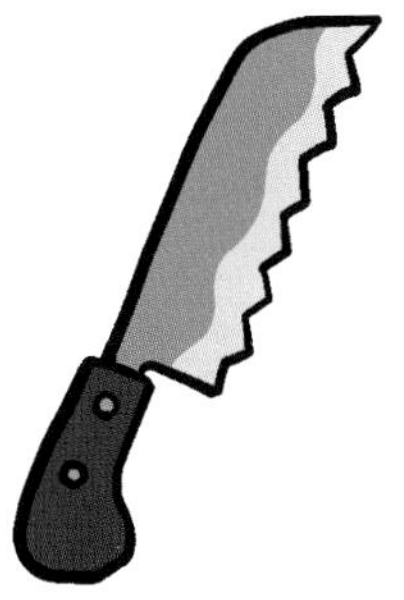

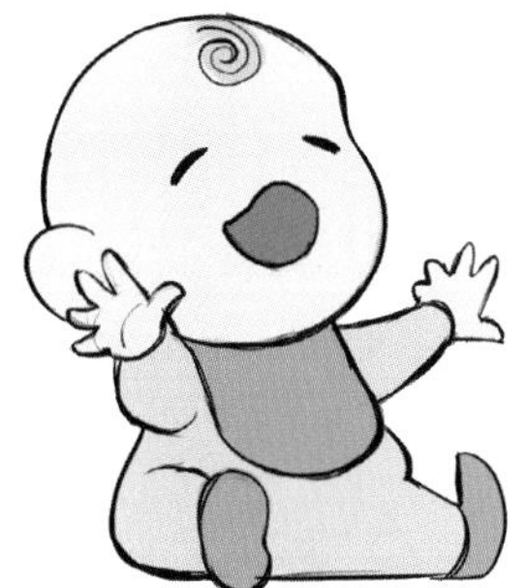

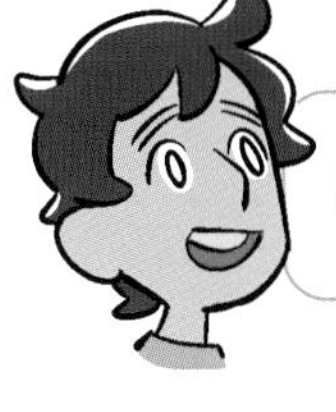

原來是本能驅使啊……

如果將這些運用在角色設計……

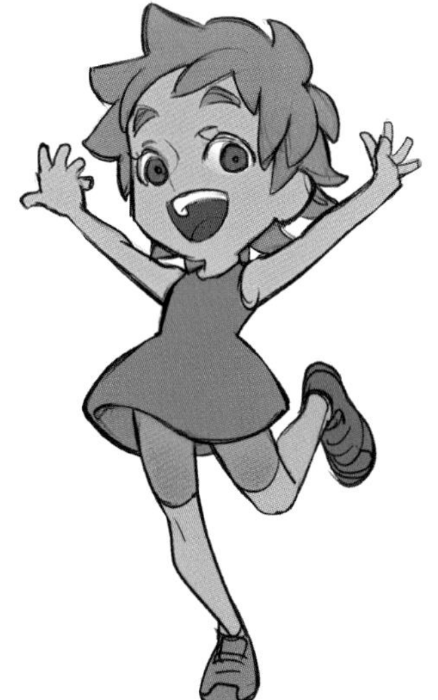

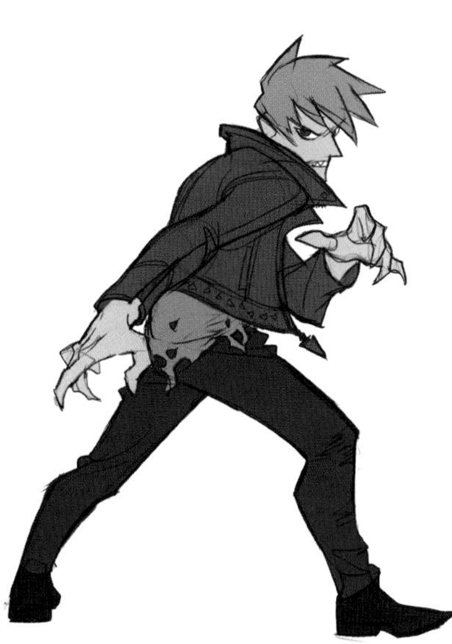

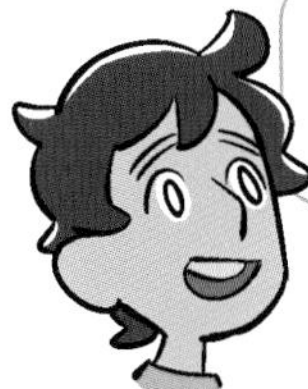

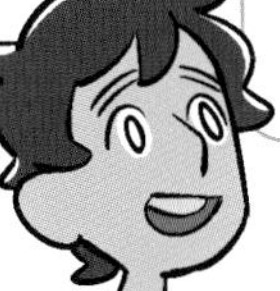

感覺可以和左邊的角色成為好友，右邊的角色就不太好惹的感覺……

就是這樣。我們從單純的形狀和線條就會本能地接收到各種訊息。

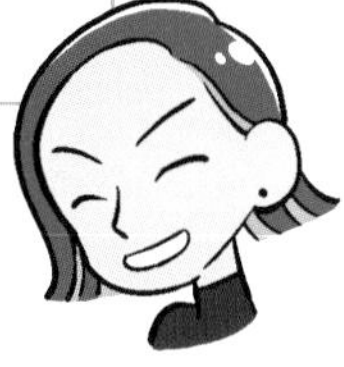

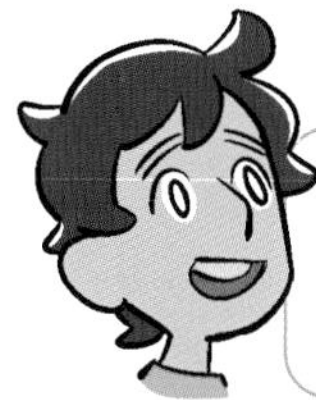

所以只要懂得運用這些，就可以創造出傳達角色故事的設計了。

用曲線或直線描繪

分別代表的形象

曲線

- 溫和
- 柔軟
- 親切
- 和善

直線

- 嚴肅
- 站立不動
- 好像有點頑固
- 堅硬

運用在角色❶

曲線

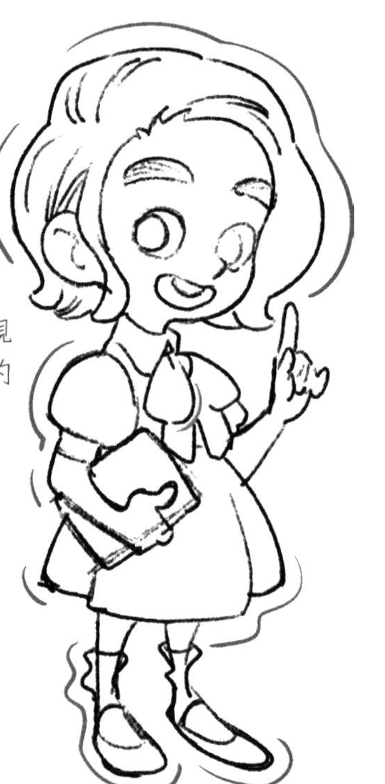

直線

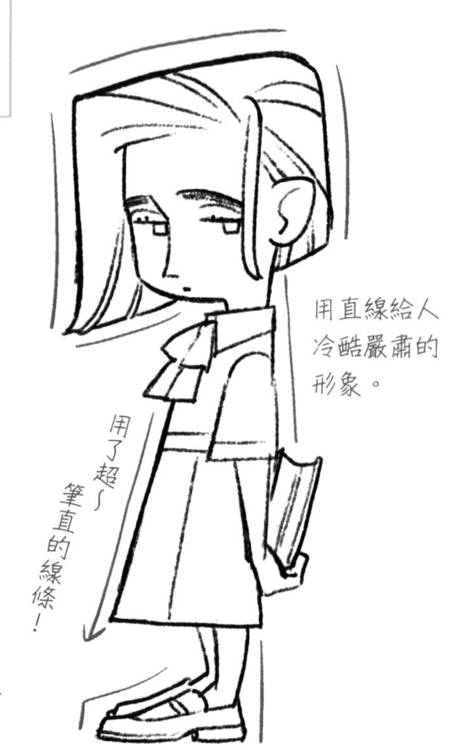

運用在角色❷

如範例所示，可以將曲線和直線運用在繪圖和設計中。
大家可以試試依照角色靈活運用曲線和直線。
也要留意在細節處的描繪，設計才會有一致性。

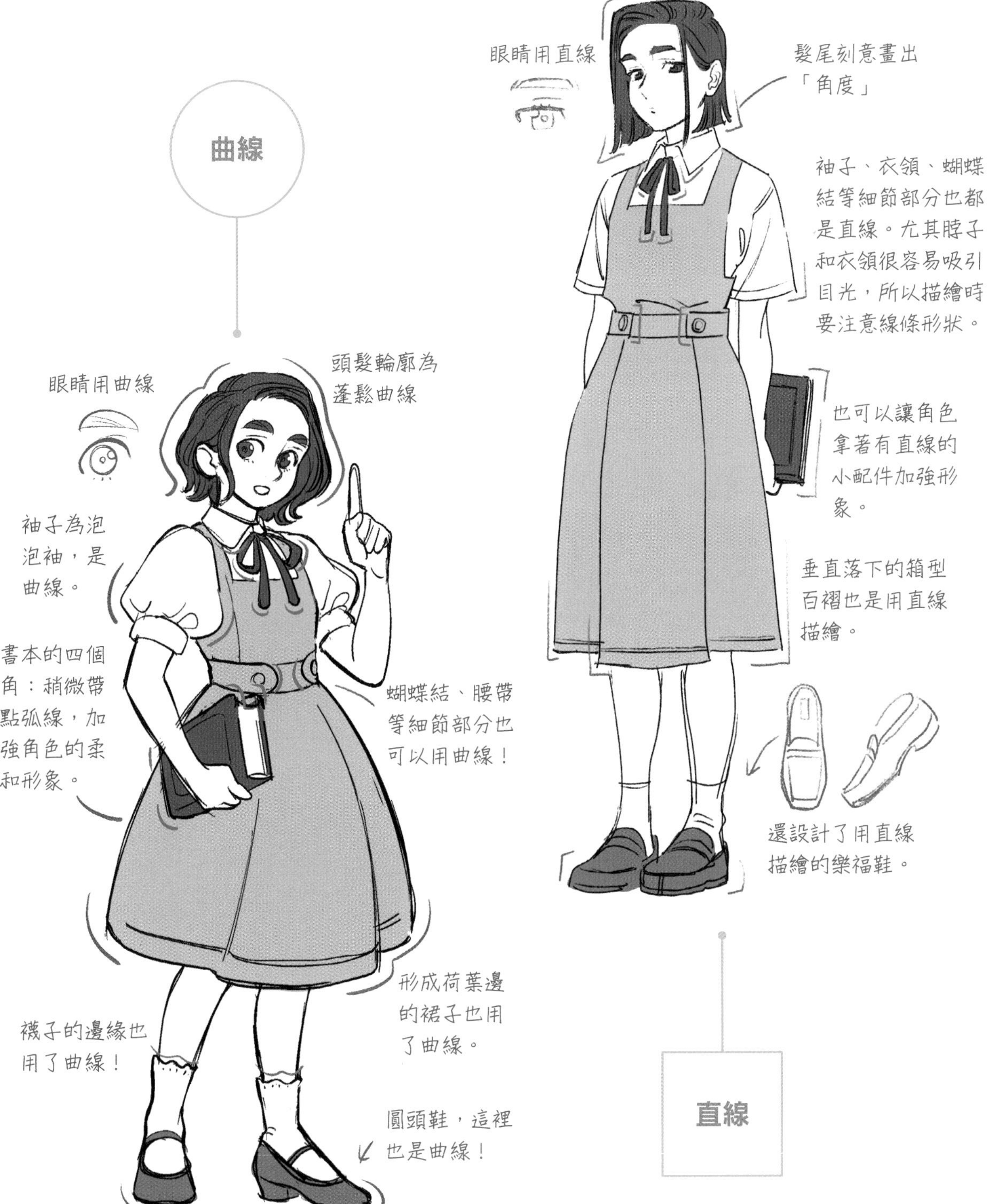

以○、△、□的形狀掌握整體輪廓

分別代表的形象

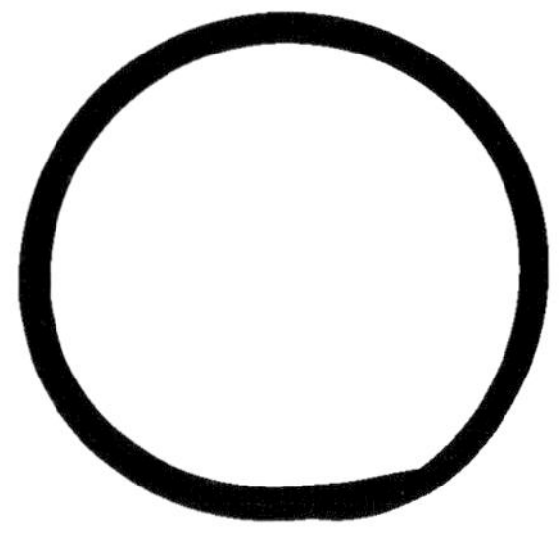

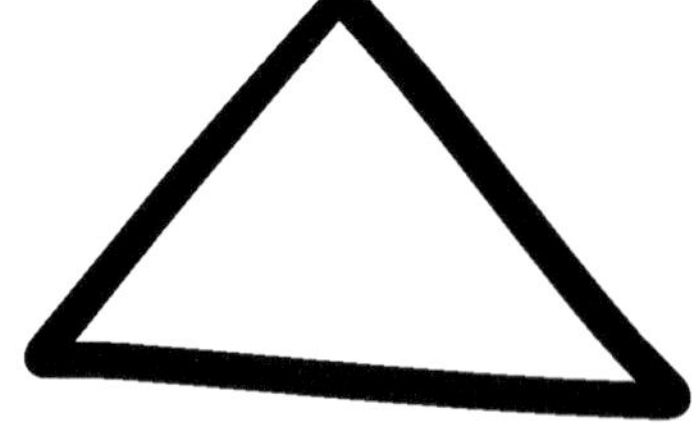

○給人的印象
- 柔和
- 溫柔
- 會轉動

等

△給人的印象
- 尖銳
- 神經質
- 不安定

等

□給人的印象
- 嚴肅
- 頑固
- 安定

等

運用在角色❶

接下來要往哪兒去好呢～
用圓形表現享受放假的悠哉感。

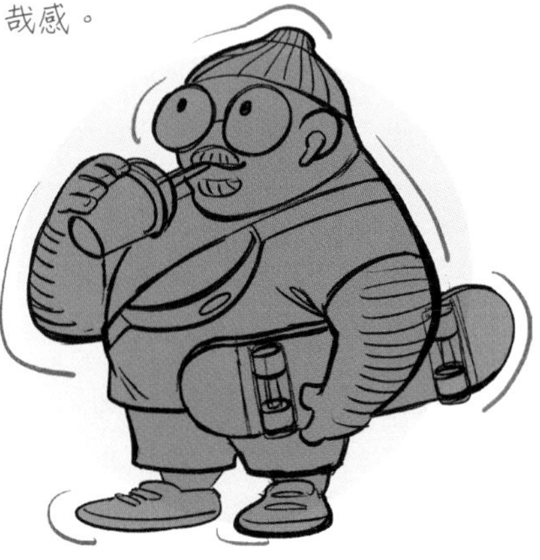

高跟鞋斷掉，情緒敏感。
推升了故事感。

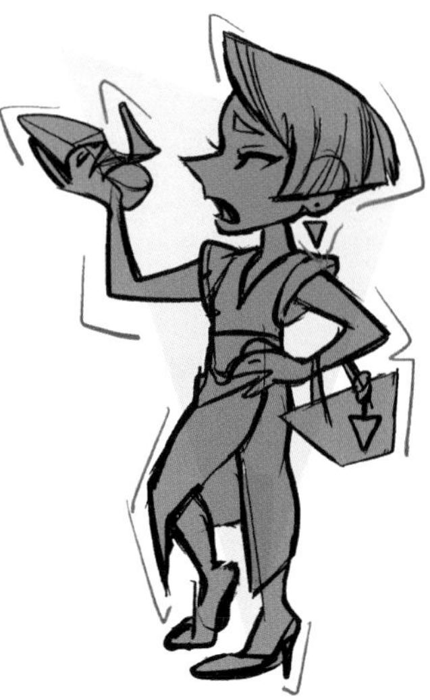

會議遲到了！
加強了認真老實的個性。

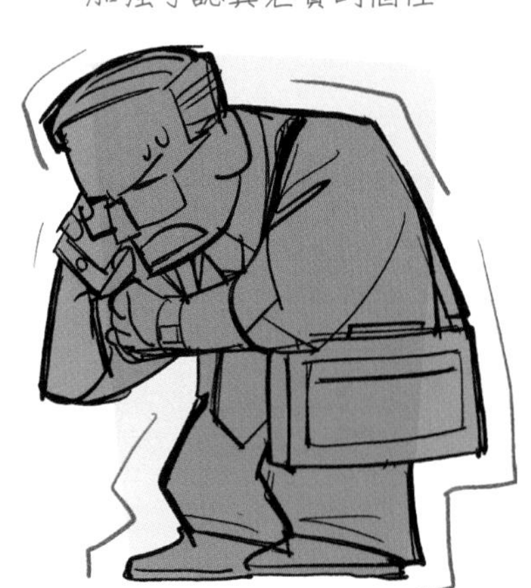

運用在角色❷

形狀不僅可以運用在Q版角色，也可以運用在一般的頭身比角色中。
除了人物，也請留意小配件的輪廓。

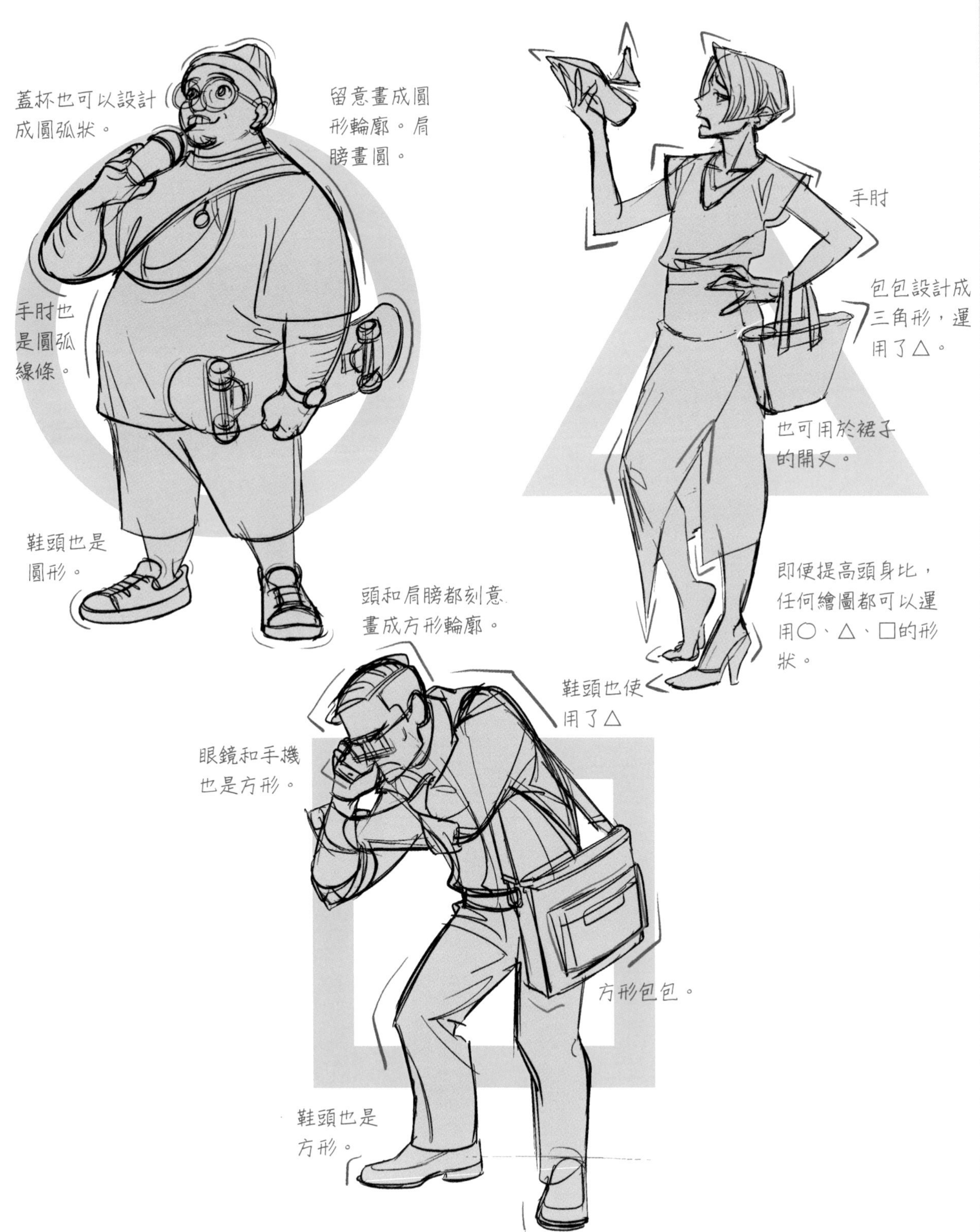

描繪時留意方向

分別代表的形象

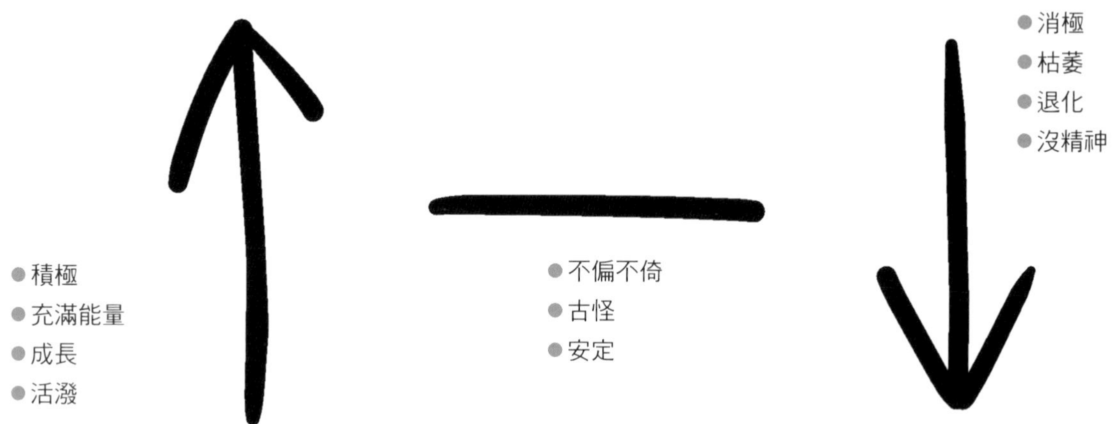

- 積極
- 充滿能量
- 成長
- 活潑

- 不偏不倚
- 古怪
- 安定

- 消極
- 枯萎
- 退化
- 沒精神

運用在角色❶

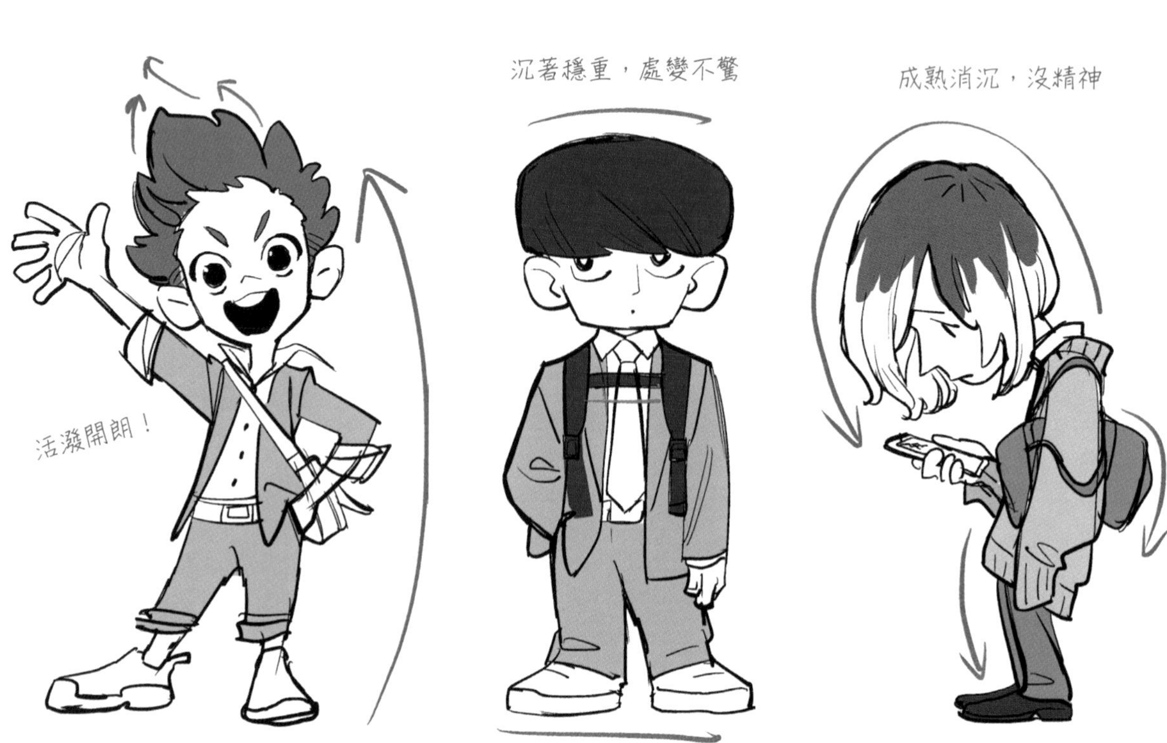

運用在角色❷

除了Q版角色，也適合運用在一般的頭身比角色。
如果能特別留意姿勢，就很容易看出方向。

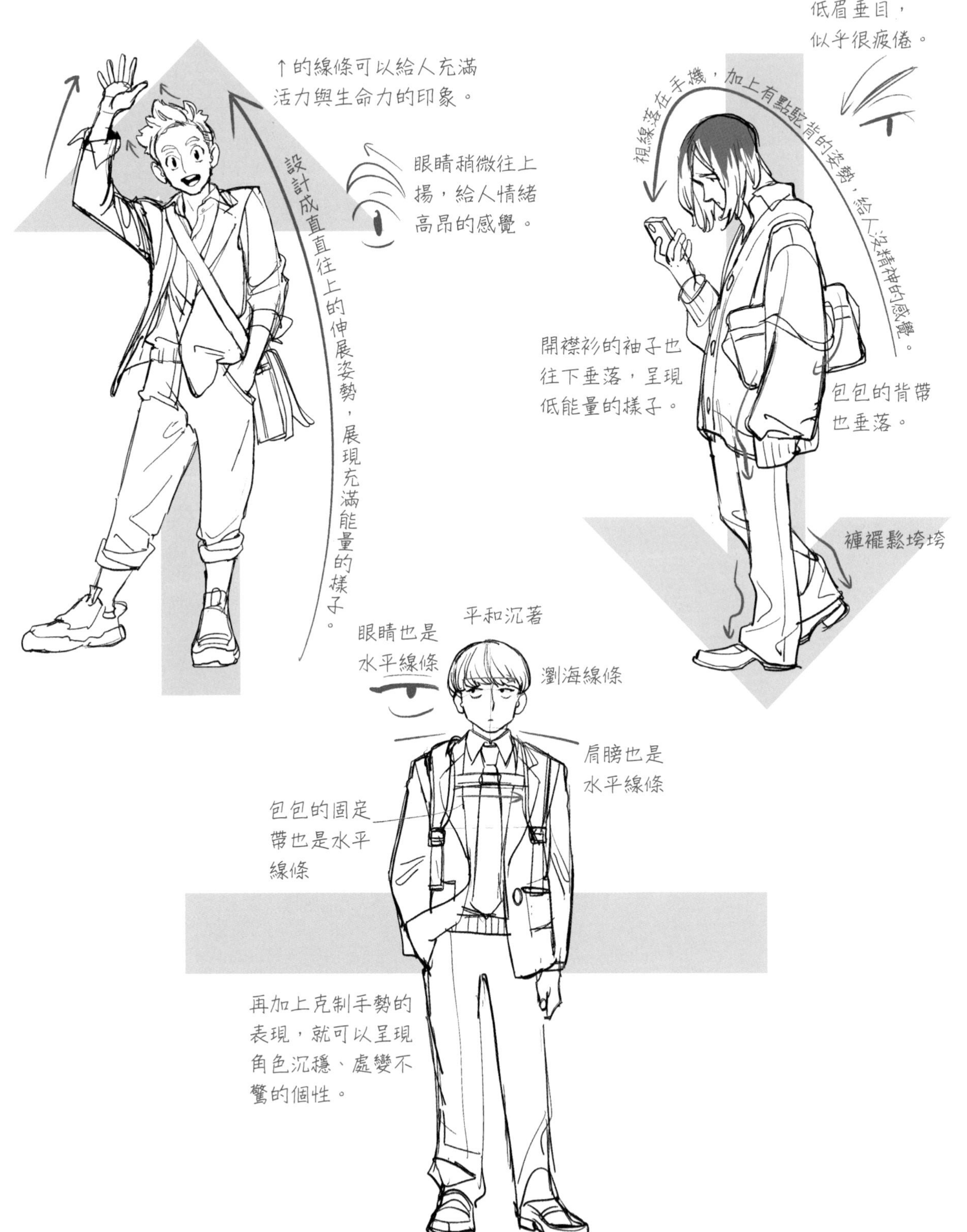

彙整

設計的基礎是形狀與線條

- 將繪圖拆解後會得到線條和形狀
- 線條和形狀各有其意義，將其運用在角色設計，就很容易表現角色

曲線和直線的形象

- 曲線：柔和、柔軟、親切、和善
- 直線：嚴肅、站立不動、好似頑固、堅硬

○△□的形象

- ○：柔和、溫柔、會轉動
- △：尖銳、神經質、不安定
- □：堅硬、頑固、安定

↑ー↓的形象

- ↑：積極、充滿能量、成長、活潑
- ー：平淡、不動、安定
- ↓：消極、枯萎、退化、沒精神

COLUMN

作者推薦講座①

AnimC

https://animc.com/

大家可以透過這個講座，從目前任職於皮克斯的藝術家身上，學習到角色設計的方法。課題中描繪的繪圖雖然是偏皮克斯風格的圖像，但是針對以「表達」為目的的設計技巧，應該可以運用在任何繪圖形式。另外，還可以看到來自不同國家和背景的同學創作，也正是這個課程的有趣之處。

以英文講課可能有些難度，但是推薦給想接觸新思維和獲得不同靈感的人。

第4章　服裝設計

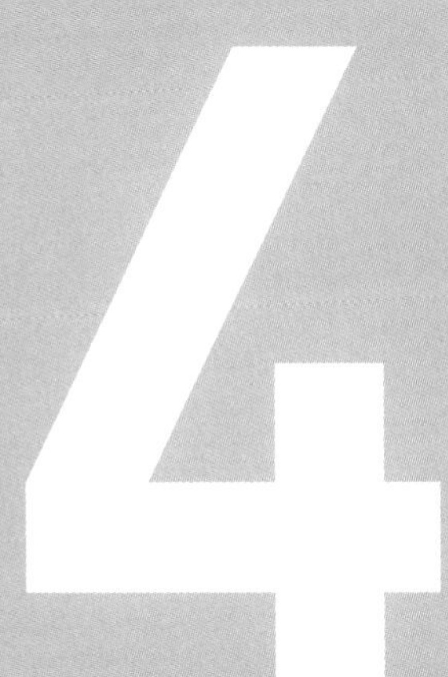

服裝該穿甚麼又該怎麼穿

服裝設計的重點

服裝是傳遞角色故事的重要元素。可以表現的訊息包括：生活在哪一種世界？有甚麼樣的個性？從事甚麼工作？有甚麼興趣？

「穿甚麼」

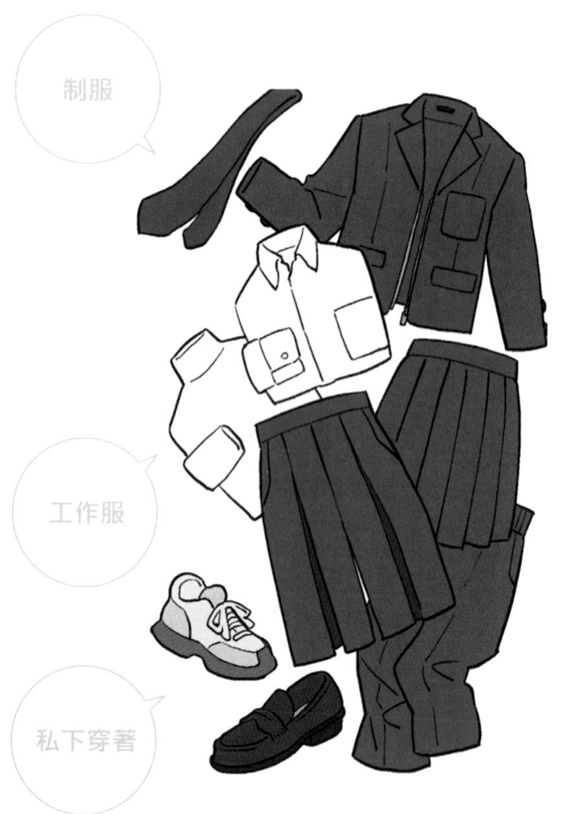

「怎麼穿」

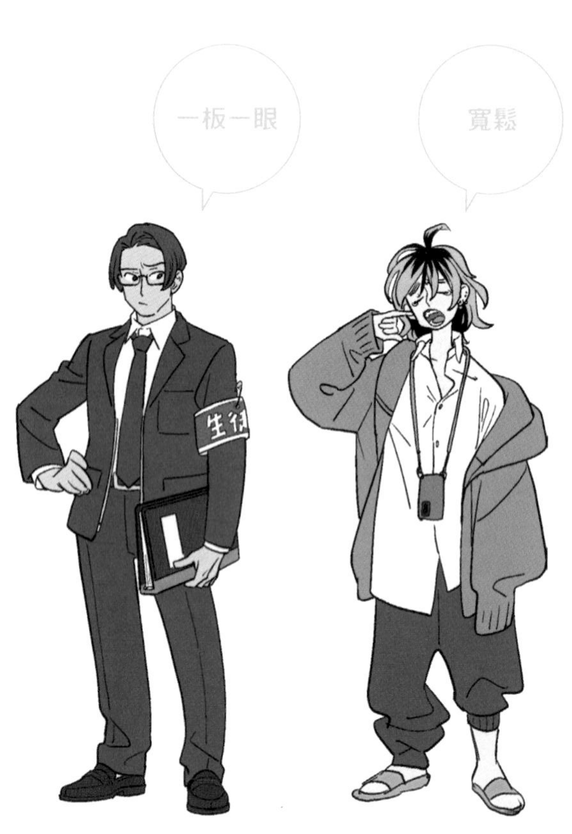

可知事項

人物形象

興趣、喜好、角色、社會身分

個性

世界觀

時代、地區、文化、寫實程度

怎麼穿的範例

或許角色「穿甚麼」很容易理解，但是可能有人不了解何謂「怎麼穿」。
因此我們讓不同故事背景的角色，以各自的風格穿著相同的制服。

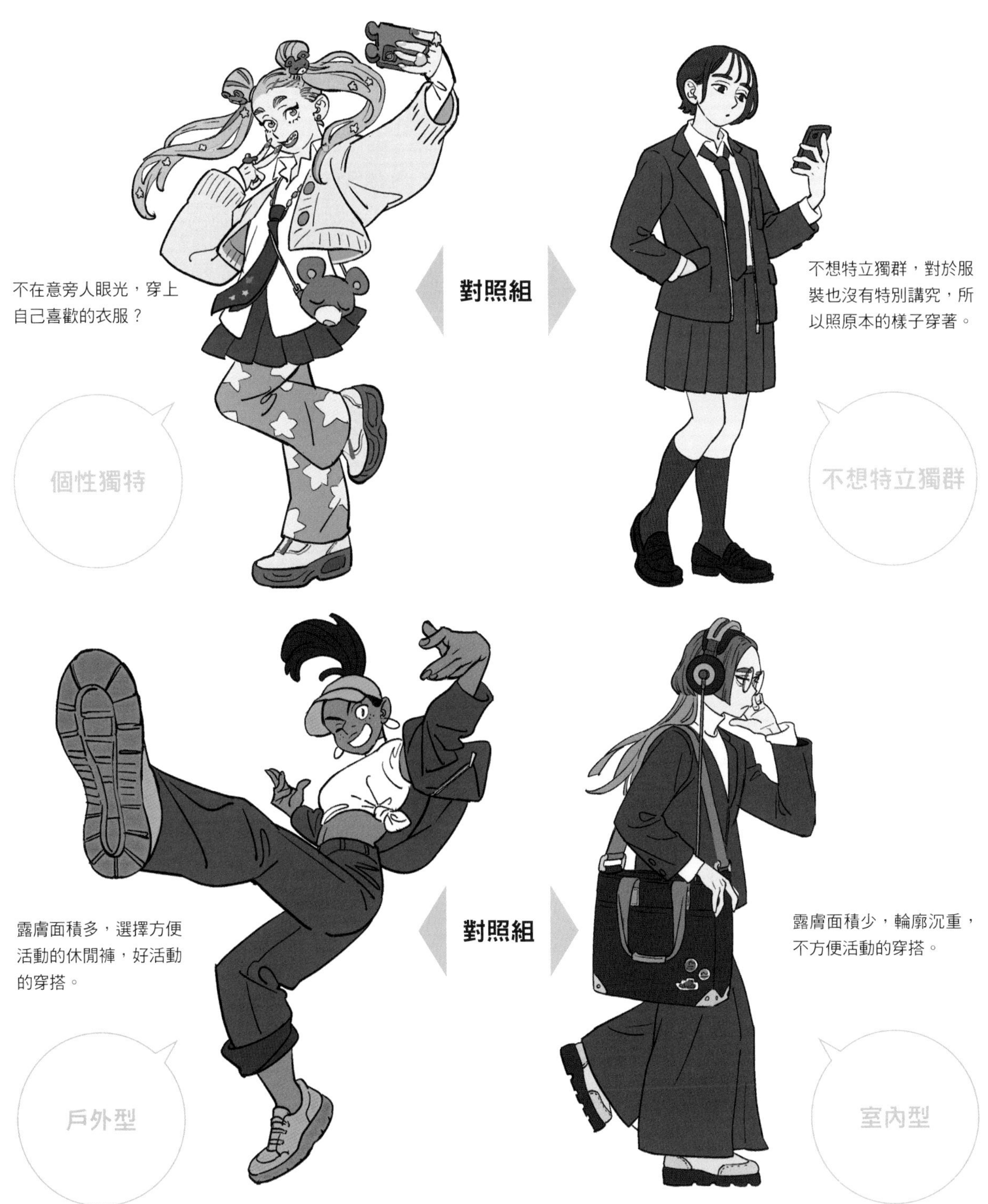

如上述的範例，相同服裝也會因為不同的穿搭風格，給人不同的印象。

4 服裝設計

服裝設計的重點為混搭

試試以自己為基礎設計服裝

服裝設計的訣竅就是「混搭」。用原本的服裝混搭衣物，用主題與服裝混搭，透過組合搭配，就能創造出原創設計。首先以最熟悉的「自己」為基礎，來思考設計。下面我試著以自己為基礎描繪服裝。

故事

自由插畫家。
個性是一旦著迷就會追根究柢，非常沉迷於繪圖，對畫畫的研究充滿興趣。

設定

方向性

用途 ———— 隨筆漫畫
故事領域 ———— 日常故事
希望帶給觀眾哪種感覺 ———— 有趣、親切

世界觀

時代 ———— 現代
地區 ———— 日本
文化 ———— 和現今的日本相同
寫實程度 ———— 高

人物形象

個性 ———— 好奇心強烈／懶散／基本上很樂觀，但在奇怪的地方很膽小／一旦著迷就會追根究柢的類型
興趣 ———— 散步／購物／提升工作的技巧／英文
喜歡 ———— 繪圖／美食／喝茶／真人秀／畫
討厭 ———— 運動／定期到固定場所／人潮擁擠
想要 ———— 時間／繪畫能力／有趣的工作／錢
角色 ———— 主角
社會身分 ———— 自由插畫家
人際關係 ———— 家人／朋友／同事

下面就要開始設計服裝了。

因為設定是隨筆漫畫，所以設計成Q版角色。
然後實際讓角色穿上平日穿搭。
因為喜歡散步，所以穿上好走的鞋子，自然就可以感受到服裝和人物形象的連結。

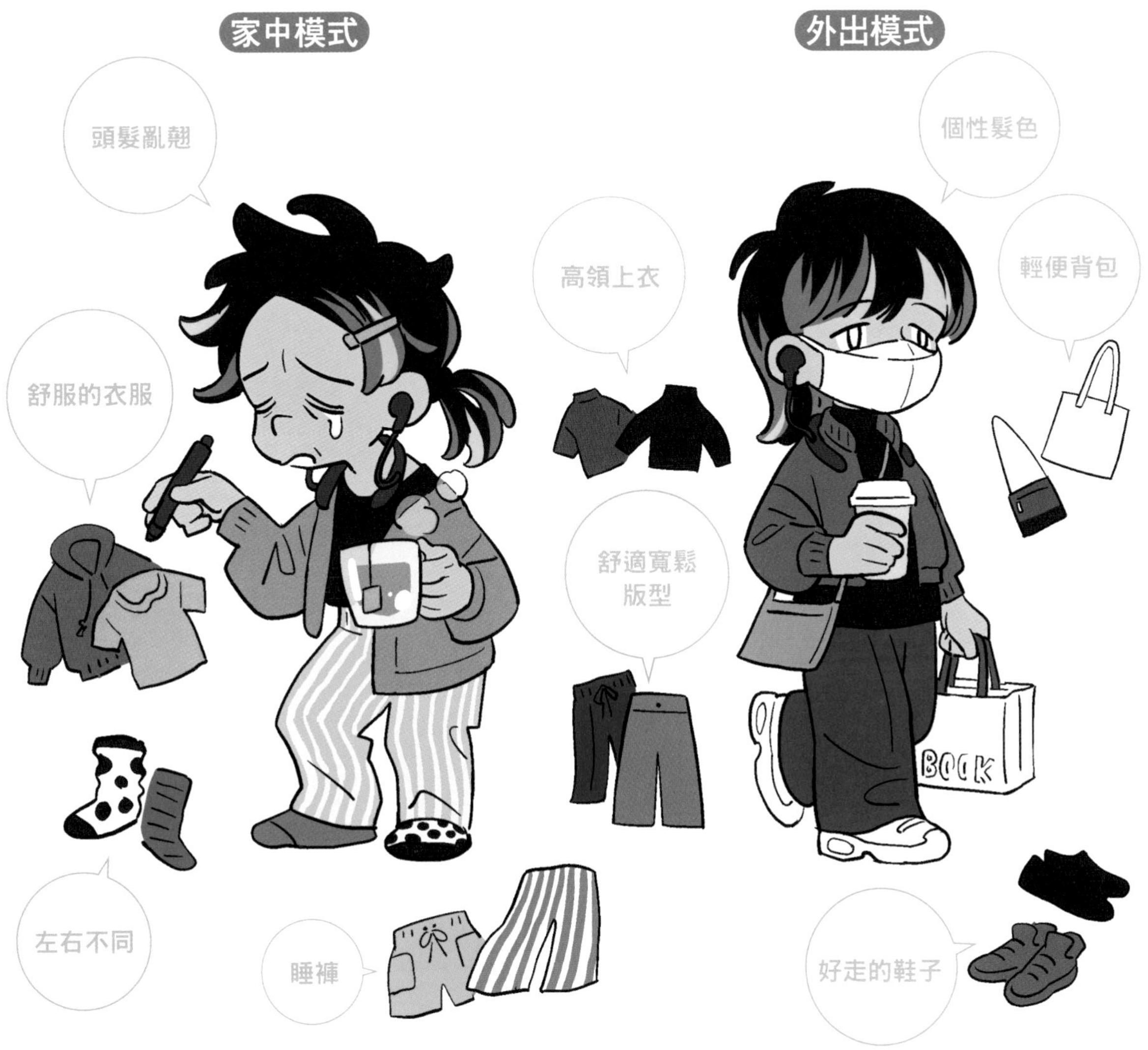

我想透過實際描繪，就可以瞭解自己平日的穿著和服裝特色。接下來就可以將「自己的服裝」混搭在角色設計中。

小慶和小優的初期設計

本書的引導角色小慶和小優，兩人的初期設計和現在的外型相差甚遠。
我一直無法決定角色的樣貌。後來想到可以將自己穿著的服裝元素混搭在兩人身上。

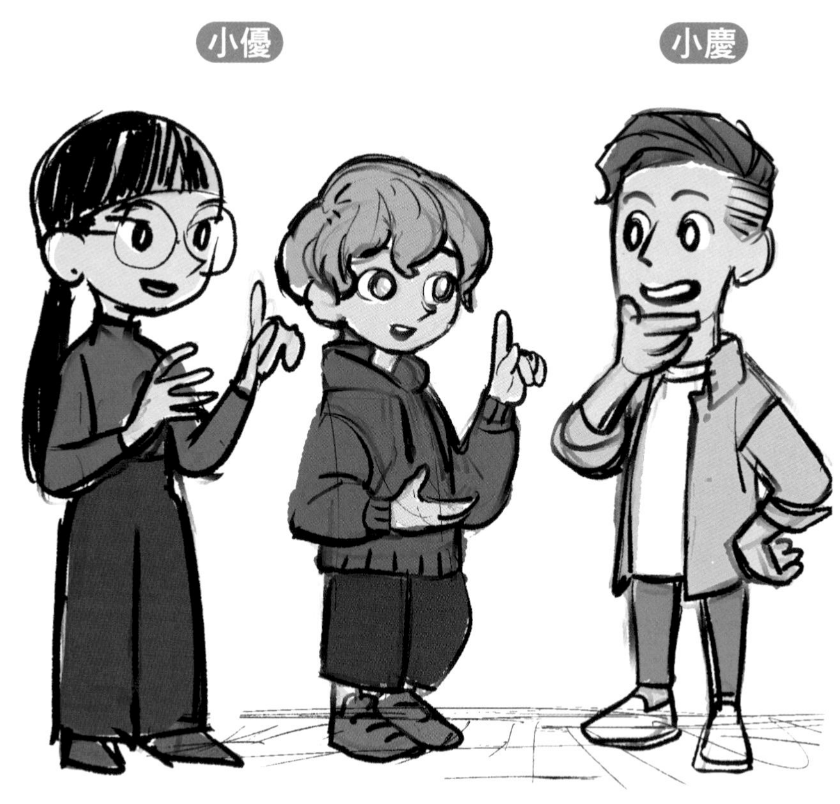

捨棄的草稿

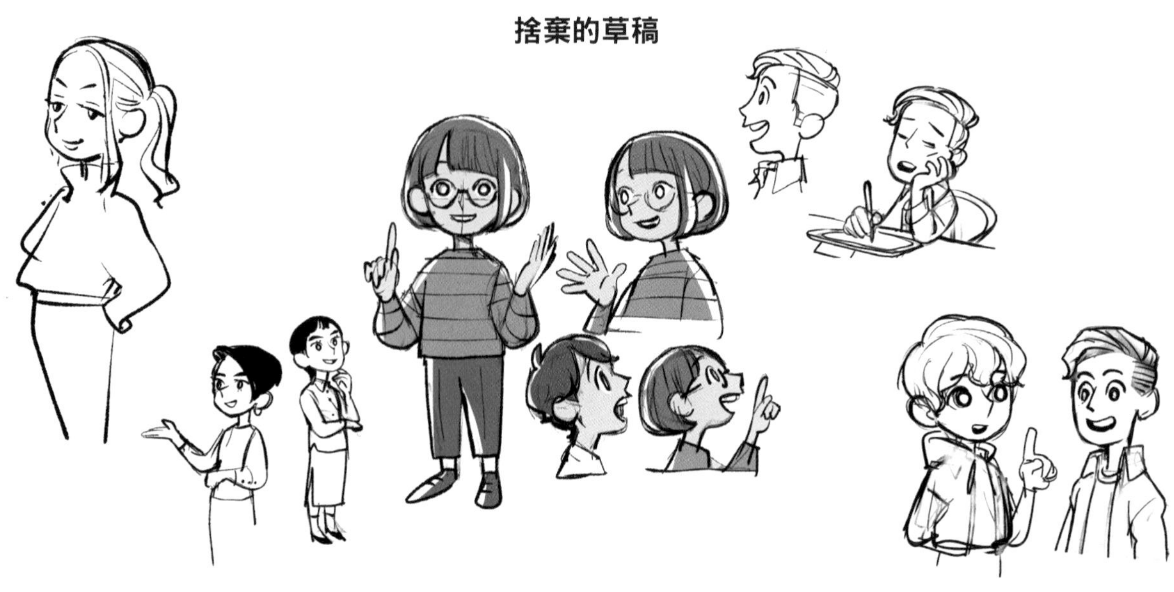

在角色身上混搭自己的服裝

小慶和小優是我的分身，所以利用混搭「自己的服裝」，創造了如今的小慶和小優。

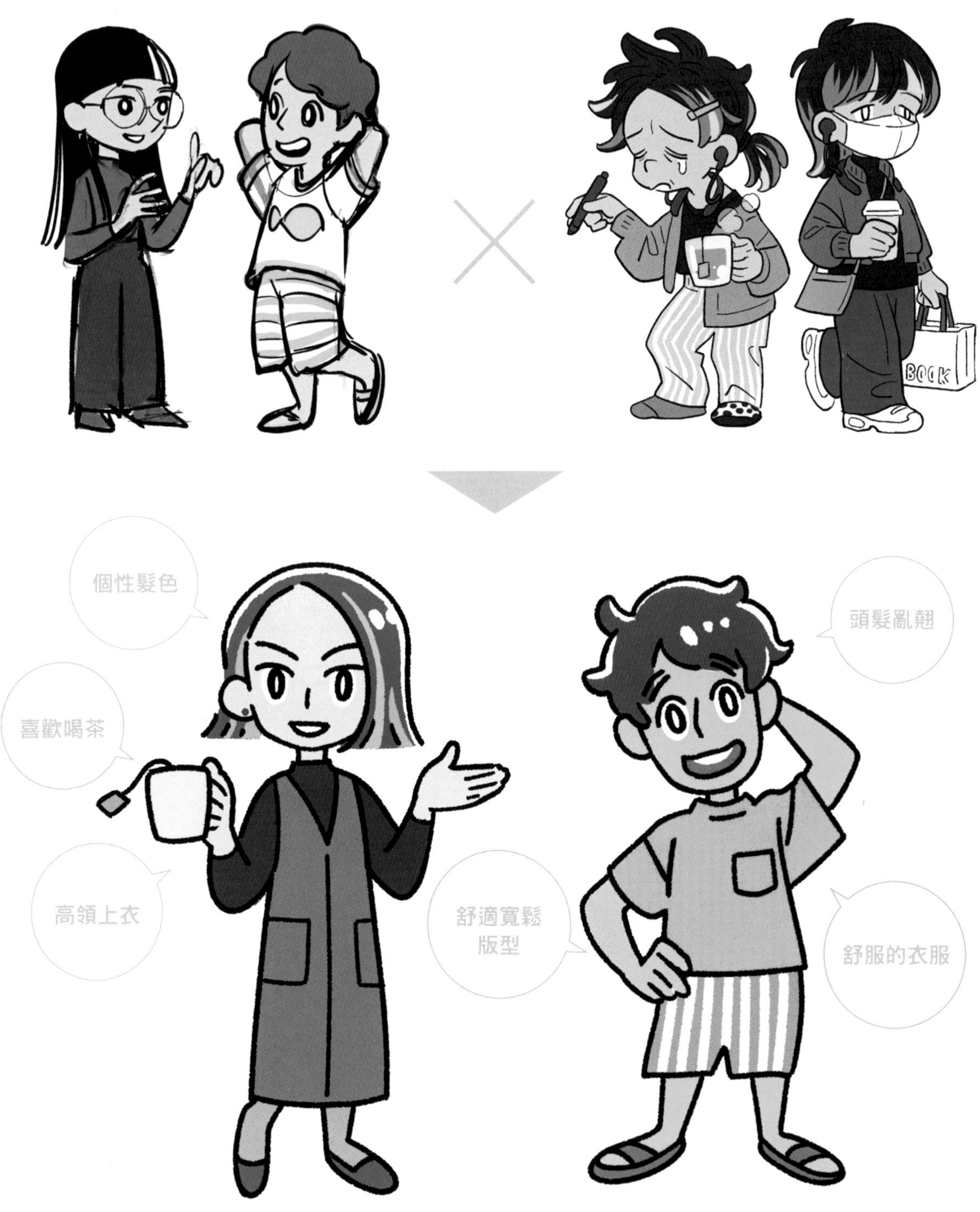

混搭的結果就成了現在大家所見的設計。

對服裝設計感到煩惱時，而且角色又和自己很接近時，就可以從自己的服裝找尋可以加入的元素。

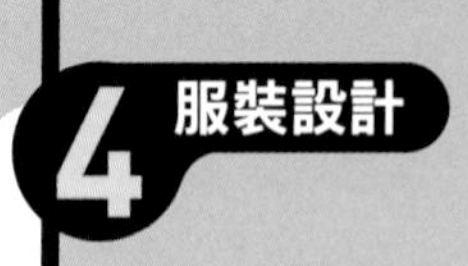

實際設計服裝

設計的難易度

在進入服裝設計之前，先來確認一下設計的難易度。

設計的難易度取決於故事的「世界觀」。例如若為時裝劇，已知的相關資料相當多，所以難易度較低。相反的，如果不搜尋過去的服裝就不會知道，所以就必須經過一番調查。而奇幻和科幻故事不但需要調查，還需要創作出世界觀。

但是，**經過正確調查和創作完整的設計，絕對可以表現出角色故事，而且會是充滿原創性的好設計。**

奇幻與科幻

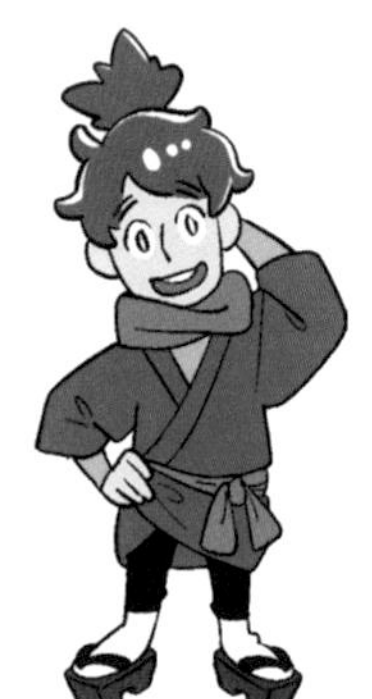

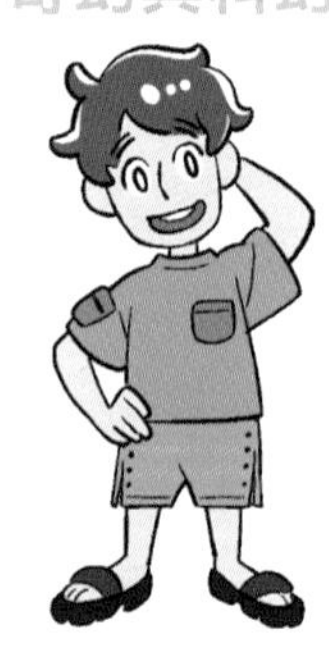

過去　現代　未來

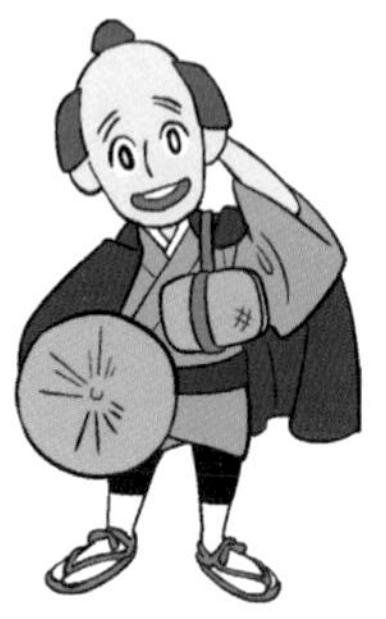

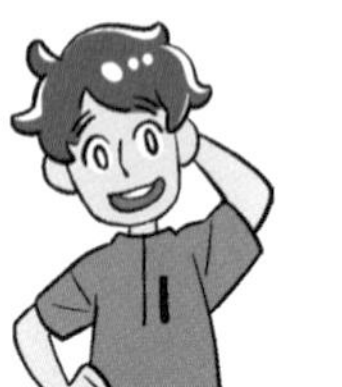

現實

由世界觀決定服裝設計的難易度

- 越遠離現代與現實的世界觀，難易度越高。
- 即便是現代，若角色身處的世界觀會使用魔法，或現實沒有的科技，造型設計的難度就會變高。
- 在現代或實際真實的世界觀中，充滿設計感的服裝會顯得較突兀，所以會很醒目搶眼。
- 例如奇幻類型需要時間調查或創作靈感，所以較費時間。

服裝設計創作

接下來要實際嘗試從故事創作到服裝設計的作業，並且彙整這個過程的構思內容。以基本的現代為基礎創作故事，名稱為「嚮往時尚界的男學生」，接著從模糊的想法開始，再漸漸製作到服裝設計。

① 整理設定

方向性

用途 ———— 輕小說的角色設計
故事領域 ———— 校園故事
希望帶給觀眾哪種感覺 ———— 有趣、帥氣

世界觀

時代 ———— 現代
地區 ———— 日本
文化 ———— 和現今的日本相同

人物形象

個性 ———— ？
興趣 ———— ？
喜歡 ———— ？
討厭 ———— ？
想要 ———— ？
角色 ———— 主角
社會身分 ———— 學生
人際關係 ———— ？

現有的故事只有主角是時尚設計的學生。應有設定薄弱。尤其人物形象相當空洞。

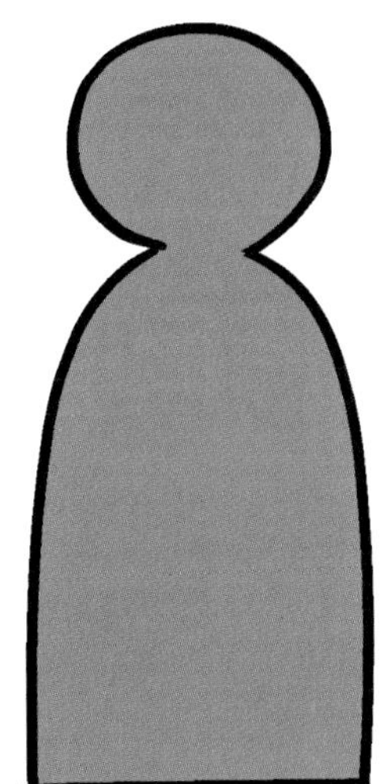

② 深入探究現有的關鍵字

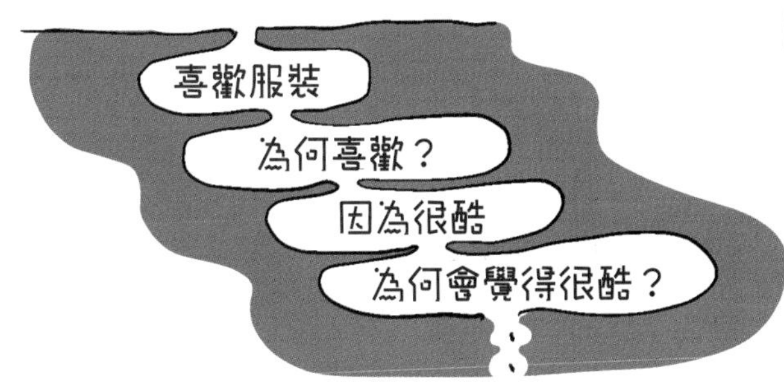

從目前限有的詞彙深入探究。
但是對於服裝學校和學生毫無概念，靠自己構思也沒有任何想法。
這是因為調查作業不夠充裕，所以先針對主修時尚的專科學生，調查其相關資訊。

③ 調查

先蒐集資料。
從影音網站、SNS、學校官網等方面，調查有關服裝系學生和學校的資料。
同時也查詢大概的時尚史，當成基礎知識運用。

要學習哪些內容？

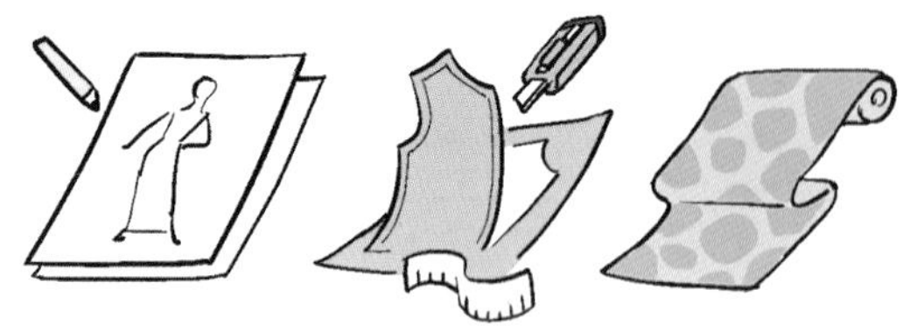

- 設計 ・打版 ・紡織
- 高級訂製服裝、銷售、珠寶、鞋子、帽子等

手邊用品

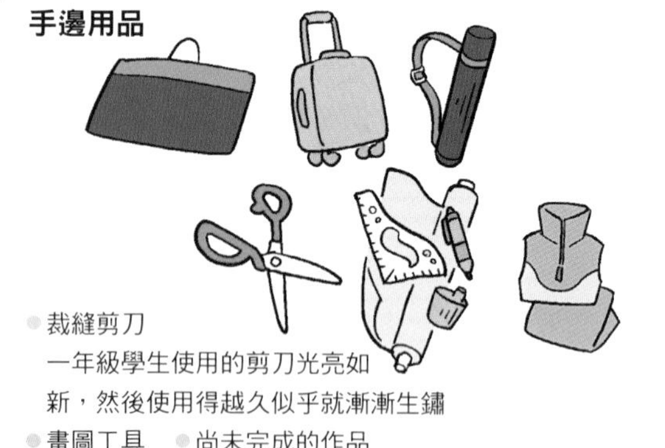

- 裁縫剪刀
  一年級學生使用的剪刀光亮如新，然後使用得越久似乎就漸漸生鏽
- 畫圖工具 ・尚未完成的作品

穿著哪種服裝？

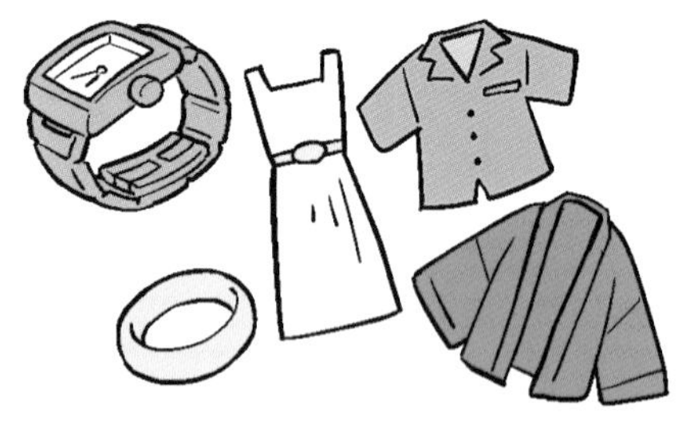

- 配戴來自父母、祖父母或朋友的配飾或手錶，而且會很珍惜
- 懂得混搭二手衣和新衣服

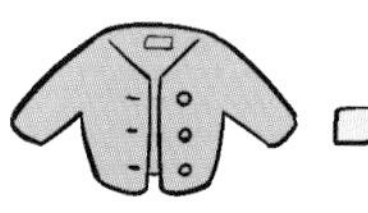

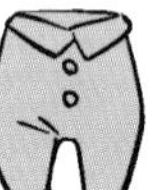

- 憑創意發想穿搭服裝，例如將開襟衫當成下身穿著等

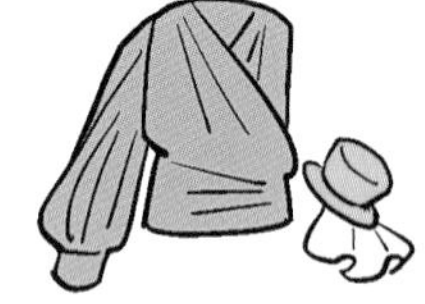

- 自己縫製的衣物作品

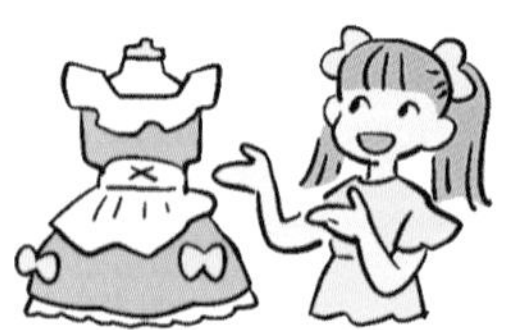

- 穿著的服裝和縫製的服裝，擁有相同的風格概念
- 價值觀與想法與衣服緊密結合

為何會想就讀服裝學校

- 有朋友是服裝系，所以自然而然產生嚮往。
- 原本就很喜歡時尚，但是做了其他工作，卻又無法放棄夢想，等長大後才就讀。
- 因為生病的關係，現在的衣服都不能穿了，而想要為有相同煩惱的人縫製可以穿著的衣服。

工作類型

- 有人從學生時代就在服飾業工作
- 有人擁有自己的品牌

畢業後的出路

- 設計師 ・生產製造（生產管理、打版師、縫製等）
- 銷售員 ・廣告公關 ・模特兒 ・造型師
- 時尚界記者

等

經過各種調查的感想

了解了雖然統稱為時尚，但仍有各種領域。
感覺有很多擁有自我風格的人，或追求自己獨特「美感」的人。

④ 以調查為基礎，再次構思故事

故事

主角的志願是當一名設計師。
朋友的志願是當一名打版師，手藝高超，不論形狀如何複雜，都可以做成衣服。
主角有很多點子卻不擅長塑形，從朋友得到許多建議。
兩人一起成立了小小的品牌，並且通過SNS開始銷售服飾。

為了摸索主角的人物形象，一起構思了朋友（想像成相反的角色會比較好構思）。

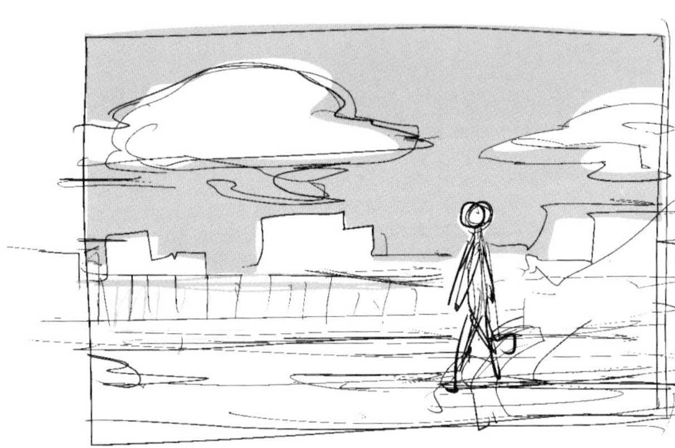

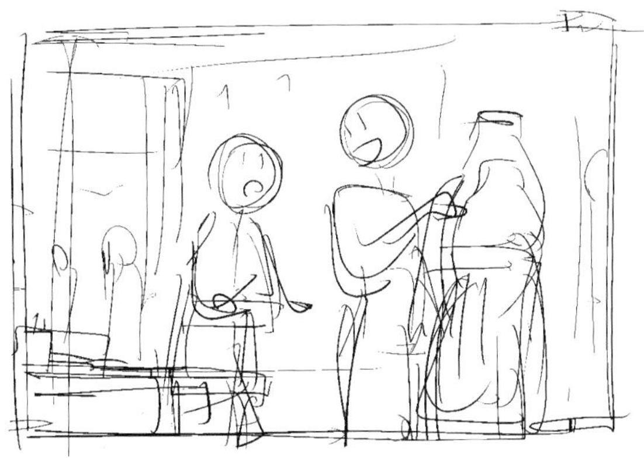

⑤ 收集相關視覺資料

- 形狀特殊的時尚設計師作品
- 從形狀聯想，在調查雕刻作品時發現了雲朵雕刻。
- 角色散步時的構圖中有描繪雲朵，所以想到「主角從雲朵獲得創作靈感而設計服裝」的故事。

關於雲朵的調查

- 甚麼是雲？了解原理和機制等基礎知識。
- 雲朵的種類有哪些？
- 繪畫和雕刻中關於雲朵的創作表現

收集到資料後，再次構思故事並且轉換成設定。

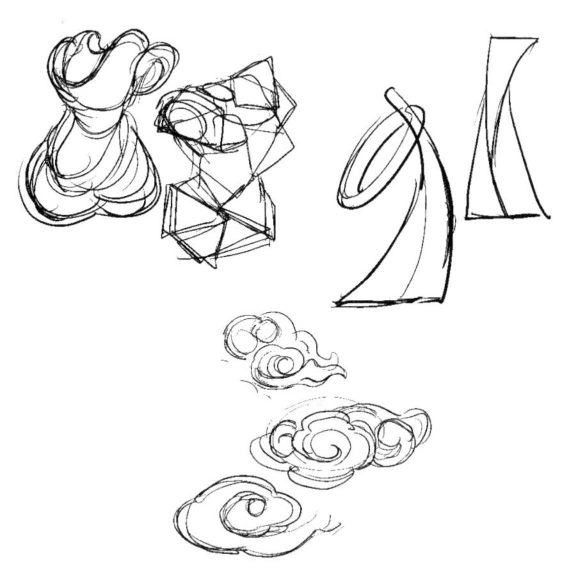

⑥ 再次整理設定

故事

故事是主角就讀服裝學校，志願是成為一名服裝設計師，遇見了與自己個性完全相反的朋友，並且一起成立品牌、製作服裝。
主角的目標是運用擅長的插畫與想法，成為一名設計師。
與在學校認識的好友共同成立品牌，並且開始在SNS銷售服飾。
品牌的概念為「雲朵」。
興趣是散步，品牌概念正是在散步時眺望雲朵而獲得靈感。
由此想到，自己設計的服裝要像雲朵一樣，穿著舒適、輕巧，而且可以依照穿著的人和天氣變化形狀。

設定

方向性

用途 —— 輕小說的角色設計
故事領域 —— 校園故事
希望帶給觀眾哪種感覺 —— 有趣、喜歡、帥氣

世界觀

時代 —— 現代
地區 —— 日本
文化 —— 和現今的日本相同

人物形象

個性 —— 看似在發呆，實則在思考／想法豐富／對熱衷的事物會完全陷入其中／話少，身旁的人很難看出其心中所想／很容易陷在自己的世界，有點不擅溝通／好奇心強烈，對新事物充滿興趣
興趣 —— 散步／發呆看雲／學習新技術／構思服裝設計／學習新事物
喜歡 —— 輕巧／具機能性／春天和秋天（因為是生活舒適的氣溫）／穿著舒適
討厭 —— 沉重／機能性低／夏天和冬天（因為又熱又冷）／專注時受到打擾
想要 —— 寬敞的工作室／時間／技術
角色 —— 主角
社會身分 —— 服裝學校的學生／希望成為設計師
人際關係 —— 朋友

將構思故事時想到的人物形象想法添加在設定中。

⑦ 決定優先順序

篩選出應該可用於設計的資料，並且排出優先順序。

融入設計的資料

服裝學校的學生 希望成為設計師 擁有自己的品牌	靈活 有想像力 自由	喜歡看雲朵 （因為這是對角色來說相當重要的圖示，所以要反映在角色的線條、形狀和圖示）
喜歡新事物	發呆 不擅溝通 話少	喜歡散步 （好走的鞋子等）

⑧ 開始設計頭部（P.114會有詳細解說）

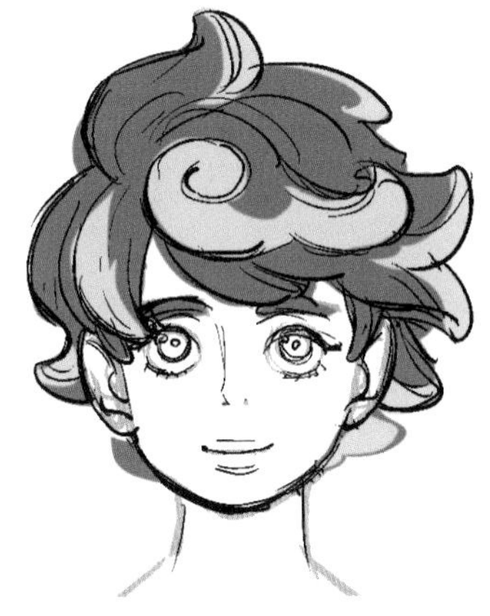

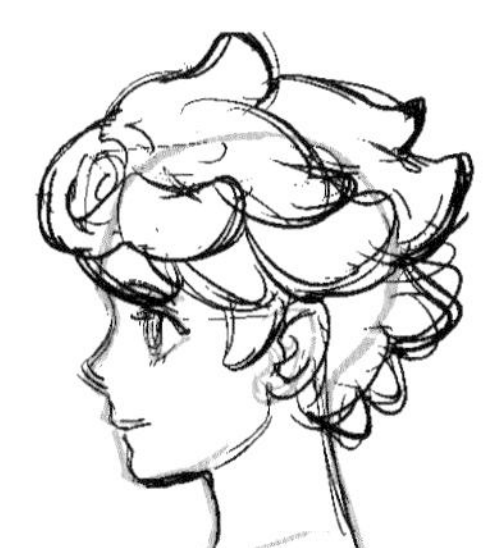

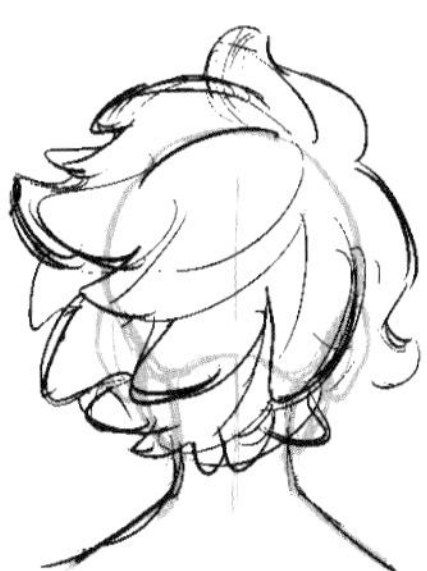

- 在髮型結合主角的重要象徵「雲朵」
- 用挑染表現雲朵的陰影
- 為了表現出雲朵般蓬鬆的感覺，髮尾帶圓弧線條
- 從左往右流動的輪廓，彷彿被風吹拂的雲朵

⑨ 反映設定並構思設計

這個階段只需角色斜側面的樣子即可。
為了掌握形象風格，以單一色調上色。

【留意事項】

- 因為是雲朵，所以使用曲線
- 因為輕盈，所以色調較亮
- 如雲朵般形狀富變化的設計

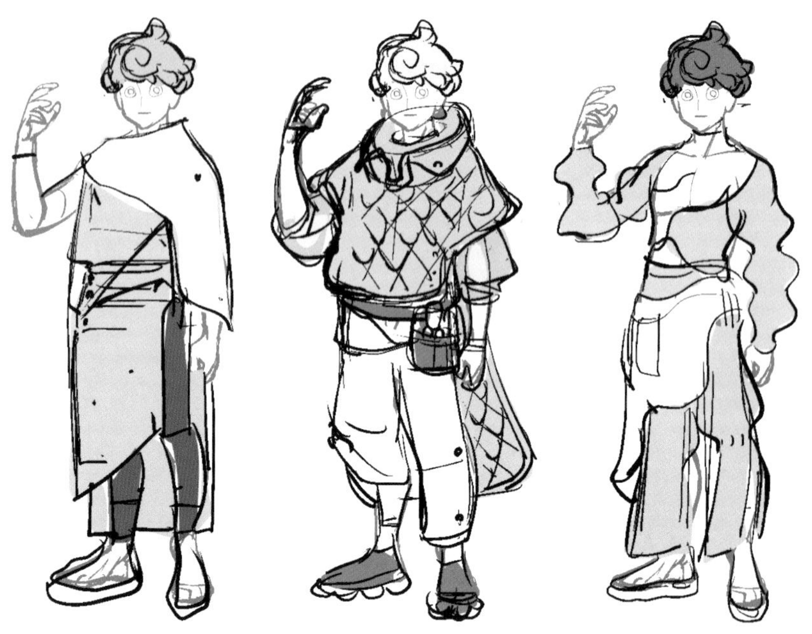

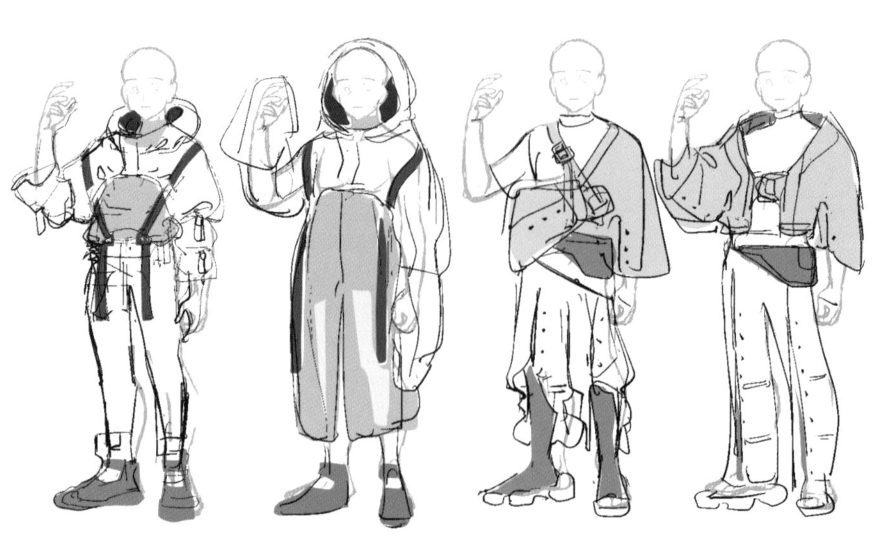

主角講究服裝的輕盈和舒適，但自己或許穿著沉重又繁複的服裝……？
另外，設計太脫離現實世界，反倒像外星人而不是服裝學校的學生，所以捨棄這些方案。

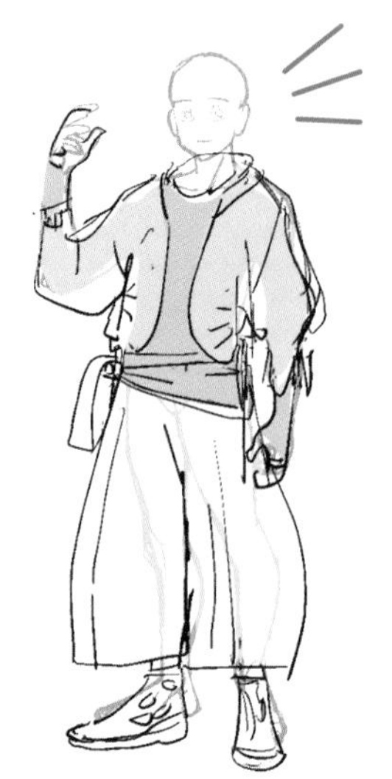

這個比較接近實際有的服裝，虛實之間拿捏得恰到好處。

⑩ 進一步審視設計

- 維持造型風格的同時，摸索外套的形狀和褲子的長度。

- 從雲朵雕刻獲得靈感的設計
- 層層疊疊的透明布料，如雲朵般輕巧的褲子

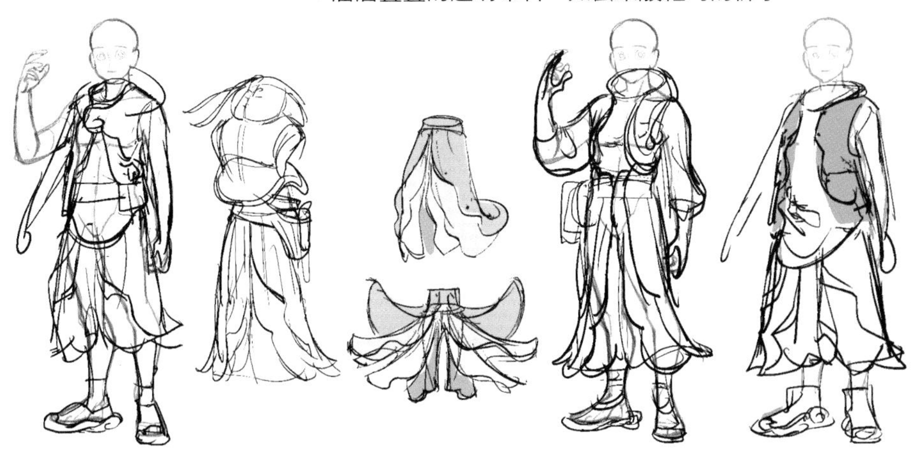

從角色的日常素描進一步檢視

- 不同於描繪的站姿草稿，摸索適合角色故事的設計
- 從不同視角找出全新想法

- 設計時袖子可能會干擾作業？設計成可以捲起或脫去

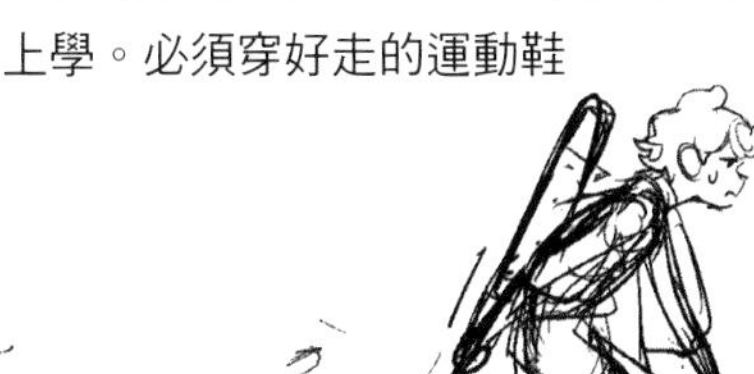

- 不喜歡拖著重物，所以不耐煩地拖著上學。必須穿好走的運動鞋

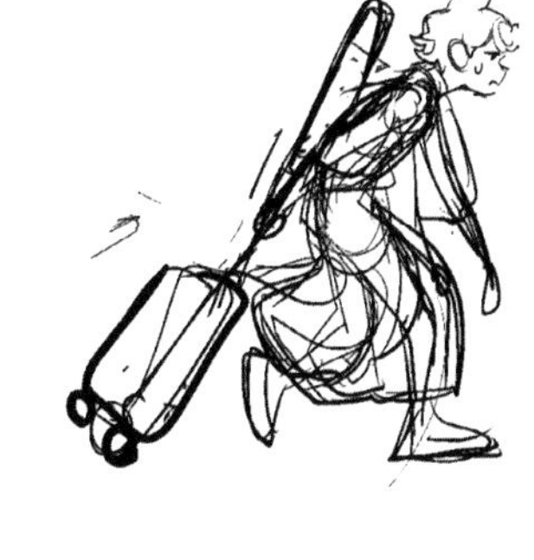

- 因為發呆看著天空描繪雲朵素描時，喜歡一身輕便，所以需要可以攜帶用品的包包？

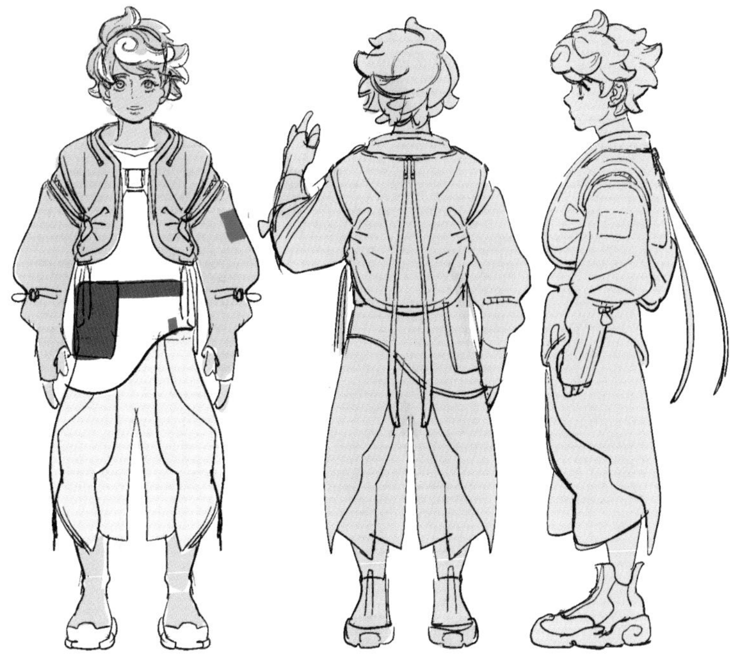

添加所需元素後，描繪出人物的三面圖，並且稍微上色。
因為已決定大概的設計方向，所以開始微調細節、資訊量和輪廓等。

⑪ 填補細節

●收納作業用品的包包

●輕盈好走的鞋子

●主角們的品牌標籤

●描繪設計圖時沾到袖子的墨水

●背後有可收納素描本的口袋

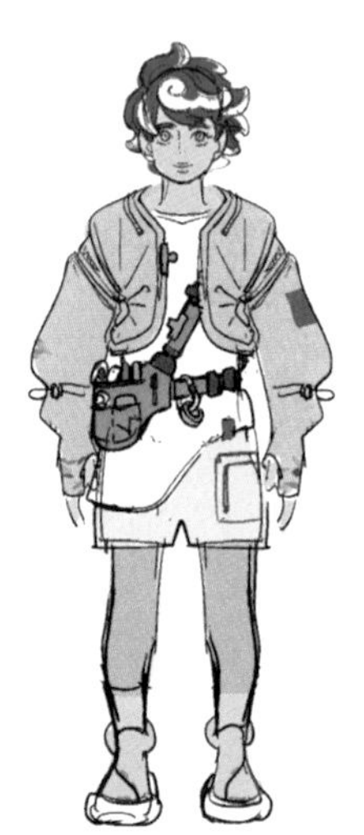

因為資訊量多，稍微簡化構造並減少線條量。因為短褲加內搭褲會顯得太活潑、有朝氣，不符合個性設定，所以重新修改。

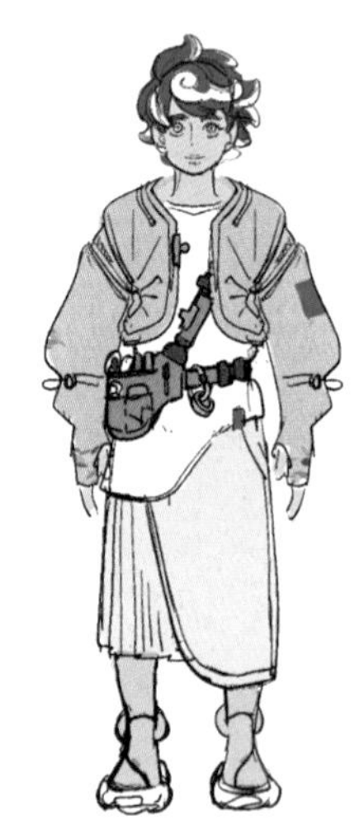

為了表現內向的個性，加長了褲子長度，但是褲裙的造型過於單調，所以利用百褶設計稍微提升資訊量。

⑫ 決定設計！

最後決定設計成長度較短的褲子。
保留了輕盈感又不會顯得太活潑，再次找回整體的協調與平衡。
我想讓人注意到他腰上的包包，藉此表現他是從事哪方面工作的人。

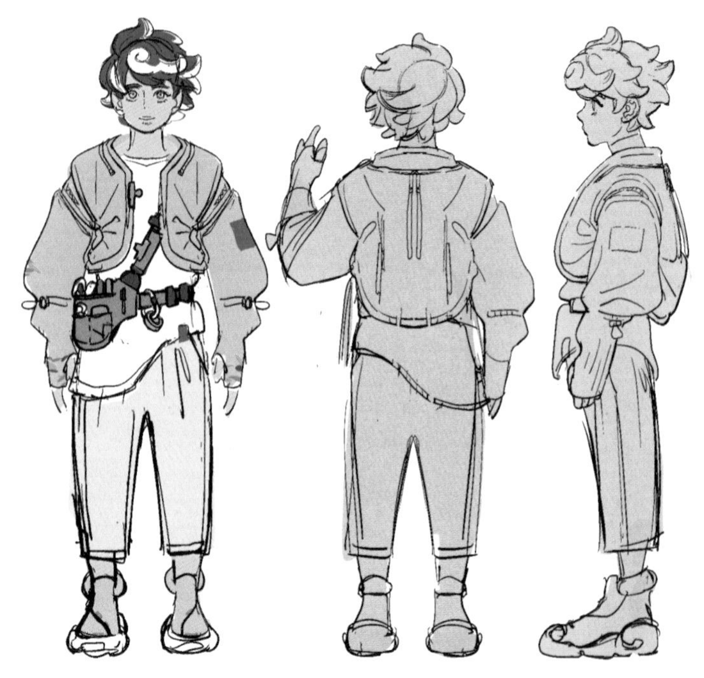

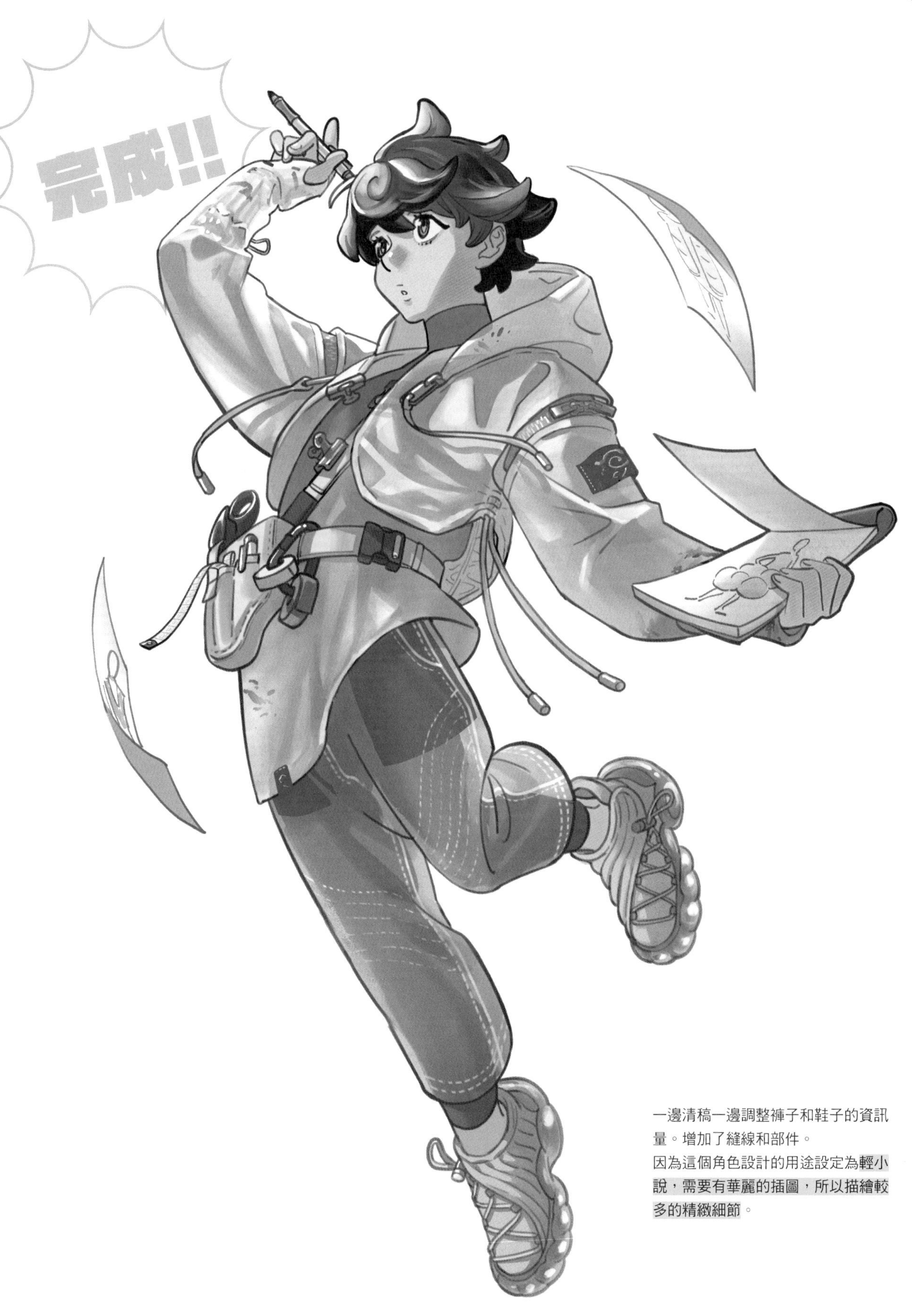

一邊清稿一邊調整褲子和鞋子的資訊量。增加了縫線和部件。
因為這個角色設計的用途設定為輕小說，需要有華麗的插圖，所以描繪較多的精緻細節。

變化① 過去變化型

如果世界觀改變，衣服也會有很大的變化。
但是角色個性和從事的工作不變。

故事

中世紀的奇幻世界。
主角以裁縫為業，遊歷世界各地接觸到多種文化，收集了許多材料。他會將這些材料加以組合，並構思出新穎的設計。獨特原創的設計受到大家的好評。

世界觀

時代 —— 中世紀

地區 —— 因為一直到世界各地旅遊，所以居無定所。

文化 —— 交通工具發達／有怪獸和魔法的世界

特別構思的部分

- 為了表現故事中主角設計服裝時會結合各種文化和材料，主角的服裝結合了依照身形縫製布料的西方文化，以及習慣利用布料纏繞身體的東方文化
- 利用角色個性和雲朵的概念，刻意描繪成有曲線或不對稱的設計

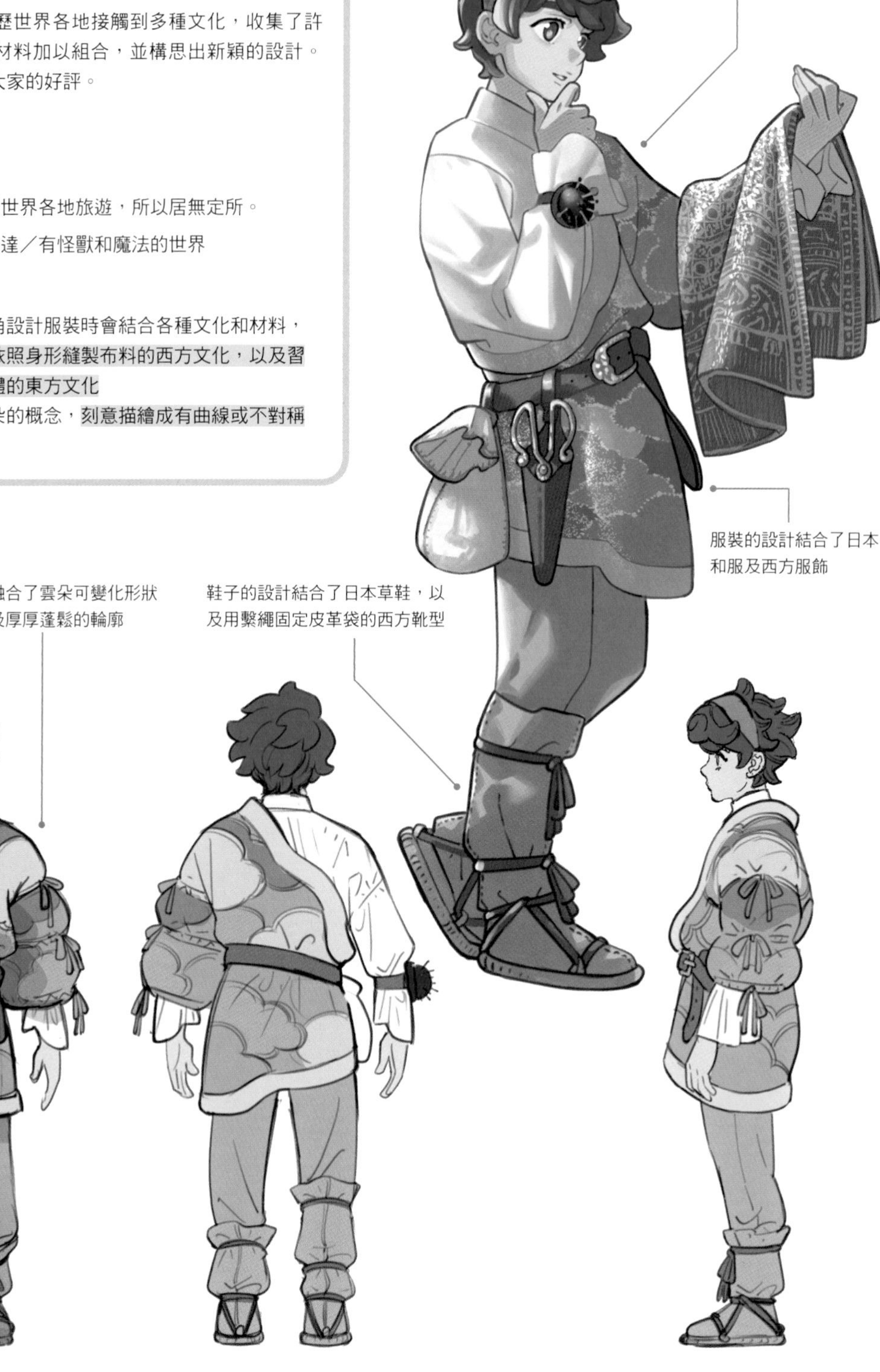

變化② 未來變化型

如果世界觀改成未來，服裝又會有所不同。

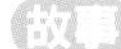

故事

未來的世界。人類也可以在太空生活。製作服裝的資源變得很珍貴，所以可變形、會變色、1件多穿的服裝成了主流設計。人們可在虛擬世界享受時尚樂趣，主角為這個世界的虛擬化身角色設計服裝。

世界觀

時代 —— 未來

地區 —— 太空

文化 —— 科技發達的世界

特別構思的部分

- 充滿未來和太空感的設計
- 相對於過去的設計以天然材質製作服裝，要使用人造材料的服裝表現未來感
- 從太空衣或使用高科技材料的服裝獲得靈感

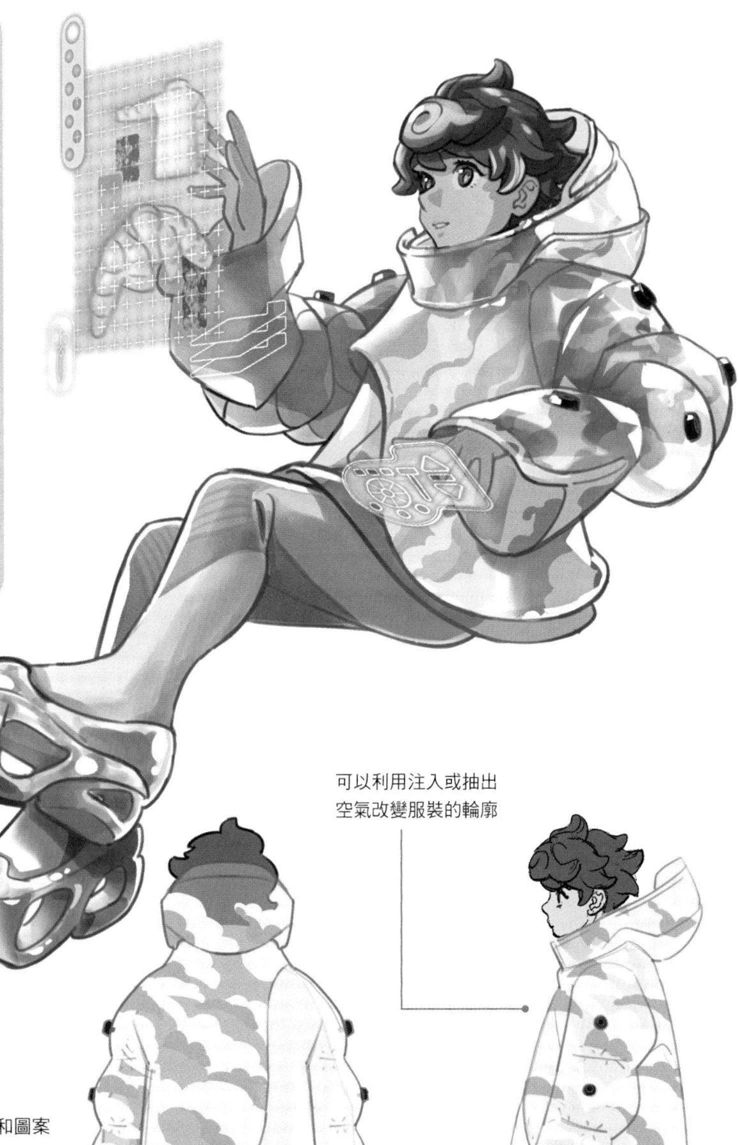

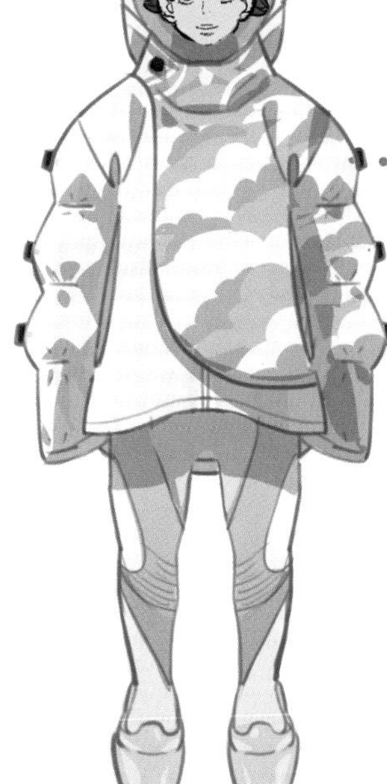

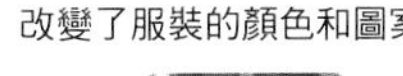

改變了服裝的顏色和圖案

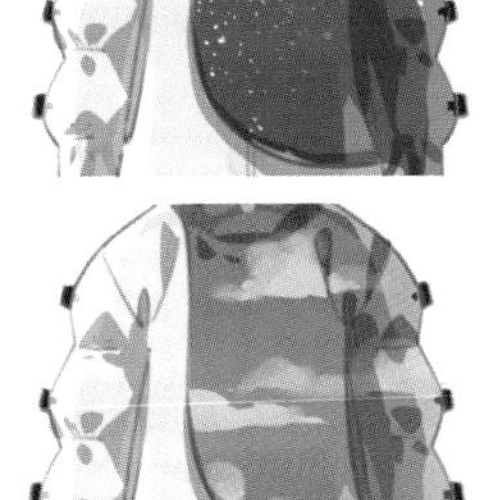

可以利用注入或抽出空氣改變服裝的輪廓

為了讓服裝更顯輕盈，設計了透明且輪廓鏤空的鞋底

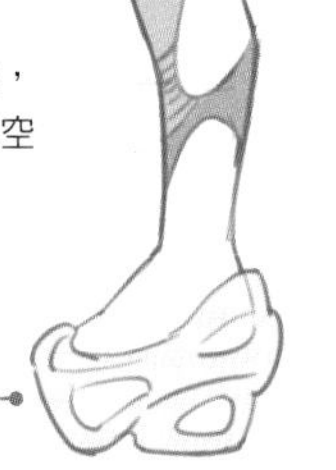

4 服裝設計

描繪設計草稿的方法

描繪方法的訣竅

以下介紹的草稿畫法，能在實際設計時提升作業效率。
全都是可以立刻使用的方法，所以大家一定要嘗試看看。

精簡草稿步驟

這不代表作業時偷工減料。
如果描繪得很精緻，有時會因為覺得可惜而未能讓想法繼續延伸或發展，或是因為太執著於既有想法而成了未能產生更好想法的阻礙。
我們的目標是創造出表現角色故事的服裝。
因此必須嘗試錯誤。為了無負擔地嘗試錯誤，所以建議精簡步驟，即便捨棄繪圖也不會感到可惜。
對於設計規劃感到很棘手的人，作業步驟有可能是一種負擔。
建議大家找出讓自己感到輕鬆的方法。

以小尺寸描繪

以小尺寸描繪，線條量會減少，所以可快速輕鬆描繪。
另外，不需要描繪細節，所以可以專注在「整體輪廓」和「想表現的部分」。

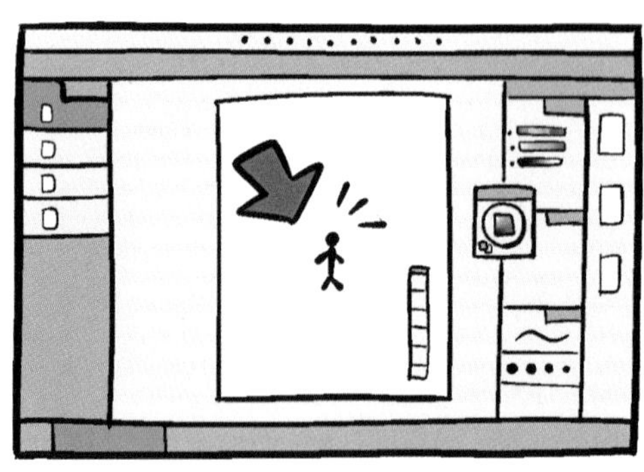

製作模板

若有製作角色模板，就可以節省素體描繪的步驟，專注於設計。

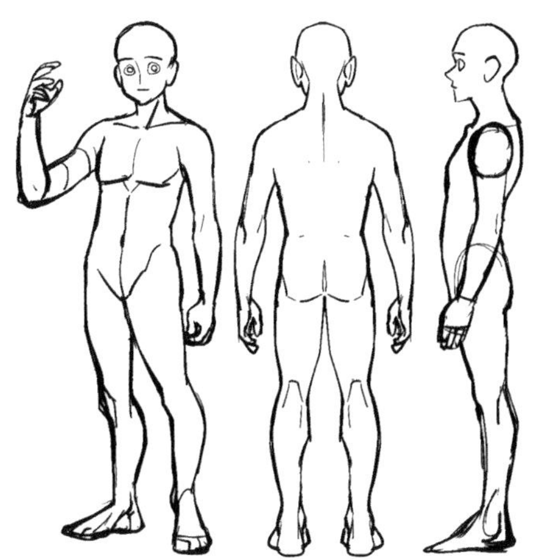

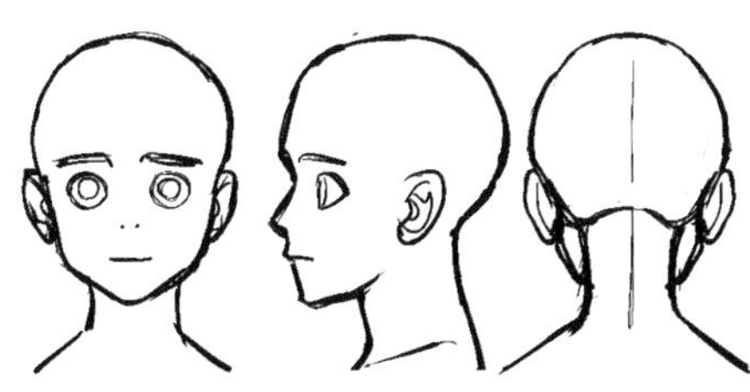

用灰色大概上色

可大概掌握上色後的感覺。
不用在意顏色超出邊界，請掌握整體呈現的印象。
即便到了填補細節的步驟，都可以透過回顧這時決定的草稿，維持一開始的整體印象來完成設計。

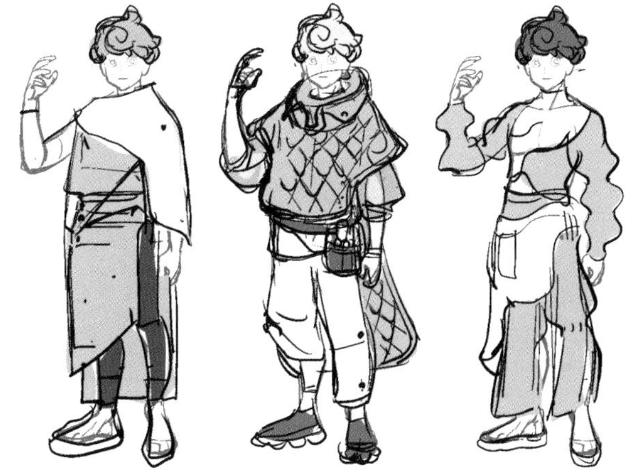

輪廓摸索

如果專注於形狀，就很容易產生一般以線條構思時無法想到的新奇點子。
建議在構思階段試著快速描繪出大概的設計。

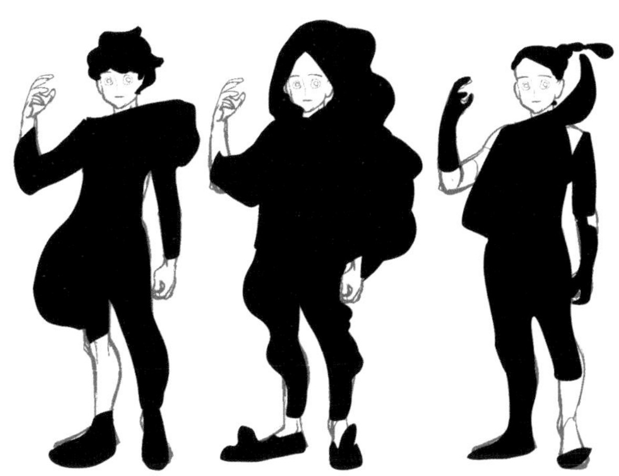

視線引導的方法

服裝設計的重點在於設計要能將視線引導至這個角色最重要部分。
這也有助於為設定列出優先順序，而設計的方法有以下 2 個訣竅：

強調重要資料　淡化其他資料

Q版角色範例

強調重要資料

設計複雜　　增加面積

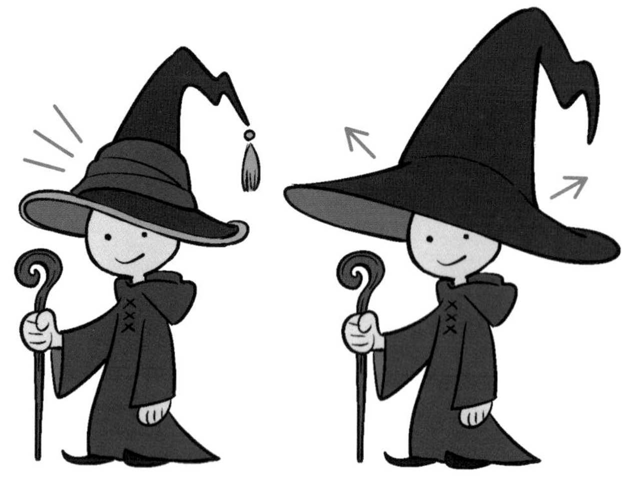

以魔法師角色為範例來解說。帽子是營造出魔法師特徵的重要配件。試著利用強調和淡化的思維，將視線引導在帽子上。

淡化非重要資料

設計簡化

減少面積

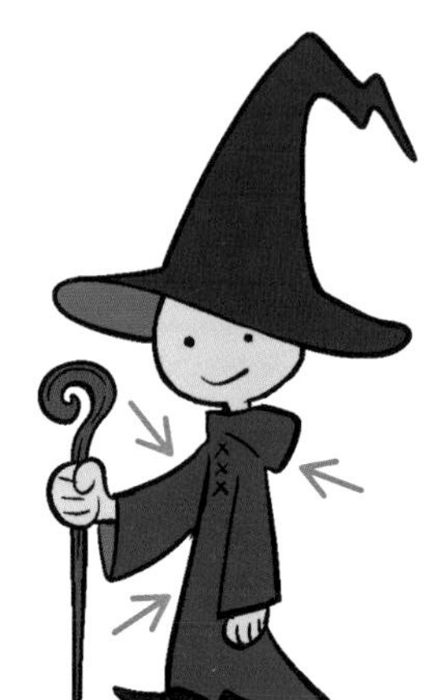

高頭身比的範例

即便是高頭身比的角色，用同一個方法也能奏效。

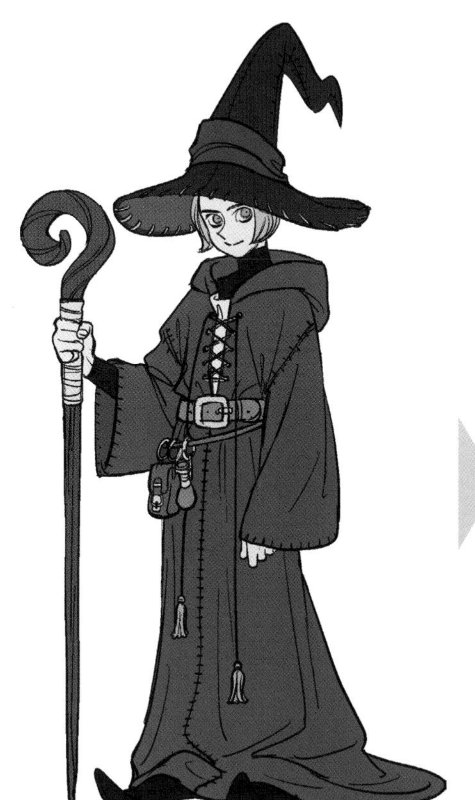

強調重要資料

設計複雜

增加面積

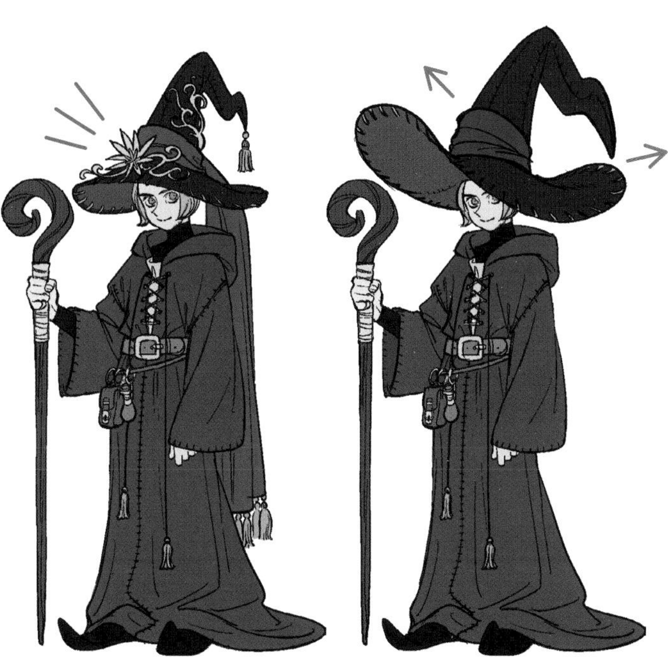

淡化非重要資料

設計簡化

減少面積

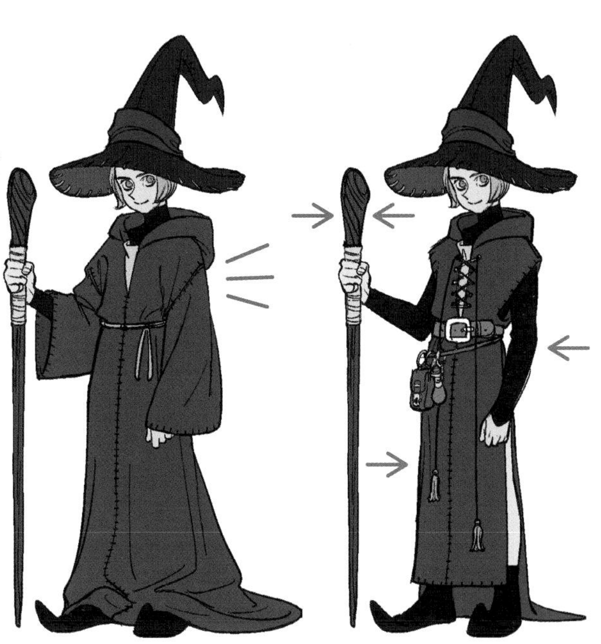

精煉設計草稿的方法

草稿描繪到一定程度後，就要開始精煉設計了。
所謂精練的設計，我認為是可表現故事且簡單明瞭的設計。
以下將介紹我自己經常使用的技巧。

調整面積

即便是相同設計，改變面積比例，形象也隨之一變。
請審視哪種比例才可以表現這個角色的故事。

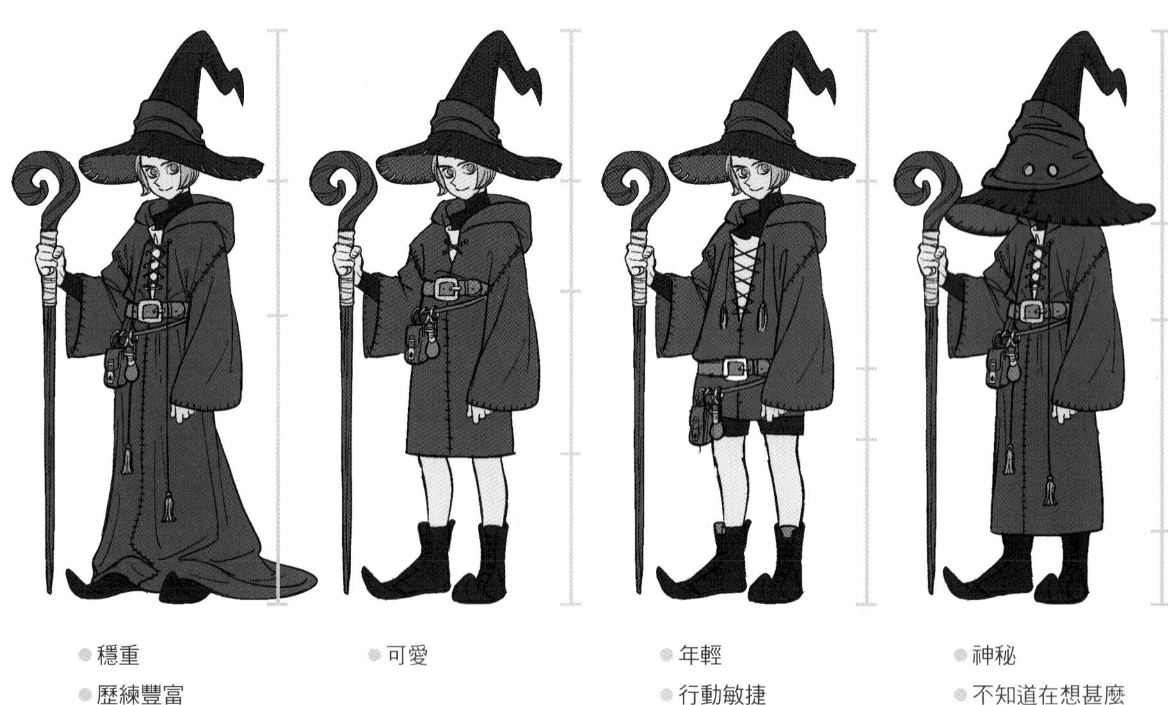

- 穩重
- 歷練豐富

- 可愛

- 年輕
- 行動敏捷

- 神秘
- 不知道在想甚麼

確認線條之間是否重疊

請確認部件之間的線條是否重疊。

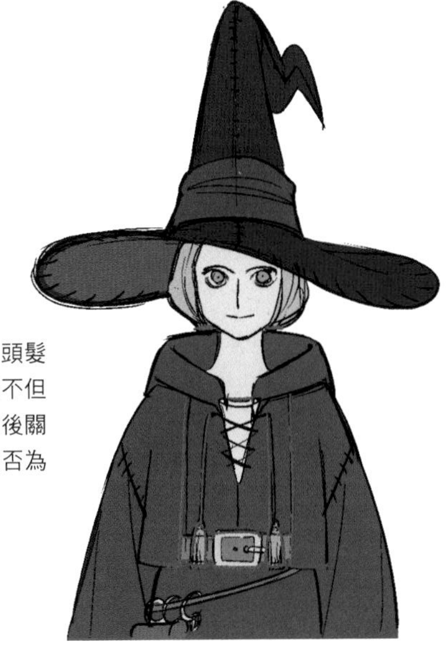

繩子和腰帶重疊，頭髮和連帽重疊，這樣不但會不知道部件的前後關係，也很難分辨是否為不同部件。

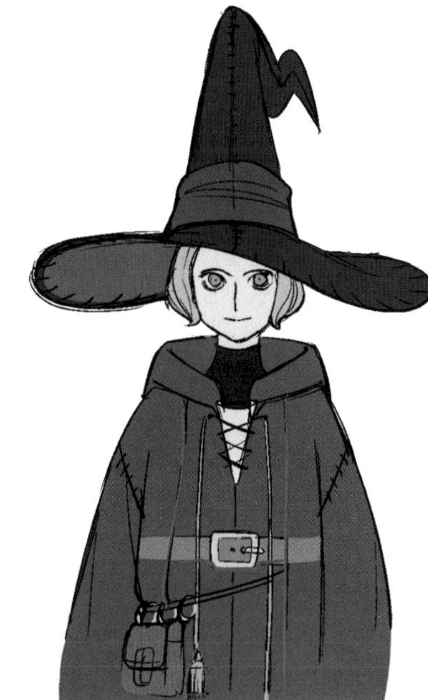

部件之間的長度不同，所以可以分辨前後關係和部件之間的關聯。

圖示重複

重複使用相同圖示會無法顯現出重點。

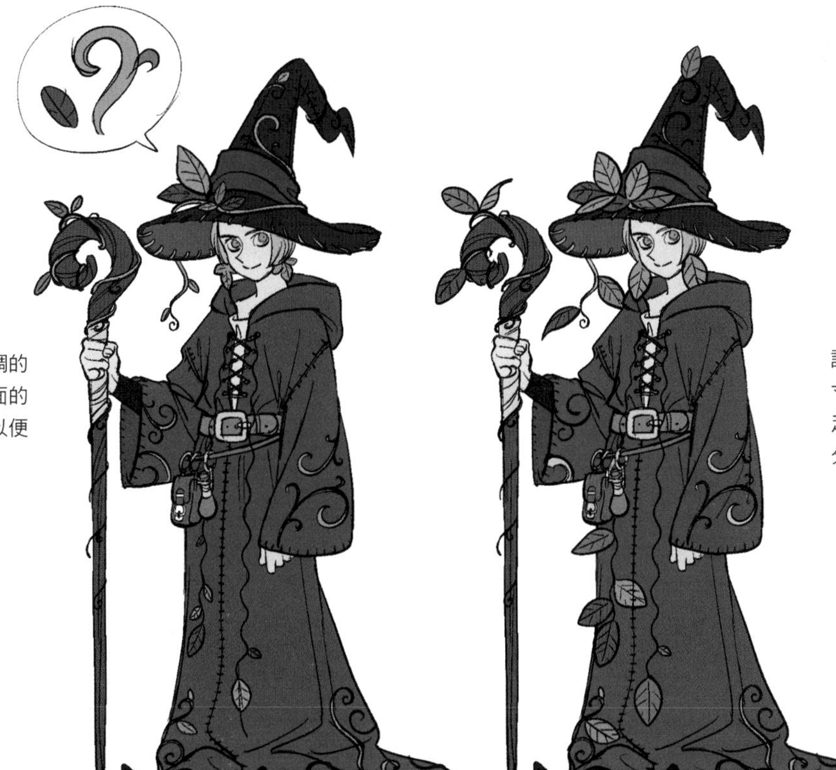

帽子是最想要強調的部分，所以將上面的葉子畫得最大，以便引導視線。

請注意不要讓部件尺寸都相同！這樣會缺乏變化，而導致視線分散。

彙整

何謂服裝

- 可以透過「穿甚麼」和「怎麼穿」表現故事

服裝設計的方法

- 設計的訣竅是「混搭」

設計的難易度

- 服裝設計的難易度會因為世界觀而有所不同
- 越脫離現代與現實，設計難度越高
- 尤其是奇幻等需要自行創造的世界觀，所以會有更多步驟、更花時間

描繪設計草稿的方法

- 為了可輕鬆嘗試錯誤，在草稿階段不要畫得太精細
- 以小尺寸作畫，線條量減少，所以可以快速描繪
- 製作素體模板，從整體輪廓構思

視線引導的方法

- 利用強調重要資料，淡化其他資料的思維

精煉設計草稿的方法

- 調整部件面積
- 確認線條之間是否重疊
- 重複相同圖示

COLUMN

作者推薦書籍④

ファッションデザイン・リソース　-インスピレーションを得るための、アイデアソース実例集-

Robert Leach (著), 桜井真砂美 (翻譯)

ビー・エヌ・エヌ新社, 2013年

時尚設計師從何處獲得靈感？如何構思概念？如何將這些設計在衣服中，書中都將一一介紹。

大家不但可從書中瞭解民俗服飾和軍裝，還可以知道如何從記憶、風景和電影等脫離服裝的題材中，獲得靈感並且構思設計。我想大家在構思角色服裝時，應該都希望可以如此自由發想吧！

第5章　頭部設計

5

5 頭部設計

臉部和髮型的設計

構成頭部的部件

頭部是表現角色魅力的重要部件。
大家在觀看角色時，也是最先看到角色的臉。
因為接下來要進入頭部設計，所以讓我們先掌握頭部的構成部件。

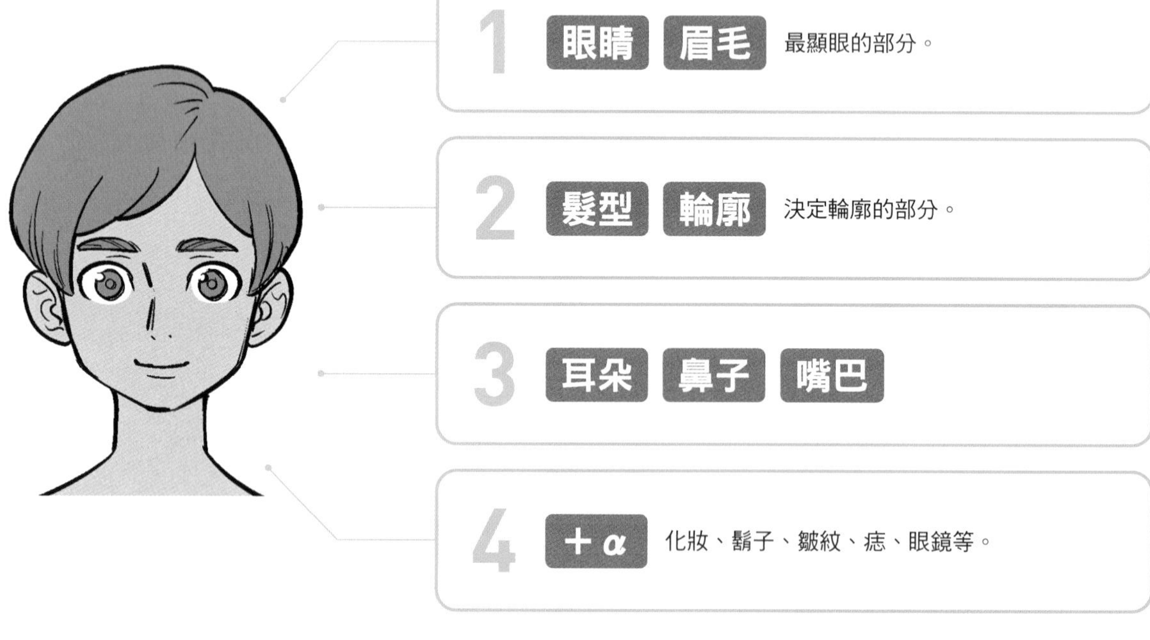

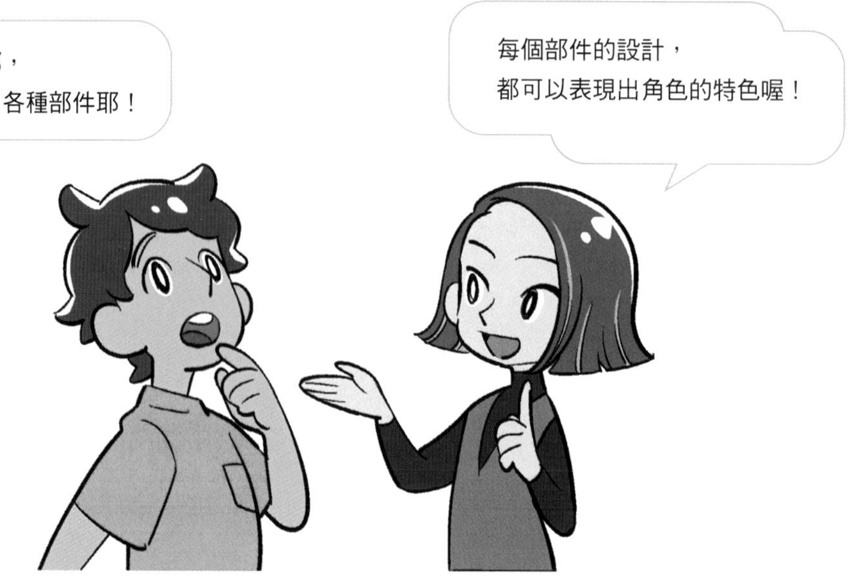

設計的基準

設計的基準是「能否表現出角色故事？」
為了表現角色故事，設計時要使用哪個部件？哪種圖形？
要最突顯哪個部件？
諸如此類，從最想讓人看見的重點回推來設計。

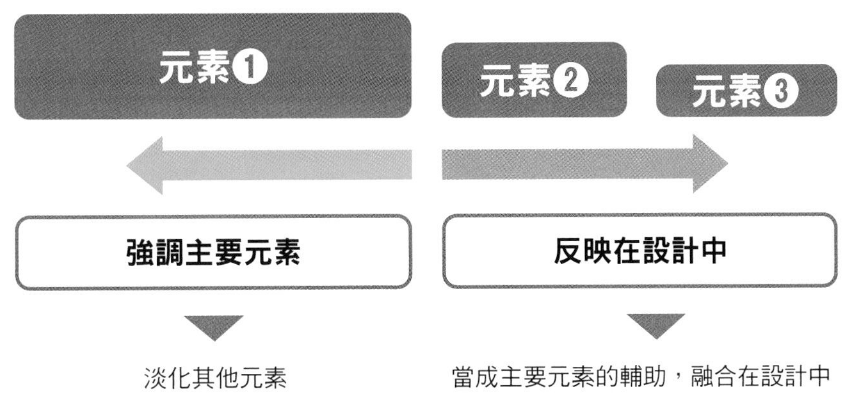

若有所困惑就回到故事

若太專注於設計，很容易不知不覺忘記想要表現的內容。
這時請回顧故事，就可以找回最初的想法。

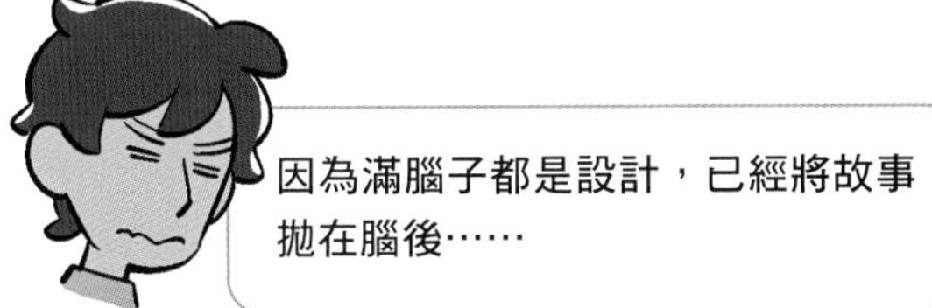

正是這個時候，為了想起「我在設計哪種角色」，請回顧故事。

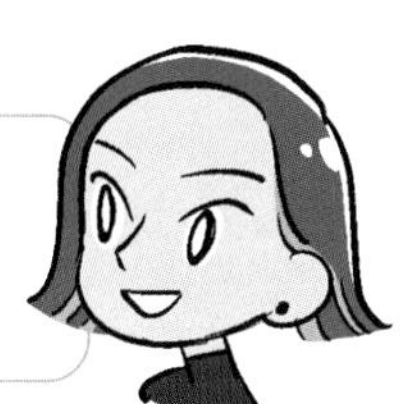

①眼睛和眉毛

觀看角色時，最能感受到魅力的是臉，尤其是眼睛。
因為是吸引觀眾的關鍵重點，所以設計時要表現出角色魅力，並完整呈現人物形象。

眼睛的設計要和眉毛一起構思

即便眼睛相同，也會因為眉毛而產生不同的印象。
請將眉毛和眼睛當成一組來構思設計。

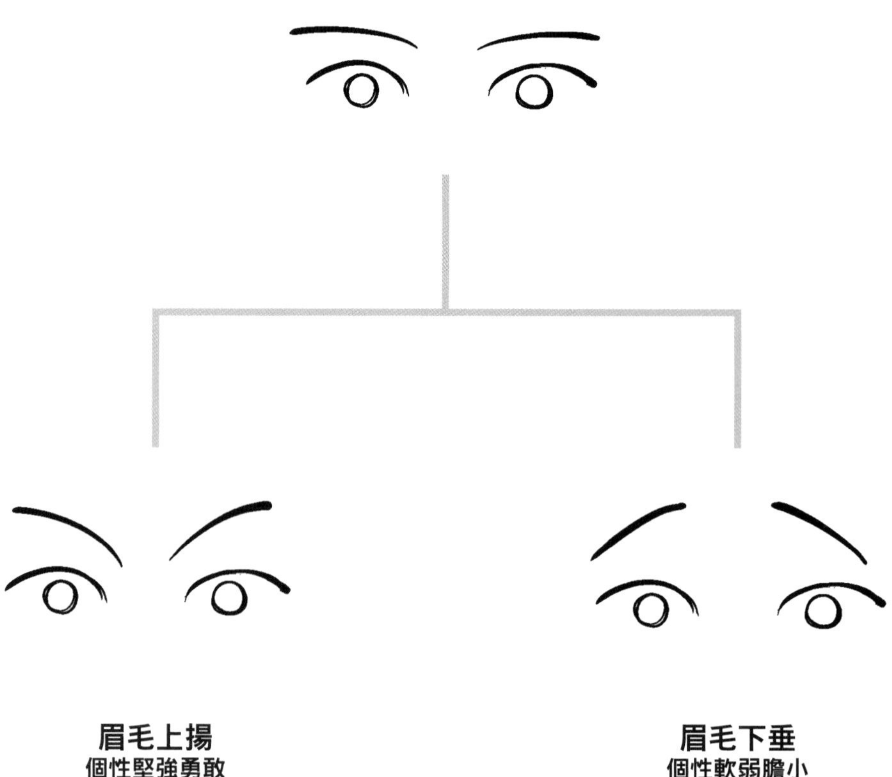

眉毛上揚
個性堅強勇敢

眉毛下垂
個性軟弱膽小

範例

請運用設計的基本。
利用每種線條和形狀具有的形象，就可以表現角色個性。

曲線和直線

○、△、□

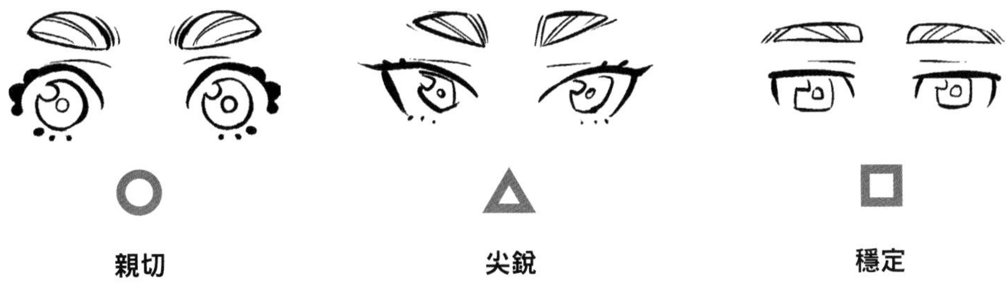

⬆、一、⬇

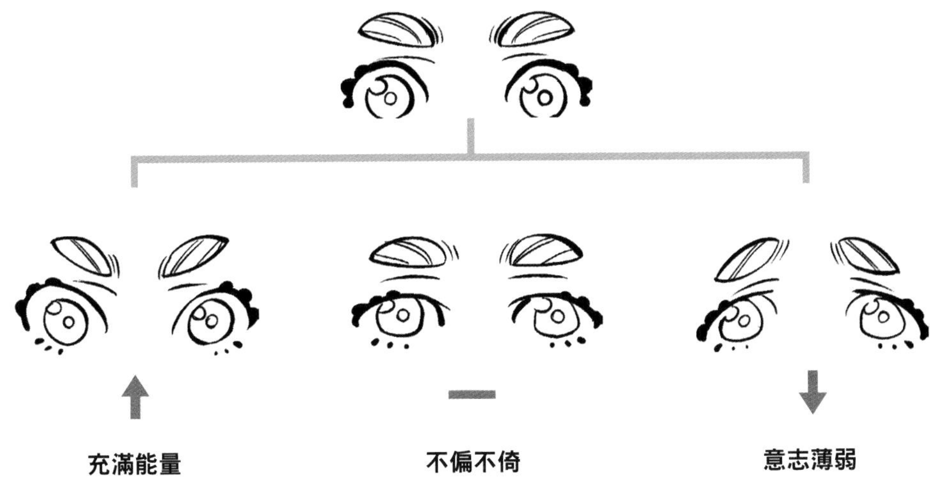

②髮型和輪廓

髮型和輪廓是表現角色的重要部件。
因為這是呈現「輪廓」的部分。
尤其髮型是很好發揮設計的部件，所以要多多運用一些巧思，表現角色擁有的故事。以下將介紹設計時的 2 大重點。

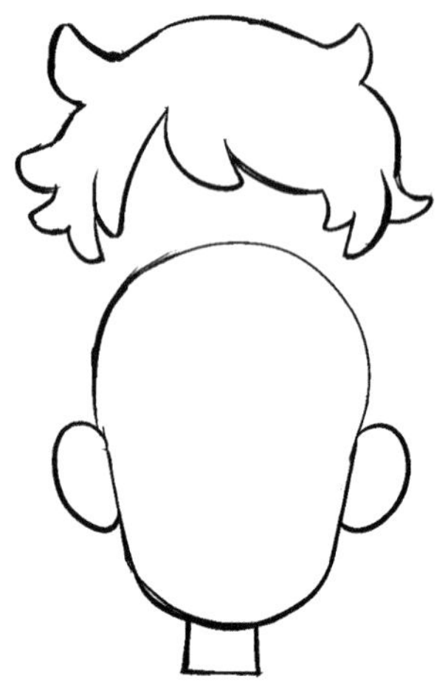

髮型和輪廓要成組構思

頭髮和輪廓會相互重疊，所以兩者的設計會相互影響。
與其分開思考，不如成組構思以便設計。

設計時要留意輪廓

好的設計就是只憑輪廓就表現出這是哪種角色的設計。
以小慶為例，整體帶圓弧線條，所以可以讓人感覺是一個溫柔親切的角色。相反地，若形狀尖銳，就會讓人覺得不好相處。

範例

請運用設計的基本。
利用每種線條和形狀具有的形象，就可以表現角色個性。

曲線和直線

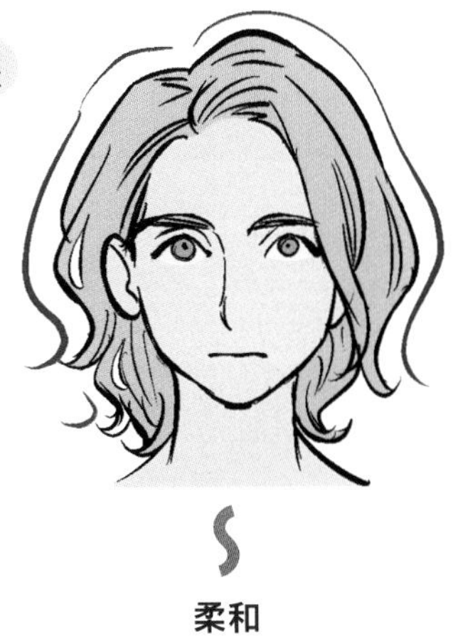

柔和

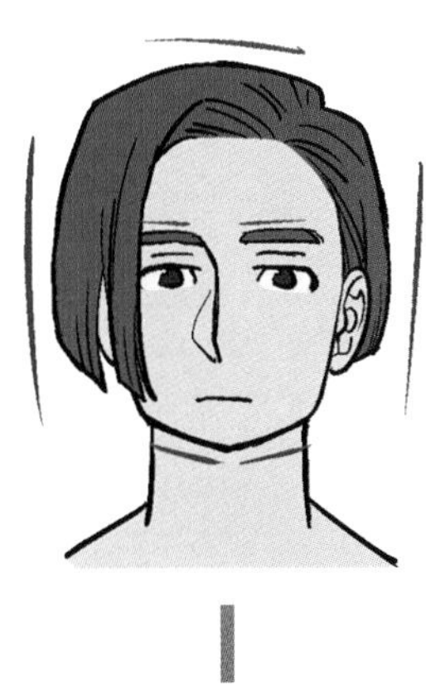

嚴肅

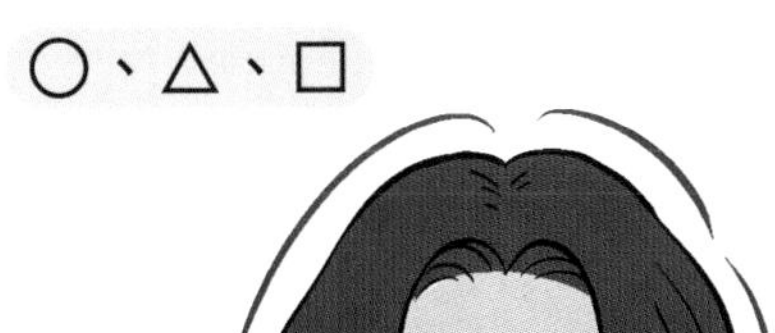

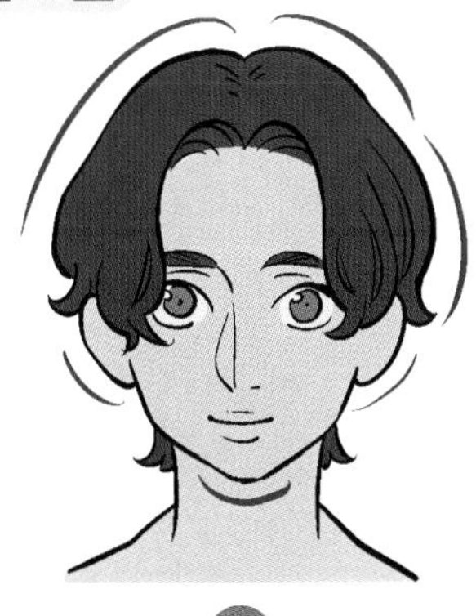

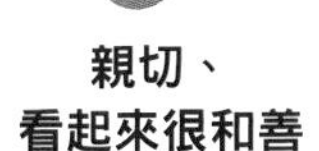

親切、
看起來很和善

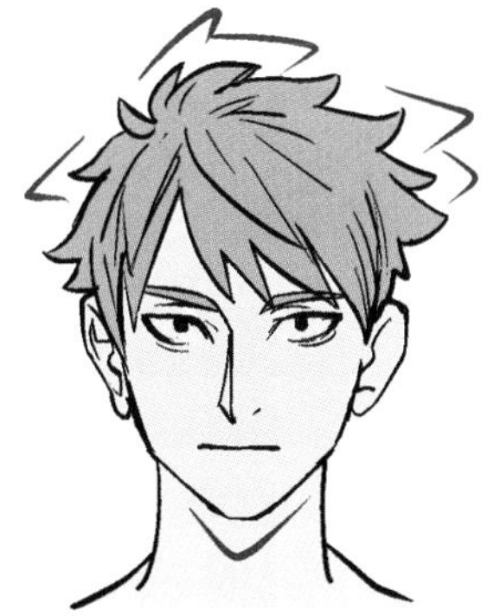

尖銳
看起來壞壞的

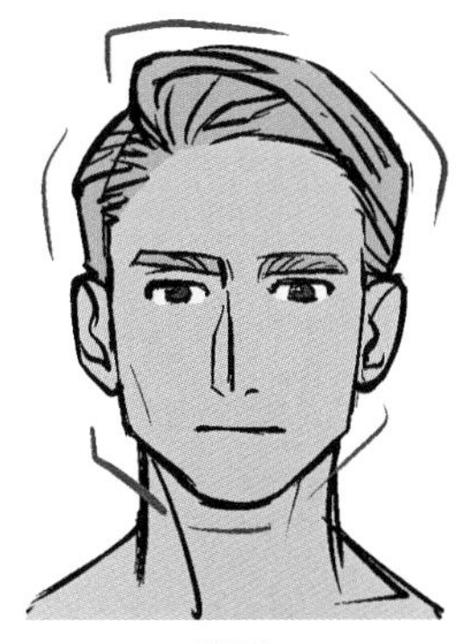

穩定
踏實

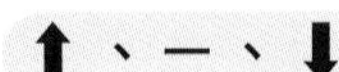

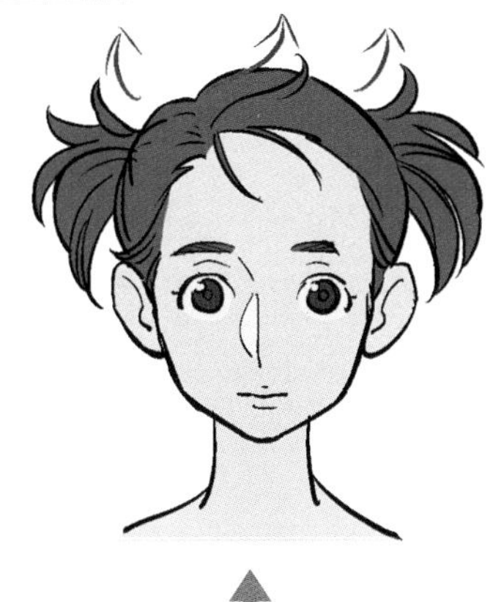

充滿能量

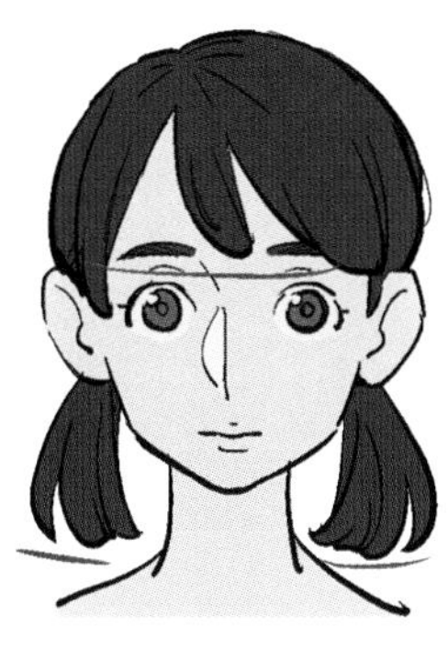

不偏不倚、安穩

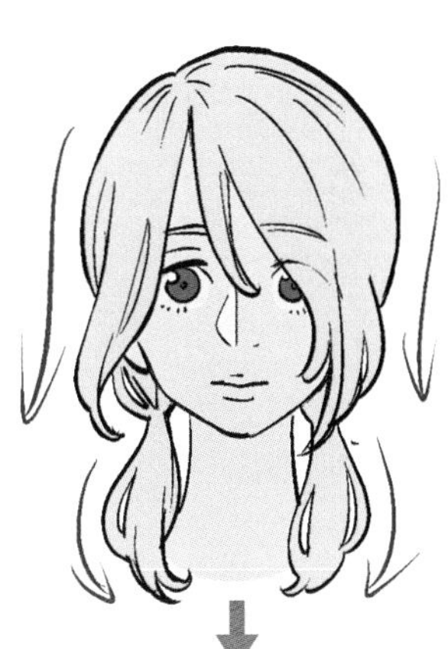

能量微弱

③鼻子和嘴巴

這也是臉部中屬於輔助部件的部分。
然而也是能有效產生些微差異的部件。

曲線和直線

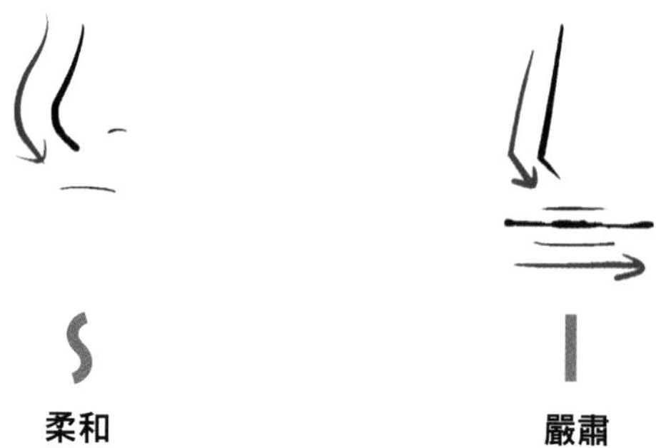

柔和　　嚴肅

○、△、□

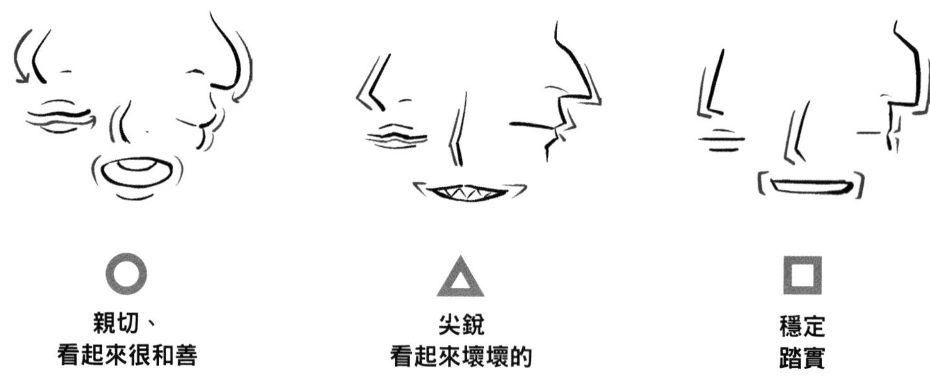

親切、看起來很和善

尖銳 看起來壞壞的

穩定 踏實

⬆、一、⬇

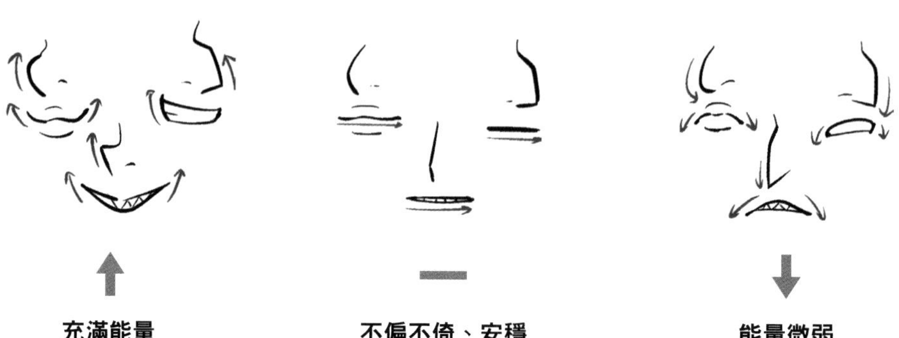

充滿能量

不偏不倚、安穩

能量微弱

④ ＋α

何謂＋α？

痣、鬍子、眼鏡等添加元素。
這個部分可以進一步加強角色個性，也很容易呈現與其他角色的差異。

添加在身體的元素

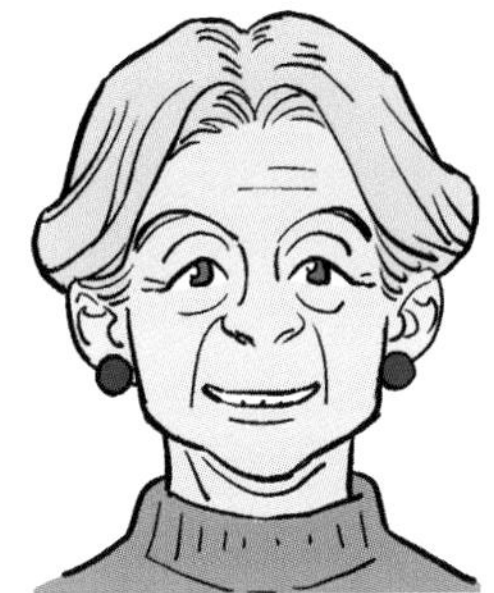
皺紋

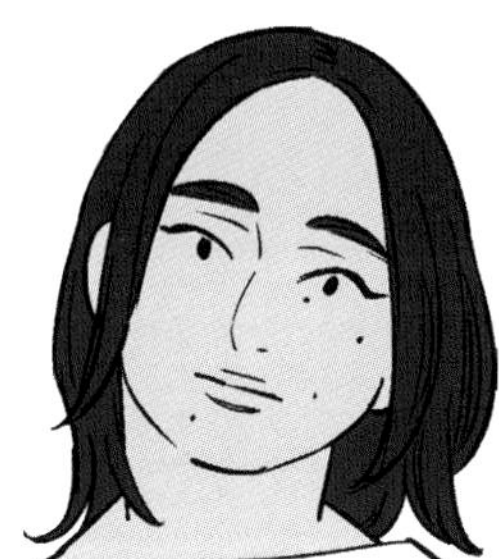
痣

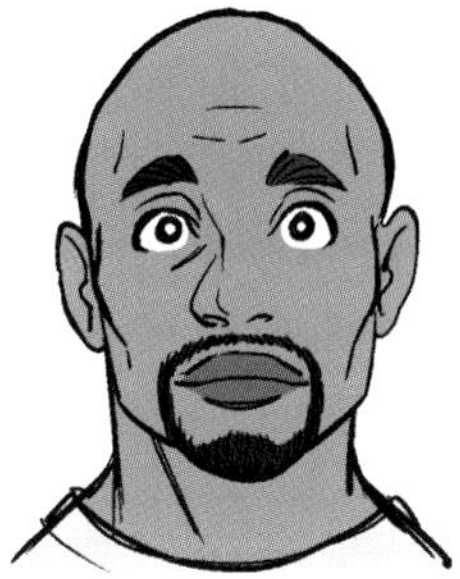
鬍子

添加在皮膚的元素

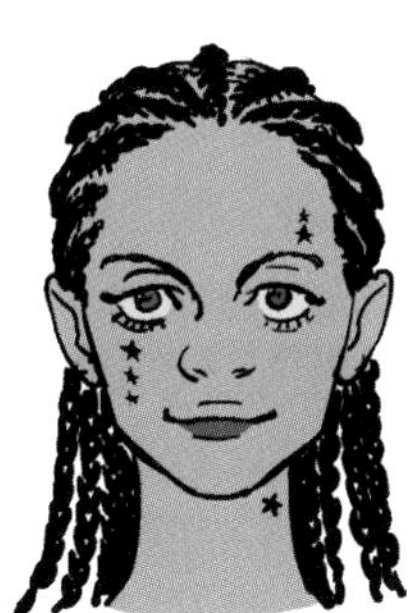
刺青

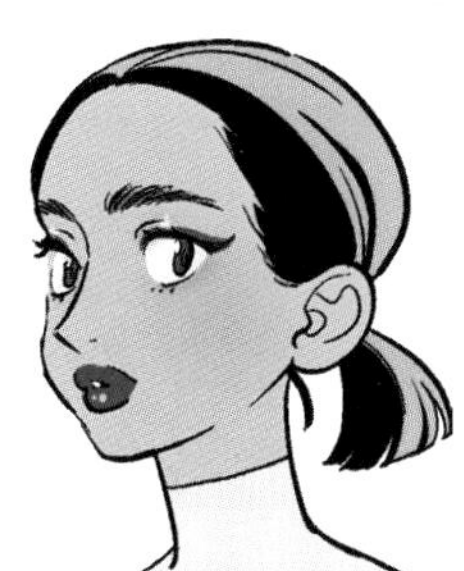
化妝

身上的穿著

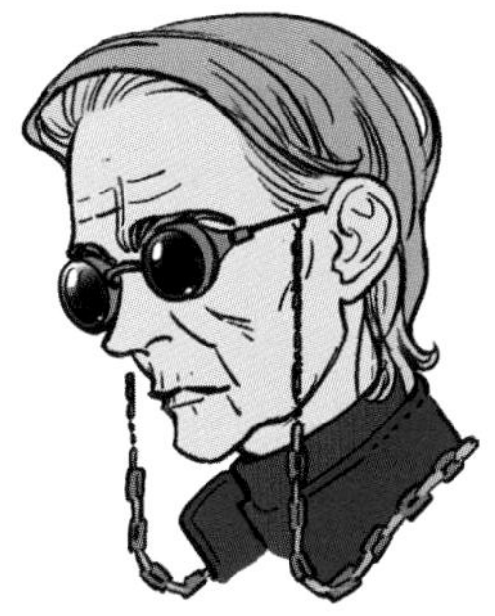
眼鏡

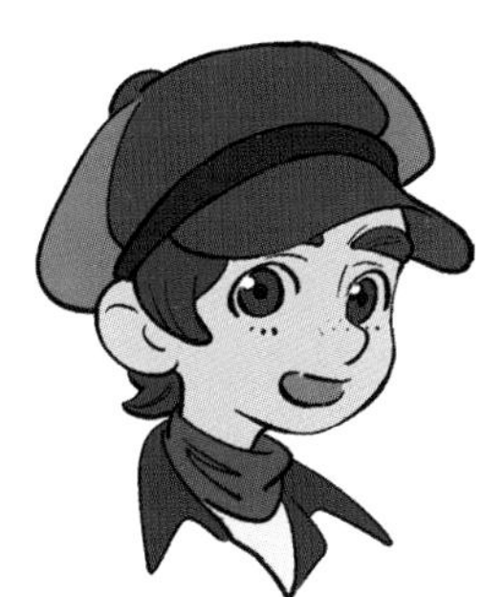
帽子

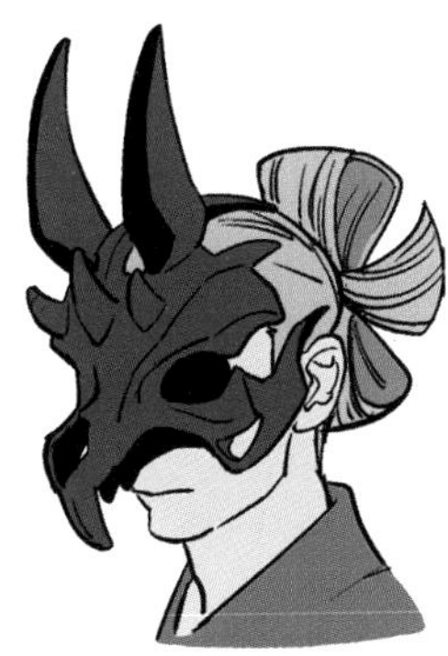
面具

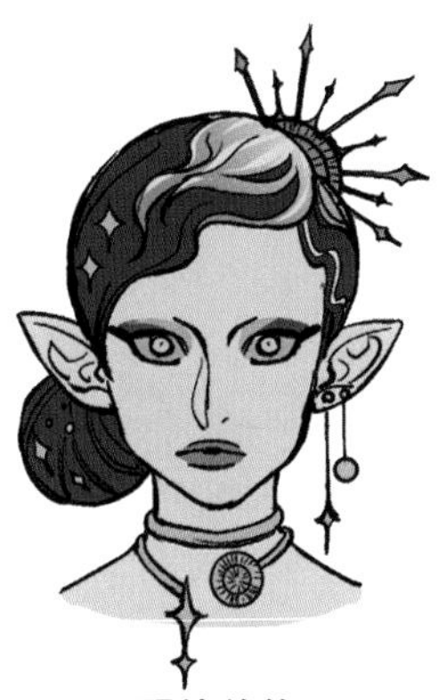
配件首飾

考量部件比例

比例＝大小×配置

臉是由部件比例、形狀等形成整體印象。
因此，即便同一部件，只要比例不同，就會給人截然不同的印象。

大小不同時

請注意每個部件的大小。

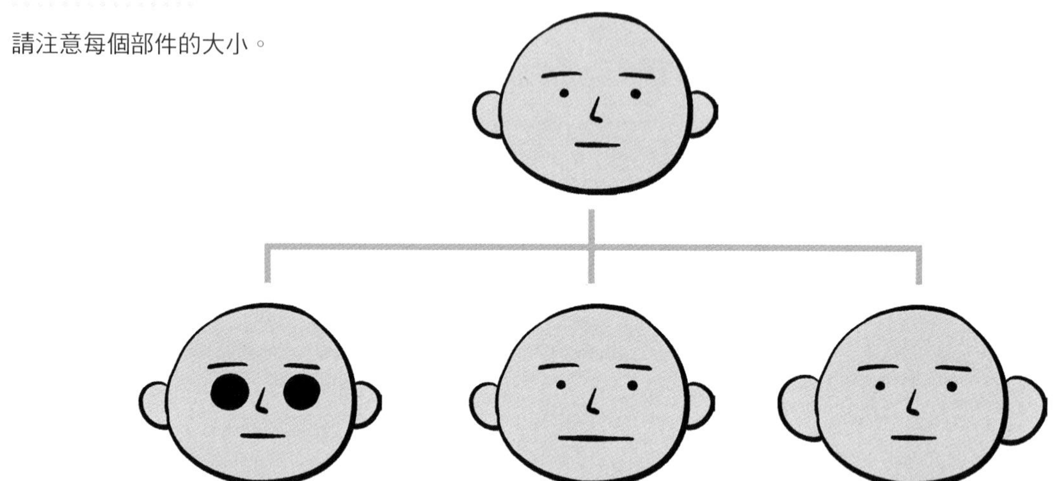

位置不同時

請注意部件位置。

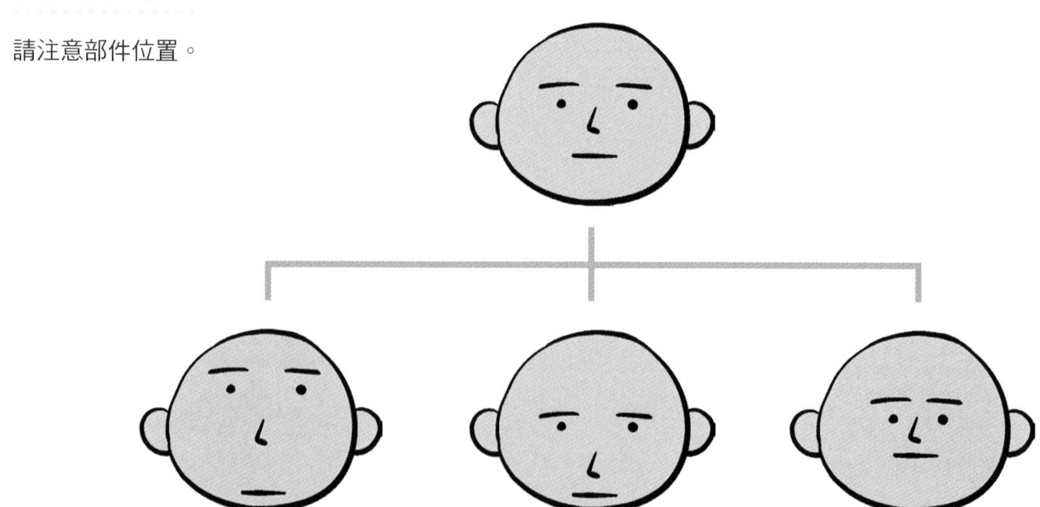

明明是同一部件，是不是看起來像不同個性的角色？
只要留意比例，就可以更能創造出表現故事的設計。

要如何反映在設計中

這裡也運用了優先順序。

請運用大小和位置，加強最能代表角色個性的相關部件。

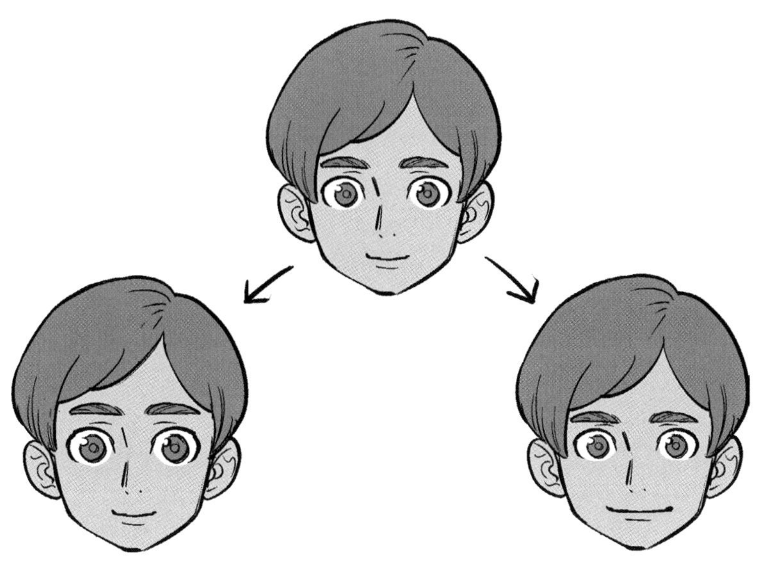

如果有強烈的好奇心…

眼睛畫大，並且剪短瀏海，以便突出眼睛。

如果很愛說話…

嘴巴畫大，並且縮小其他部件。

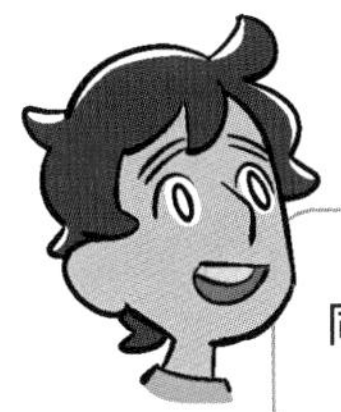

同一個部件竟然給人完全不同的印象…！

若臉部比例相同，只是調整大小和位置，也可以改變角色氣質。

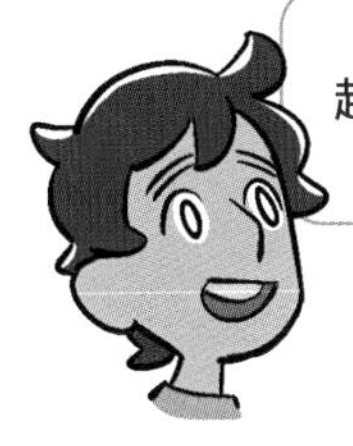

趕快來試試看！

以部件大小表現人物形象

放大或縮小代表角色個性的部件，就可以設計出表現角色故事的長相。

調整大小的方法

方法很簡單。

強調重要資料
淡化其他資料

例如，想要強調眼睛時……

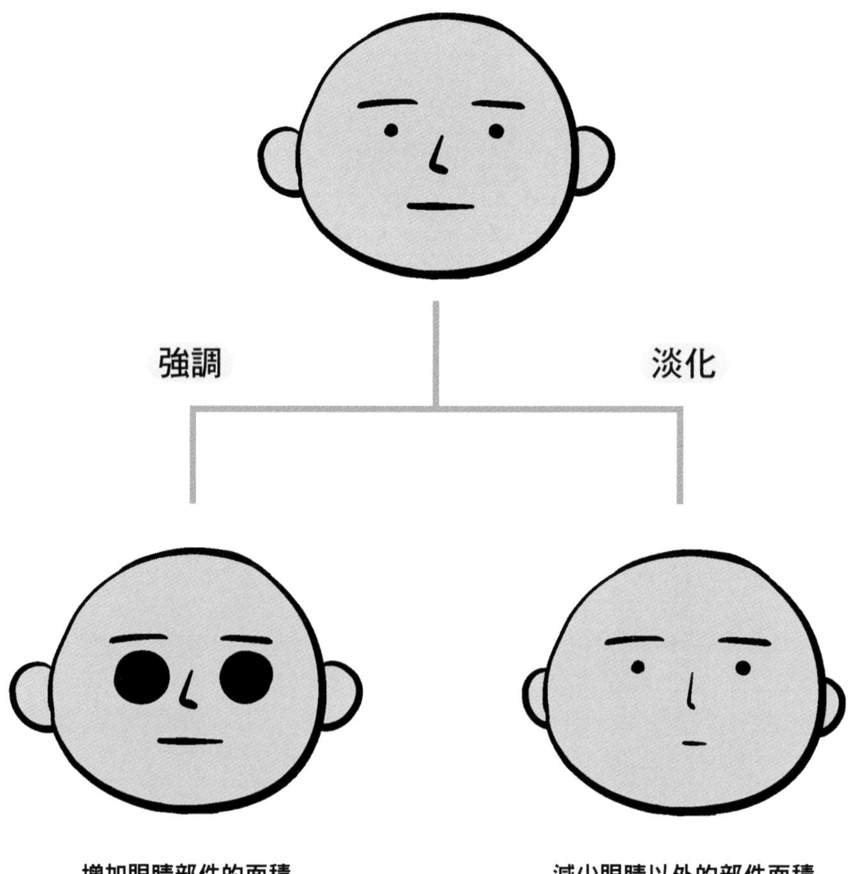

增加眼睛部件的面積

減少眼睛以外的部件面積

範例

可以運用在任何繪圖和頭身比。

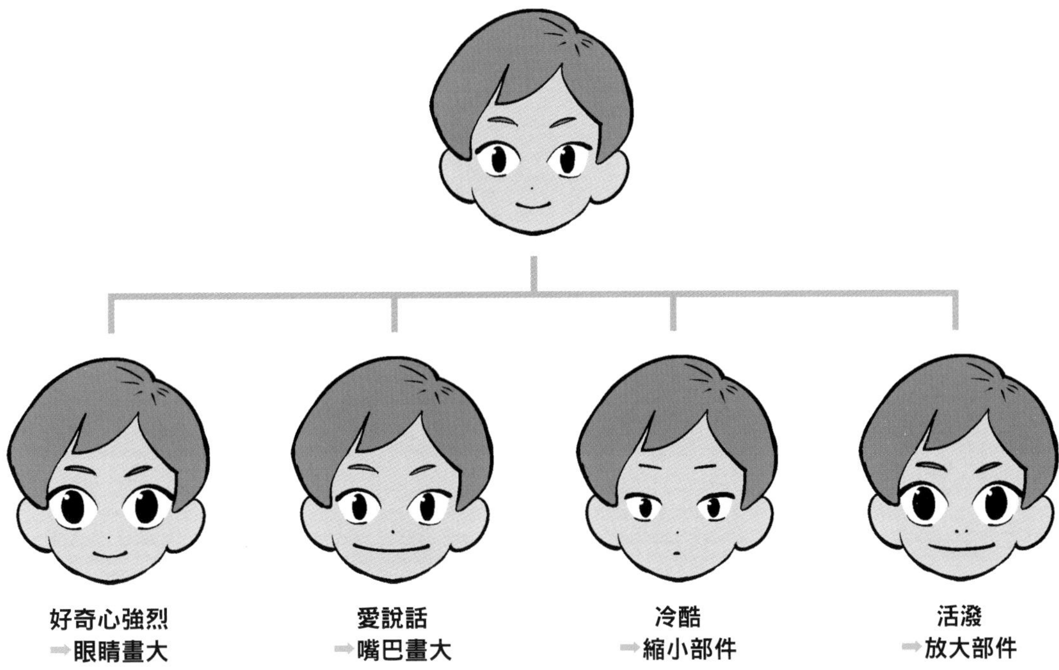

頭身比低或Q版風格強烈的繪圖可以大幅度調整部件大小。

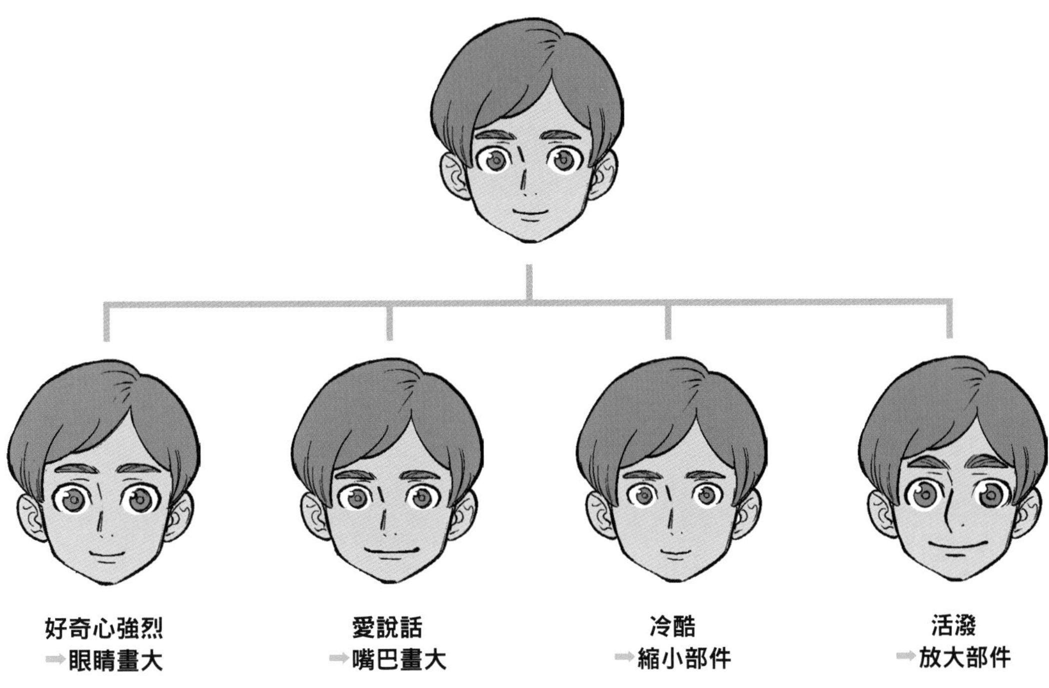

而頭身比高或寫實的繪圖就不適合大幅度地調整。
但是因為細節不同就會很顯眼，所以即便稍有不同，臉部也會給人截然不同的印象。

改變部件位置

突顯代表角色個性的部件配置，其他部件則安排在不顯眼的位置，就可以設計出表現角色故事的長相。

調整比例的方法

這裡也使用和調整大小一樣的方法。

強調重要資料
淡化其他資料

例如，想要強調眼睛時……

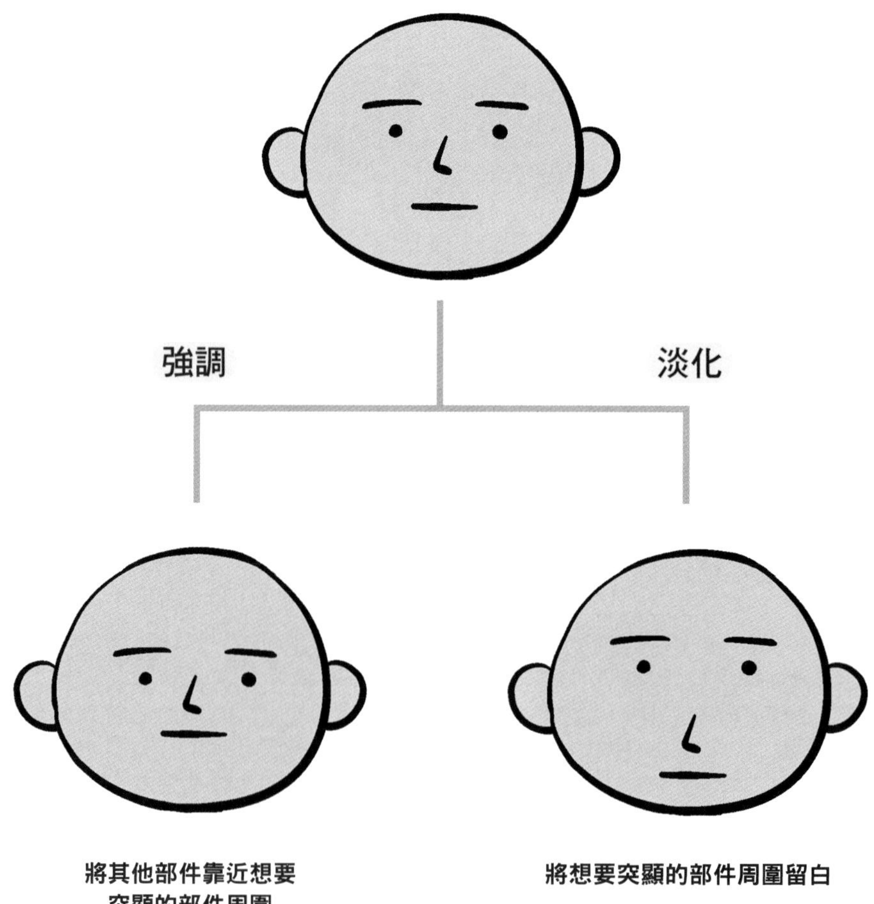

將其他部件靠近想要突顯的部件周圍

將想要突顯的部件周圍留白

範例

可以運用在任何繪圖和頭身比。

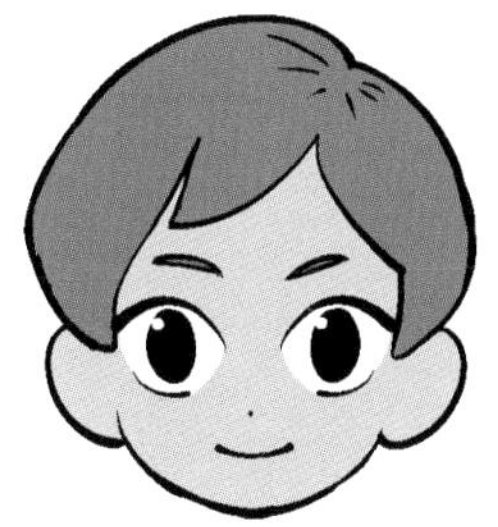

想讓眼睛稍微再顯眼一點……

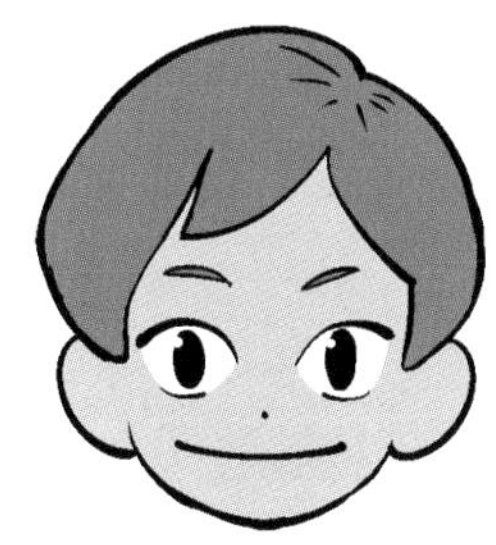

想讓嘴巴稍微再顯眼一點……

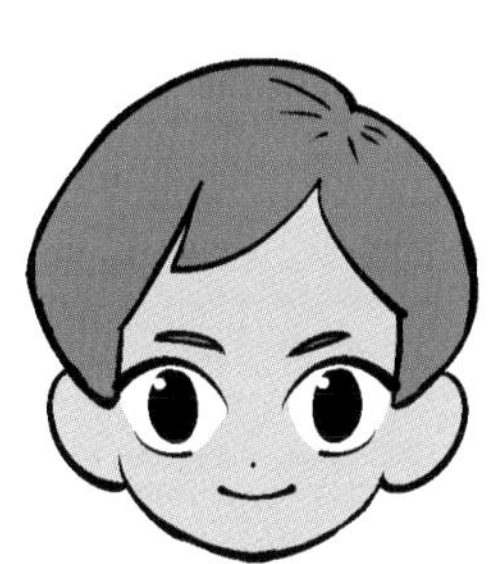

其他部件和眼睛都往臉部中央移動，
眉毛也稍微靠近眼睛，
眼睛變得炯炯有神！

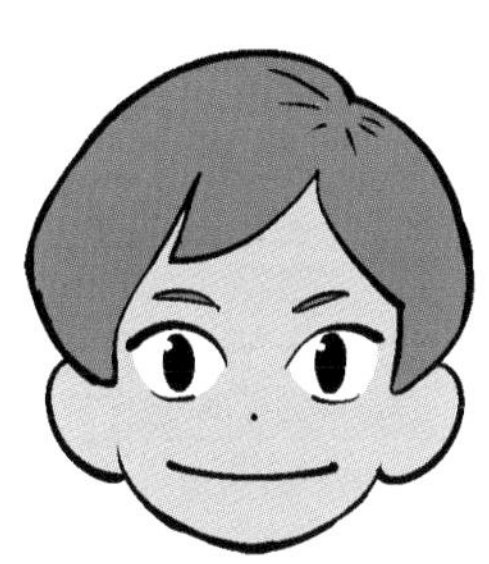

眼睛和鼻子往上移動，
嘴巴的周圍留白，
加深愛說話的印象。

想要突顯的部分與頭身比低的範例相同。

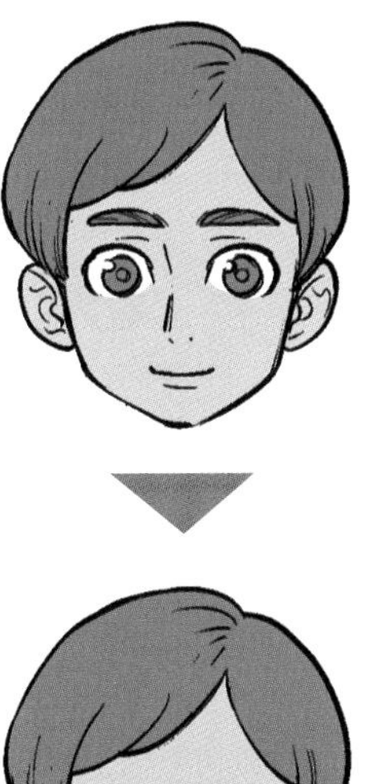

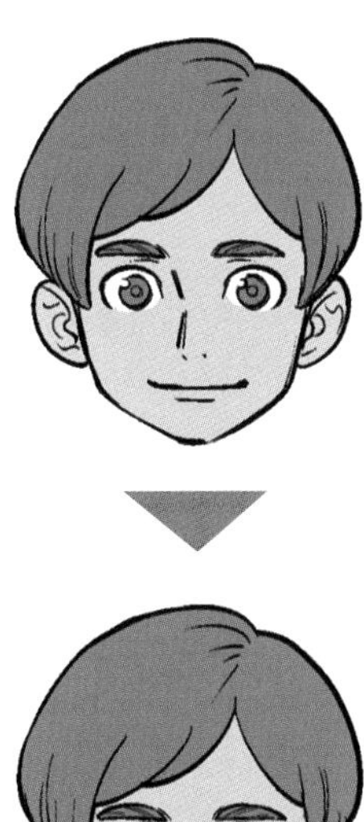

實際設計頭部

頭部範例① 時裝劇

①故事創作

構思範例所需的故事。

故事

Ｔ子是嚮往創作者的上班族。雖然有想要創作的心情，但是沒有特別想表現的內容。
而Ｔ子的身旁有很多各領域的創作者。
同事牧野會在網路發表漫畫……，
Ｔ子隔壁古怪的小笠原是發明家……，
上司田中其實是講究生活風格的vlog影片創作者……。
Ｔ子可以從每個人的生活中感受到各種創作的許多樂趣，但是內心卻充滿複雜的情緒。
不過Ｔ子厲害的地方在於擁有很純粹的感受性，以及能將感受化為文字的能力。
Ｔ子的故事就是大家受到Ｔ子的言詞激發，並且深受影響而漸漸改變。

人物形象

個性 ——— 冷酷／認真／但其實喜歡、嚮往有趣的事物
興趣 ——— 搞笑／漫畫／電影／閱讀
喜歡 ——— 只要是有趣的一切事物
討厭 ——— 原本想說笑但失敗的瞬間
想要 ——— 金錢和時間
角色 ——— 主角
社會身分 —— IT公司的上班族
人際關係 —— 朋友很少／真正契合的朋友僅幾人

人物形象

個性 ——— 開朗待人親切，但因為太照顧他人而感到疲憊／其實很想停止這種行為
興趣 ——— 描繪漫畫，沉浸在幻想世界
喜歡 ——— 誠懇的人
討厭 ——— 不知內心真意的人
想要 ——— 想在沒有人認識自己的地方暫時休假
角色 ——— 主角的同事
社會身分 —— IT公司的上班族
人際關係 —— 交友廣闊，但是真正知心的朋友極少／喜歡主角

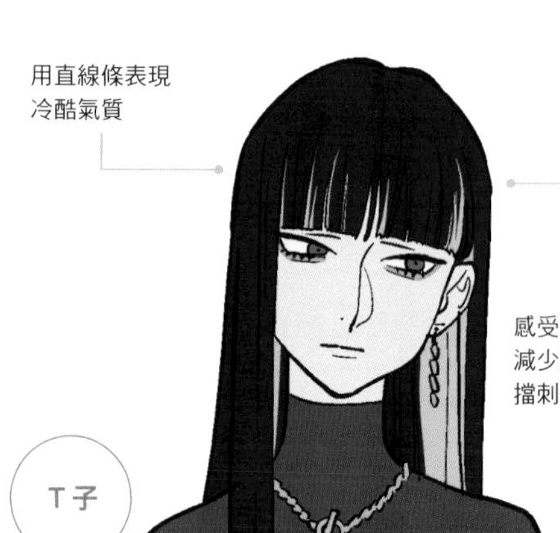

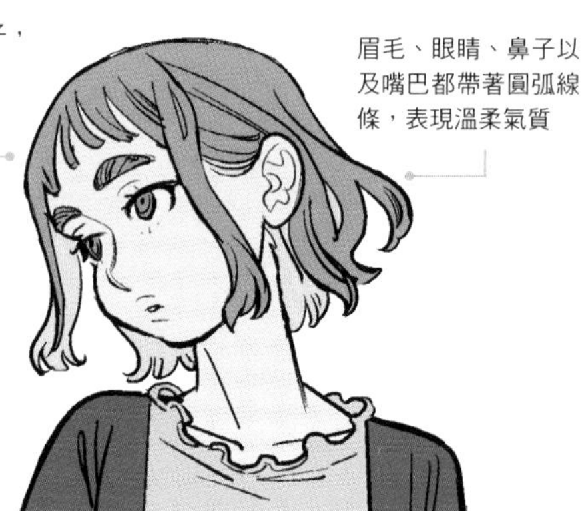

②設定

將資料分類轉換成設定，將故事化為容易設計的形式。
方向性和世界觀可以適用在所有角色。

方向性

用途 ———— 角色設計書籍中的範例／可看出不同的設計版本
故事領域 ———— 日常喜劇
希望帶給觀眾哪種感覺 ———— 有趣、有所共鳴、沉穩、有點活潑、安心

世界觀

時代 ———— 現代（2020年代）
地區 ———— 日本東京
文化 ———— 和現代相同，沒有不可思議的超能力和魔法

③設計

將各個角色的人物形象轉換成設計。
故事要如何反映在設計中？請大家將人物形象與解說合併觀看。

人物形象

個性 ———— 溫厚／穩重／神經質／不喜刺激
興趣 ———— 發布vlog／烹飪／陽台種植／整齊收納
喜歡 ———— 細心工作／規律
討厭 ———— 散亂的大門口
想要 ———— 庭院／海邊獨棟小屋（因此從年輕時就開始投資理財）
角色 ———— 主角的上司
社會身分 ———— IT公司的上班族
人際關係 ———— 朋友算多。與人往來會保持適當的距離

人物形象

個性 ———— 不好惹／叛逆
興趣 ———— 利用創意解決不方便
喜歡 ———— 有個性的事物／出風頭／與眾不同
討厭 ———— 與人相同／在別人手下工作
想要 ———— 時間
角色 ———— 主角的鄰居
社會身分 ———— 自營業
人際關係 ———— 有很多古怪的朋友

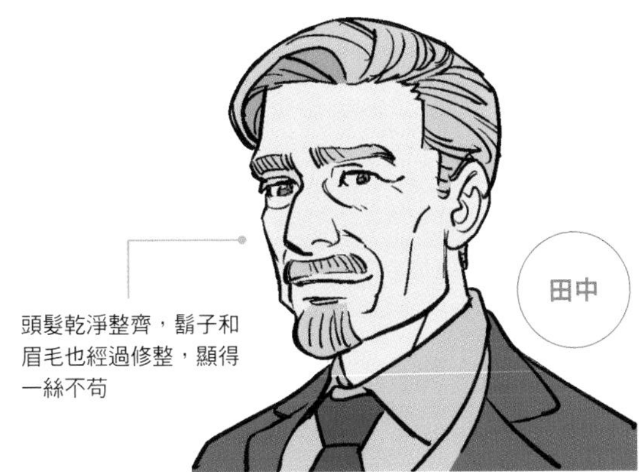

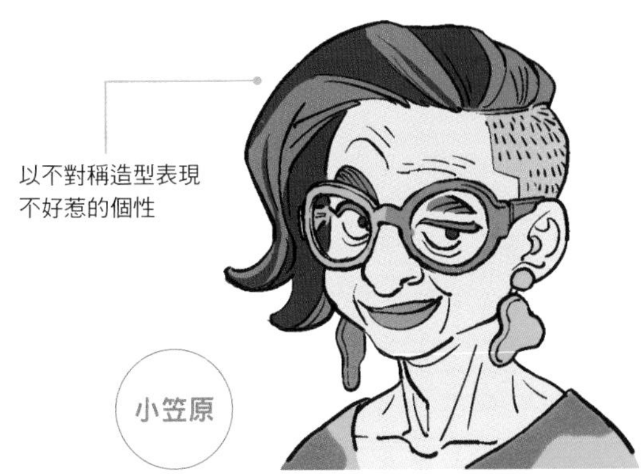

頭部範例② 和風奇幻

①故事創作

故事

以平安時代為原型的和風奇幻故事，是一個人類與妖貓共存的世界。
妖貓為夜行性生物，無法在白天活動。
主角憑藉視黑夜如白晝的特殊能力，降伏妖貓。
但是這個特殊能力有一個代價，就是白天對她來說太過光亮，所以白天她必須避開陽光生活。

主角＝中年女子（其實祖先是妖貓）
敵人＝年輕人（其實和主角為同祖先）＝讓角色和主角有共通點的設計
夥伴＝中年男子（關心主角的一切事物）（大胃王）
雇主＝少女、富豪之家（委託主角降伏一到夜晚就現身家宅的妖貓）

人物形象

個性 —— 沉默寡言／堅強
興趣 —— 肌肉訓練／閱讀
喜歡 —— 不多說廢話的人
討厭 —— 強光／太開朗的人
想要 —— 寂靜
角色 —— 主角
社會身分 —— 妖貓降伏師
人際關係 —— 原本是個孤兒／與家人沒有緣分／朋友極少，只有夥伴

人物形象

個性 —— 開朗／老實／喜歡照顧人
興趣 —— 烹飪／和人說話
喜歡 —— 甚麼都喜歡
討厭 —— 沒有
想要 —— 沒有／對現況很滿意
角色 —— 主角的朋友
社會身分 —— 雜貨店老闆
人際關係 —— 交友廣闊／和住在同一個村莊的所有人都是朋友

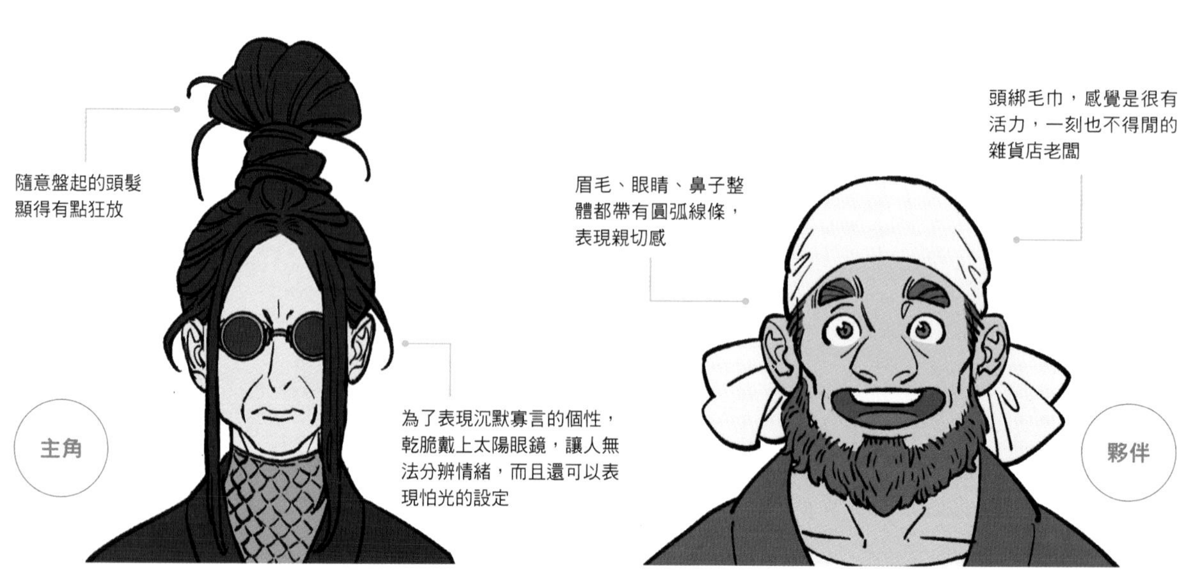

②設定

方向性

用途 ——— 角色設計書籍中的範例／可看出不同的設計版本
故事領域 ——— 奇幻／動作
希望帶給觀眾哪種感覺 ——— 帥氣／有點暗黑

世界觀

時代 ——— 1000多年（約莫平安時代）
地區 ——— 近似日本的國家
文化 ——— 科技有點發達／這個世界的人們可自由往來各國，雖然不多但有進口物品。

③設計

將各個角色的人物形象轉換成設計。

人物形象

個性 ——— 冷靜／心機深重／有學識
興趣 ——— 保養刀和爪子
喜歡 ——— 書籍（求知慾）
討厭 ——— 強光／無計畫
想要 ——— 統治的力量
角色 ——— 敵人
社會身分 ——— 在妖貓界也是數一數二的人物
人際關係 ——— 獨來獨往的孤貓

人物形象

個性 ——— 任性／內心堅強／以自我為中心／聰明
興趣 ——— 各種技藝表演
喜歡 ——— 漂亮的事物／美食／隨心所欲
討厭 ——— 不聽話的人
想要 ——— 想要一切／貪婪
角色 ——— 雇主
社會身分 ——— 富家千金
人際關係 ——— 父母／傭人／沒有朋友（沒有關係對等的人）

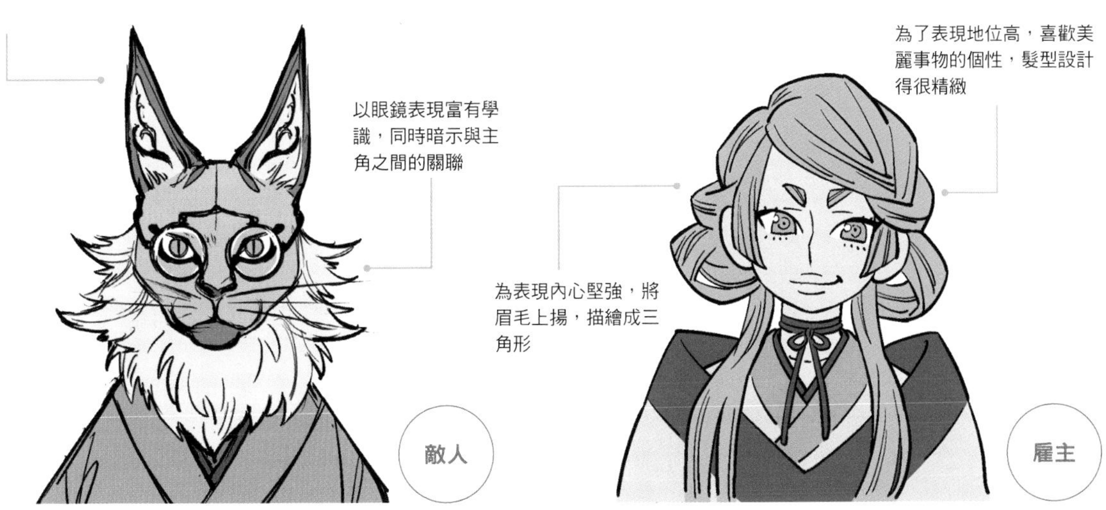

彙整

所謂的頭部

- 頭部是表現角色魅力的重要部件
- 分成「眼睛和眉毛」、「髮型和輪廓」、「耳、口、鼻」、「+α」來構思

眼睛和眉毛

- 這是吸引觀眾的重要部件
- 利用「曲線和直線」、「○、△、□」、「↑、－、↓」描繪
- 眉毛上揚：個性堅強勇敢
- 眉毛下垂：個性軟弱膽小

髮型和輪廓

- 為了創作角色輪廓，要將髮型和輪廓成組構思
- 只透過輪廓就可以表現所設計的角色

鼻子和嘴巴

- 屬於輔助部件，還能有效創造些微差異。
- 利用「曲線和直線」、「○、△、□」、「↑、－、↓」描繪

+α

- 皺紋、痣、鬍子、刺青、化妝、眼鏡、帽子、面具和配飾等

臉的部件比例

- 分成「部件大小」、「改變部件位置」兩項來構思
- 利用「強調重要資料，淡化其他資料」的思維

COLUMN

作者推薦講座②

中村俊貴老師
角色設計課程

Twitter https://twitter.com/artoftoshi
http://animationaid.com/about-class/character-design

這堂課的老師在國外製作公司從事角色設計的工作，課程中能以日文學到美國動畫風格的角色設計。
從運用簡單形狀的角色設計再漸漸進階，所以也很適合初學者。另外，本書刊登的●▲■構思方法，也是向老師學得的技巧。
經過中村老師的修改，大家可慢慢學會如何大膽創作出角色形狀。

第6章　配色與設計

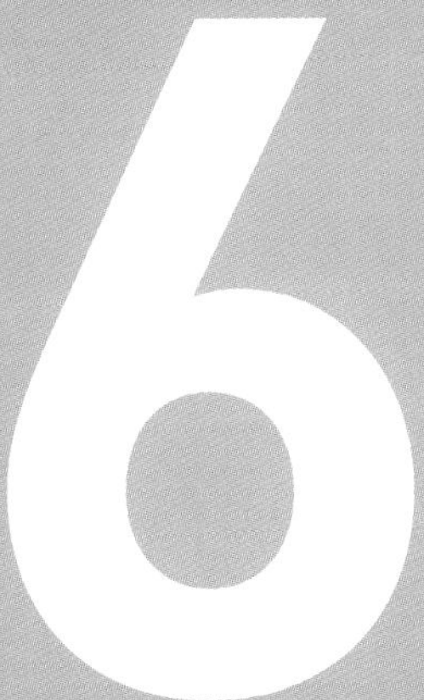

6 配色與設計

何謂角色設計的配色？

色彩是為了表現整體和角色故事所需的重要元素之一。
例如，下面哪一個角色才能表現出「兒童、喜劇、活潑」的故事？

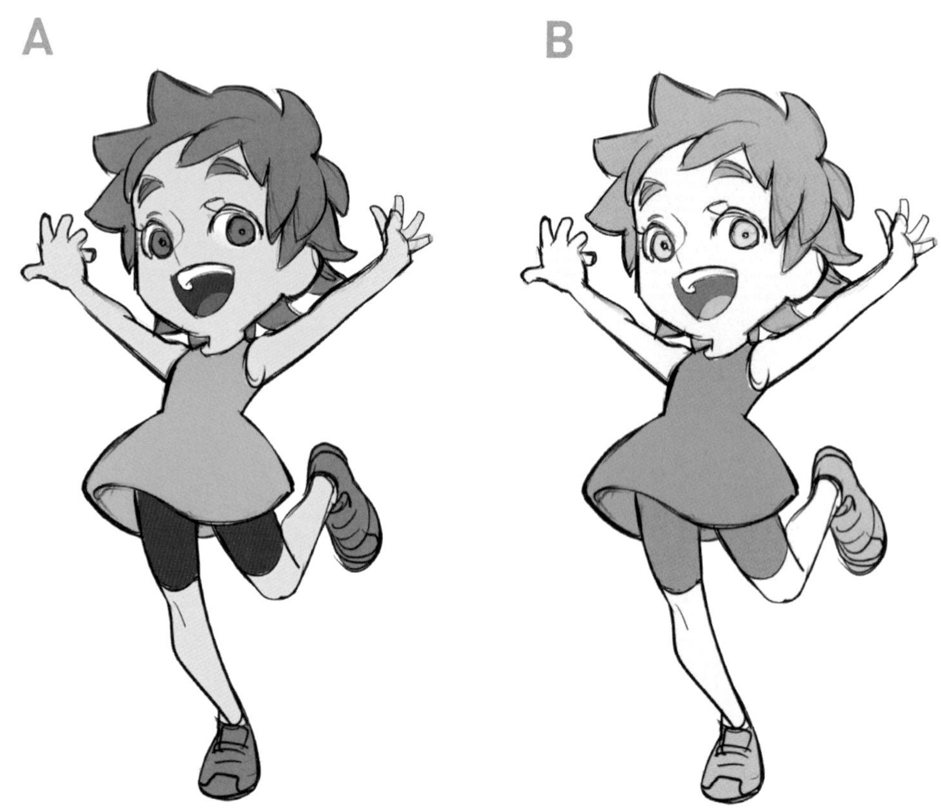

答案是A，這是為什麼呢？因為A利用了色彩擁有的「形象」與「心理效應」。

A為彩度高、對比高又明亮的橘色，給人活潑又有精神的印象。
B為「低彩度與低對比」→因為低彩度加上低對比，形成乖巧呆萌的印象。

關於色彩效果會於P.144以後有較詳盡的解說，然而透過選擇和「兒童、喜劇、活潑」等要素「有直接關聯的色彩」，就可單憑色彩傳達角色的特性。

何謂傳遞故事的配色？

〈重點①〉配合故事運用色彩三要素

（個性形象）開朗活潑，充滿朝氣的天真女孩。
總是四處奔跑，最喜歡一早大聲向所有人問好。

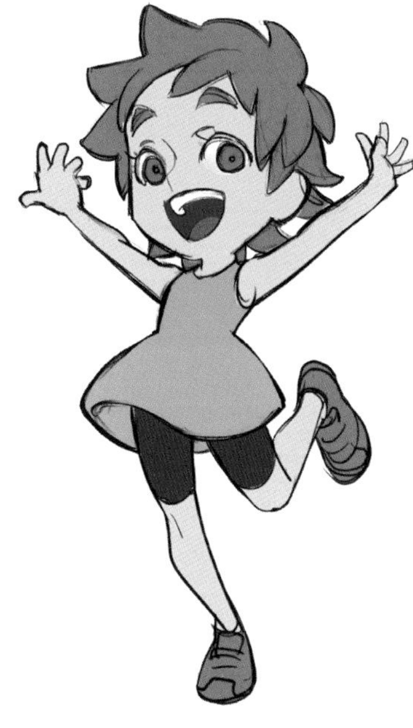

〈好的範例〉
以代表朝氣的高彩度為基調，搭配中明度呈現充滿活力的模樣。橘色的色相代表活力、有朝氣又親切好相處。

NG範例

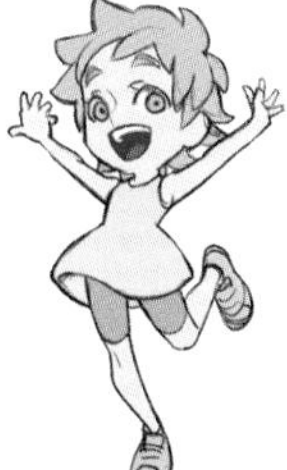

（色彩三要素①）
明度是指色彩的明亮程度。高明度給人輕盈的印象，低明度給人緩慢沉重的感覺。
〈NG範例〉將原本的角色調整成高明度，看起來就變得溫柔和善又輕盈。

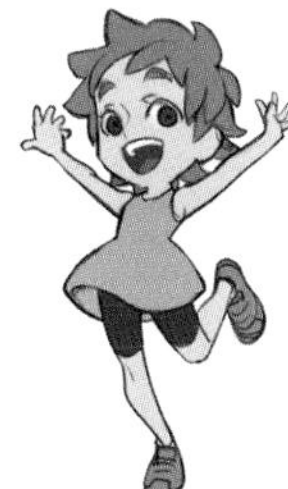

（色彩三要素②）
彩度是指色彩的鮮豔程度。高彩度給人鮮活的感覺，低彩度給人沉悶質樸的感覺。
〈NG範例〉將原本的角色調整成低彩度，看起來就變得太穩重又質樸。

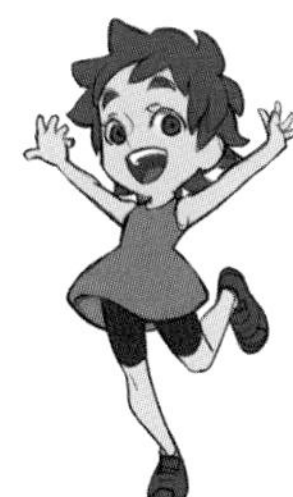

（色彩三要素③）
色相是指「紅、藍、黃」等色彩種類。
將每種色彩各自的形象與故事重合（請參照P.142）。
〈NG範例〉紫色的色相代表神秘與妖豔。給人的印象與天真爛漫相差千里之遠。

〈重點②〉是否容易辨識

人會將視線移至對比高的部分。將左頁的角色調整成灰階。
Ａ因為眼睛有對比，可以感受到角色表達的訊息。Ｂ因為整體的單色對比較低，無法讓人留下深刻的印象。角色設計時，不論是明度、彩度還是色相，都要營造出強烈對比。

A

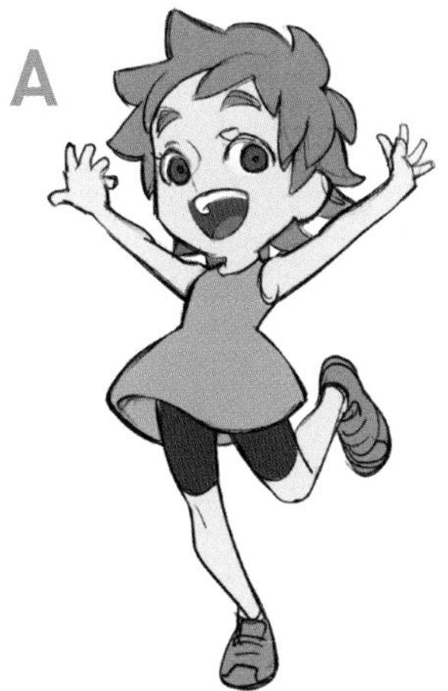

B

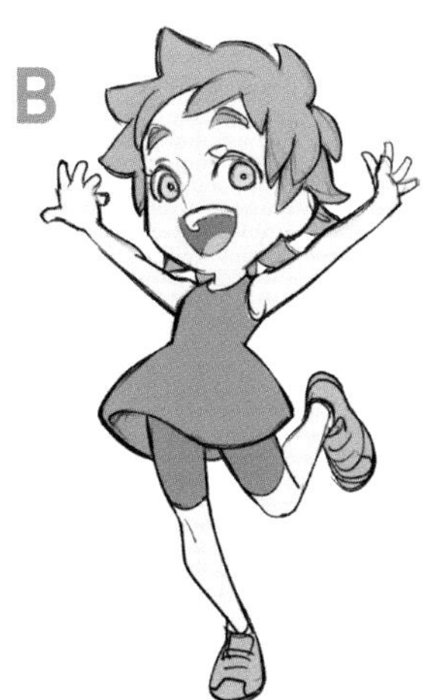

接下來將依照上述的重點，學習挑選適合角色色彩的方法！

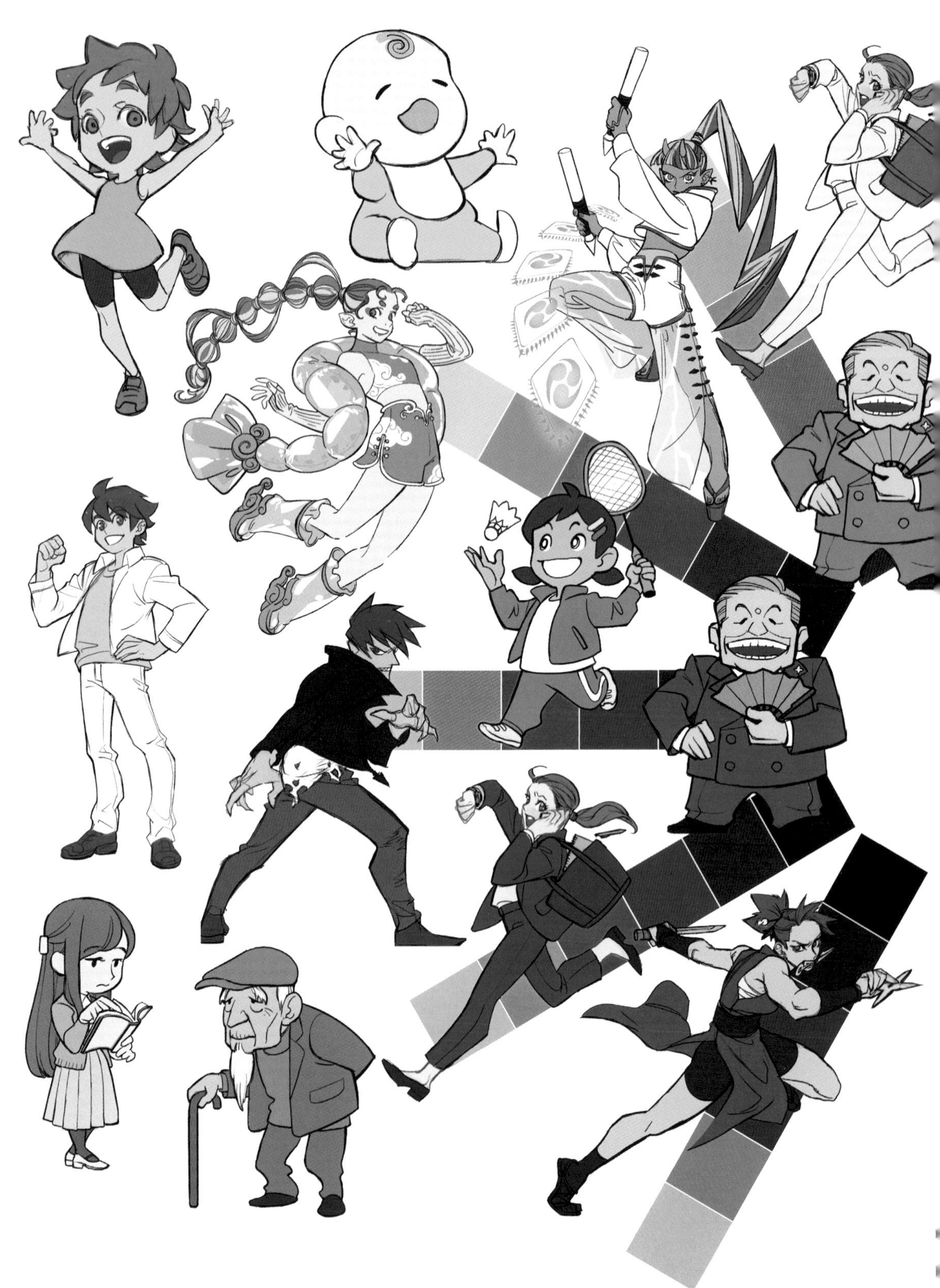

將相同設計的 2 種角色版本放置在色相環中。
請大家感受看看因為配色而形象改變的差異。

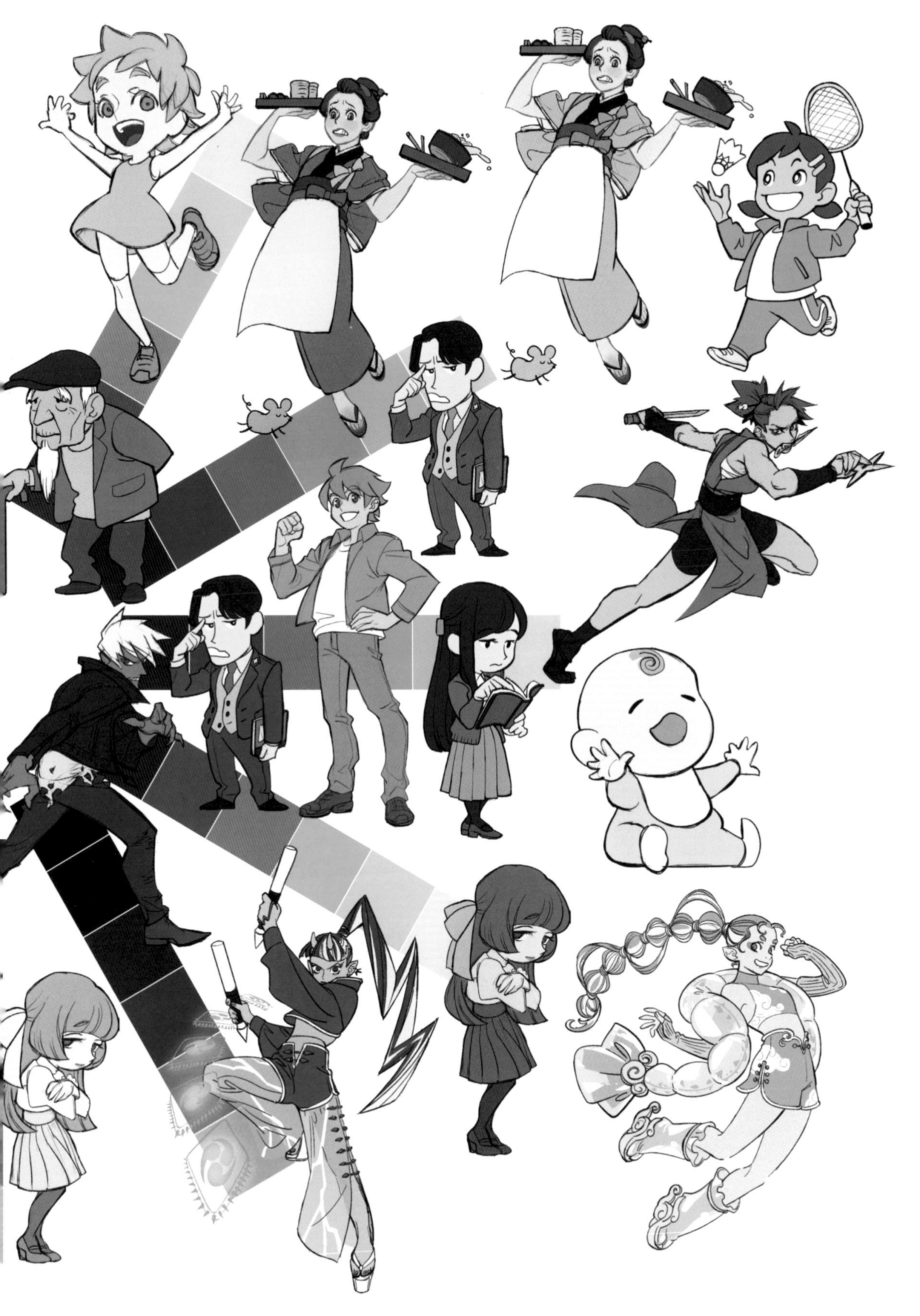

色彩的基本

在色彩表現方面，有 5 個當成基本思維的詞彙，請大家多多了解學習，分別是〈有彩色、無彩色〉，以及色彩三要素〈明度〉、〈彩度〉、〈色相〉。

有彩色／無彩色

世界上所有的色彩可以分成有色調的「有彩色」，以及無色調的「無彩色」。

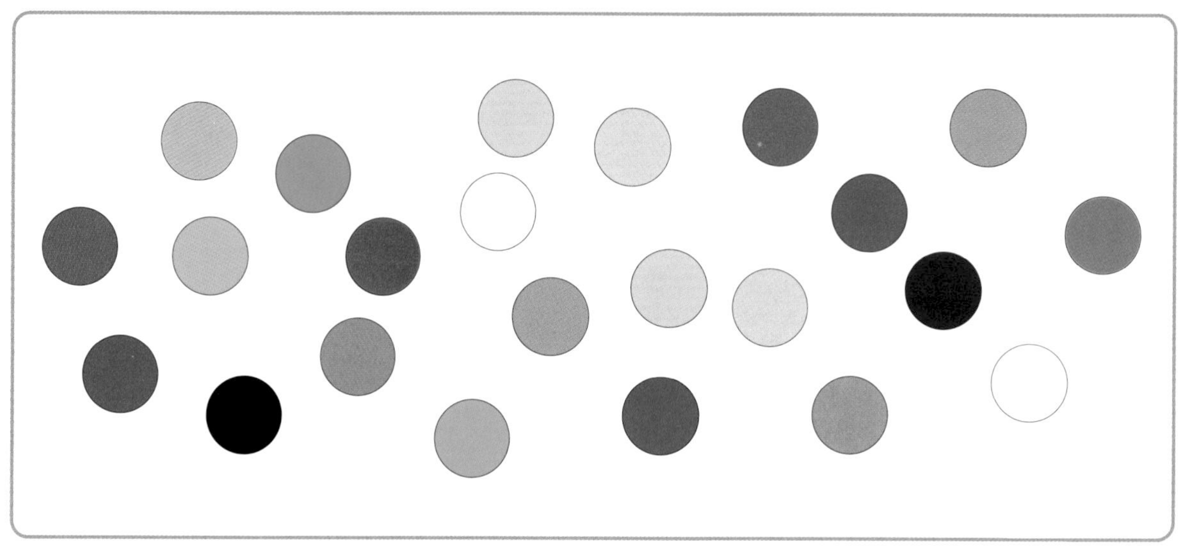

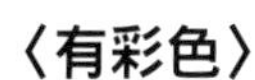

〈有彩色〉

〈無彩色〉

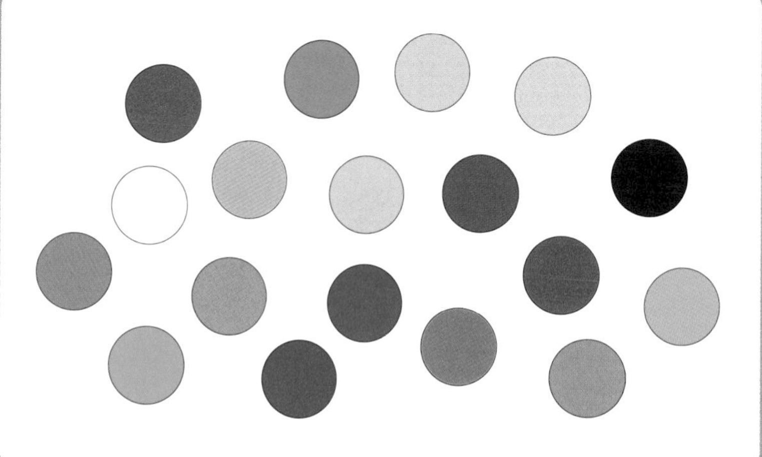

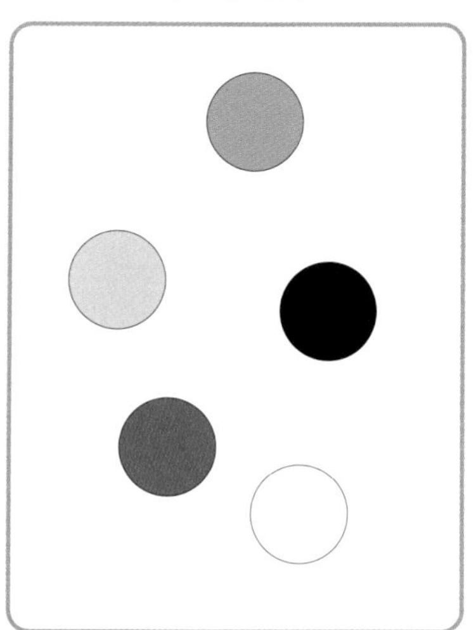

不論多淡或多暗的色彩，只要「有色調」即是有彩色。而黑、白、灰則是無彩色。

色彩三要素 1 明度

明度是指色彩的明亮程度。不論有彩色和無彩色都適用。

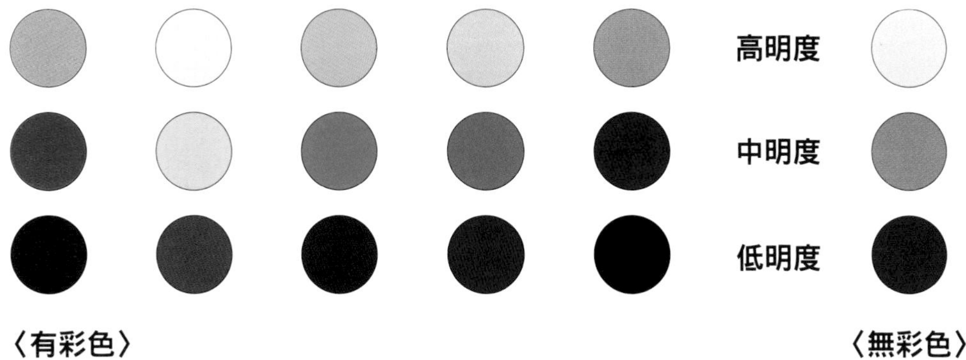

越接近白色的高明度色彩，感覺越亮越輕，越接近黑色的低明度色彩，感覺越暗越重。

色彩三要素 2 彩度

彩度是指色彩的鮮豔程度。只用於有彩色，無彩色無鮮豔度。

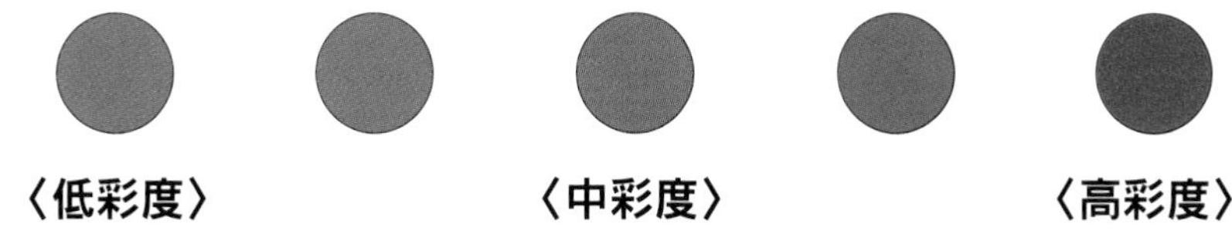

色彩的彩度越低感覺越樸質單純，色彩的彩度越高感覺越鮮豔華麗。

色彩三要素 3 色相

色相是指「紅色、黃色、綠色、藍色、紫色」等**色彩的種類**。以下將介紹這 5 種基本色相，以及角色設計經常使用的「橘色、黃綠色、藍綠色、粉紅色」，並且套入RGB值來說明這 9 種色相。另外，每種色相還會分別列出混合了白色的 3 種顏色，以及混合了灰色和黑色的 4 種顏色，共計會呈現 7 種顏色。這些稱為「同色相」。**利用同一色相的配色則稱為「同色相配色」，因為很容易營造出色調一致的印象，所以相當方便好用**。

圖示說明

在原色相混入白色的顏色（明亮輕淡的感覺）　　混入灰色或黑色的顏色（安穩沉重的感覺）

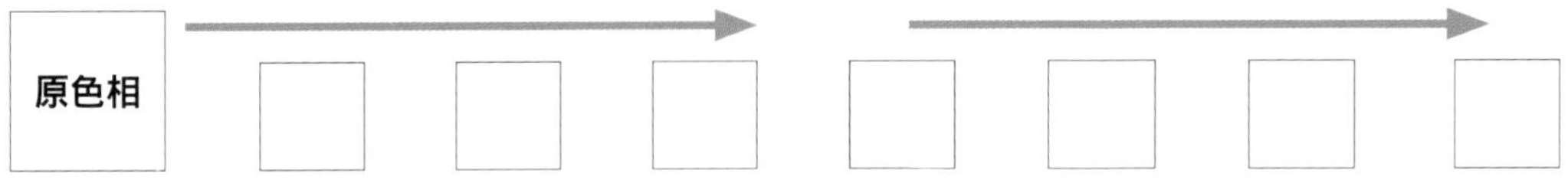

紅色系同色相／（與角色形象相關的詞彙）

熱情、熱血、充滿能量、生命力、活力、火熱、興奮、積極、生氣、鬥爭、攻擊、火焰、血液

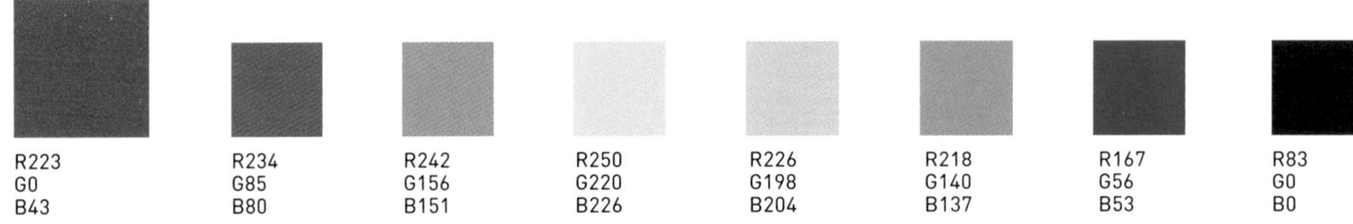

橘色系同色相／（與角色形象相關的詞彙）

活潑、動能、歡樂、開朗、親切、柔和、溫暖、平實、太陽、所有食物

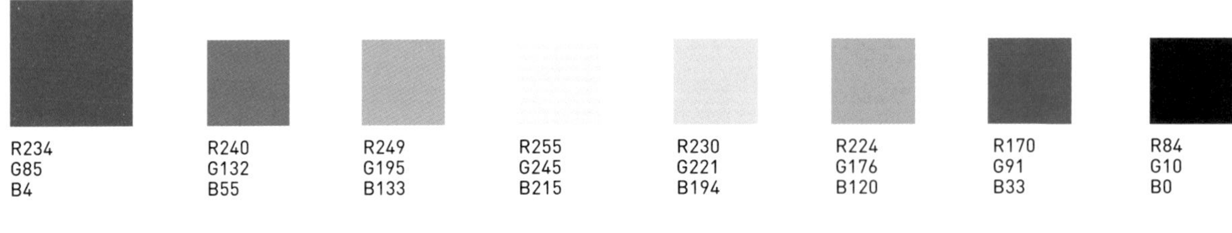

黃色系同色相／（與角色形象相關的詞彙）

愉快、快樂、流行、開闊、好奇、創意、閃耀、亮光、注意、警告

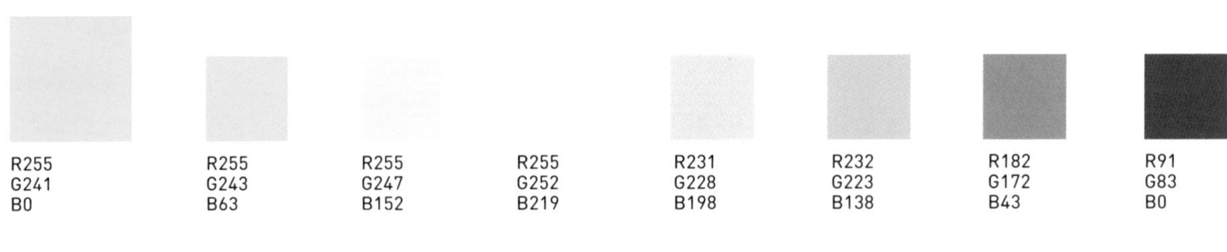

黃綠色系同色相／（與角色形象相關的詞彙）

純真、青春、生氣盎然、嫩芽、新鮮、未來、促進成長

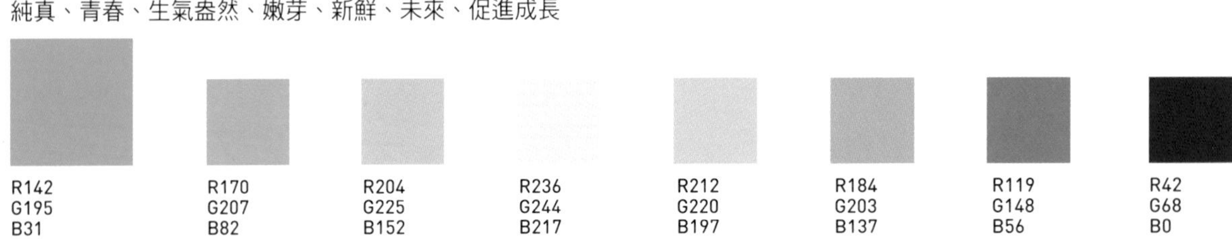

綠色系同色相／（與角色形象相關的詞彙）

信任、公平、安心、和平、認真、悠閒、沉著、協調、健康、成長、鬱鬱蔥蔥、自然

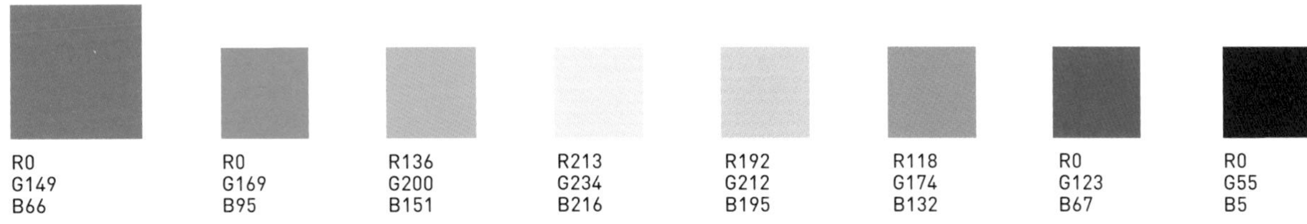

R0 G149 B66	R0 G169 B95	R136 G200 B151	R213 G234 B216	R192 G212 B195	R118 G174 B132	R0 G123 B67	R0 G55 B5

藍綠色系同色相／（與角色形象相關的詞彙）

有活力、清爽、流動、創新、獨立、自由、開闊、大海、湖泊

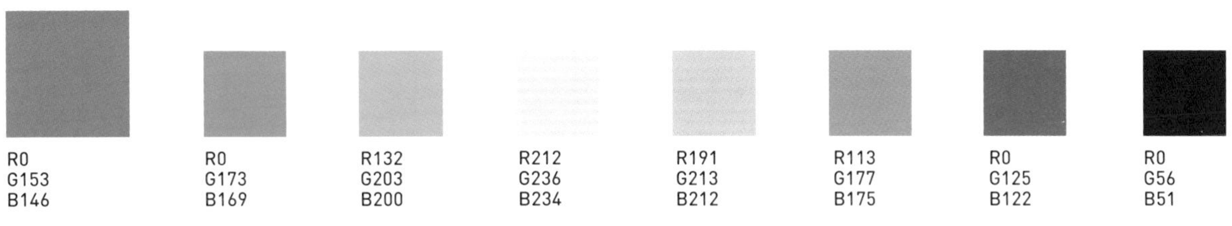

R0 G153 B146	R0 G173 B169	R132 G203 B200	R212 G236 B234	R191 G213 B212	R113 G177 B175	R0 G125 B122	R0 G56 B51

藍色系同色相／（與角色形象相關的詞彙）

冷酷、清爽、冷靜、知性、誠實、乾淨、冷淡、悲傷、內向、消極、天空、海洋、水

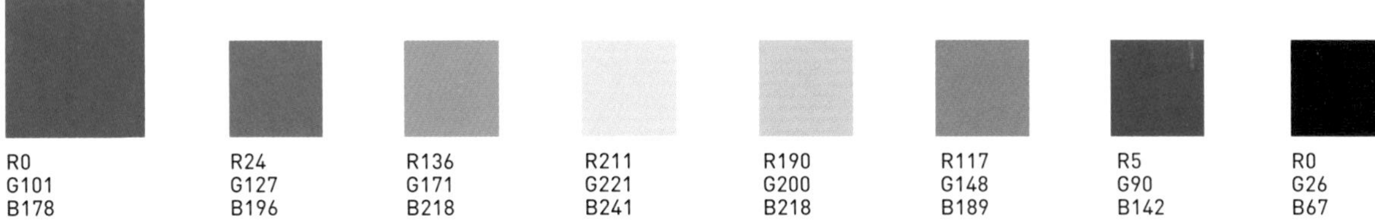

R0 G101 B178	R24 G127 B196	R136 G171 B218	R211 G221 B241	R190 G200 B218	R117 G148 B189	R5 G90 B142	R0 G26 B67

紫色系同色相／（與角色形象相關的詞彙）

端莊、厚重、典雅、高貴、懸疑、妖豔、神秘、藝術、情緒不穩、占卜、魔法

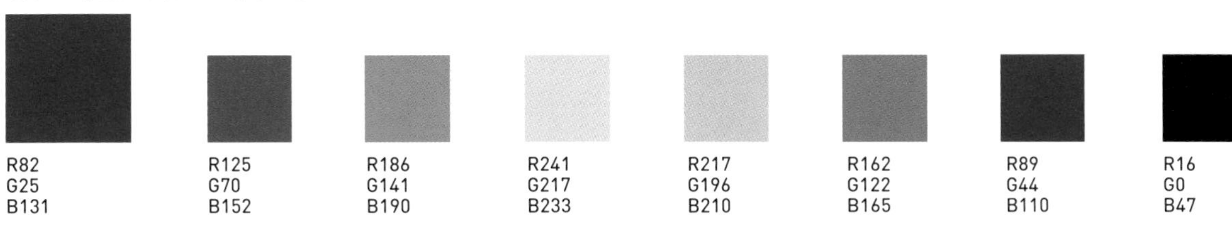

R82 G25 B131	R125 G70 B152	R186 G141 B190	R241 G217 B233	R217 G196 B210	R162 G122 B165	R89 G44 B110	R16 G0 B47

粉紅色系同色相／（與角色形象相關的詞彙）

愛、柔和、幸福、優雅、母性、嬰兒、療癒、撒嬌、依賴

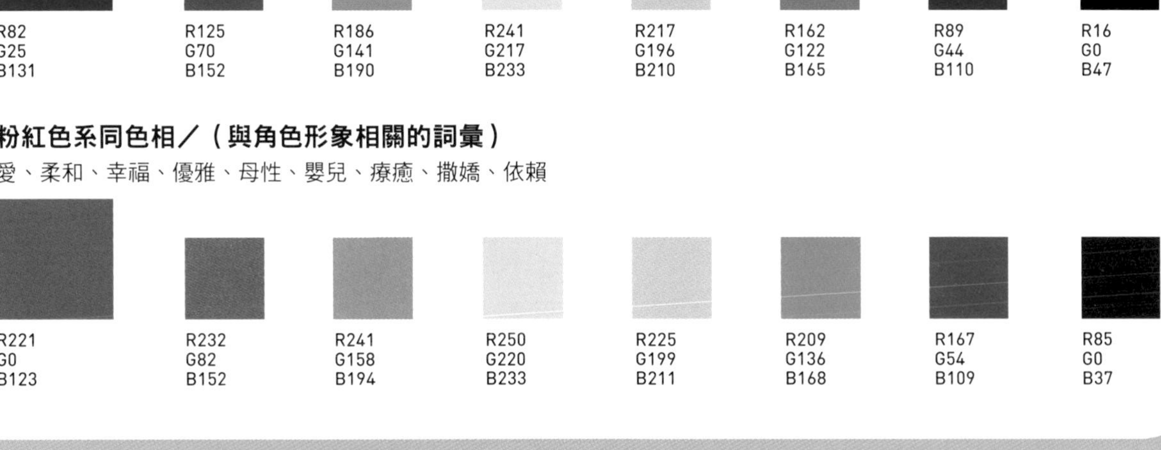

R221 G0 B123	R232 G82 B152	R241 G158 B194	R250 G220 B233	R225 G199 B211	R209 G136 B168	R167 G54 B109	R85 G0 B37

了解配色方法

配色方法① 運用色彩的心理效應

除了色相之外，色彩也會因為搭配組合影響人的情緒感受。以下將介紹 4 種可用於角色設計時的色彩心理效應。

冷暖感 與〈色相〉有關

藍色系給人寒冷的印象，紅色系給人溫熱的印象。若分別使用在冷靜的角色和熱血的角色，就可以更加表現出角色內在的個性。

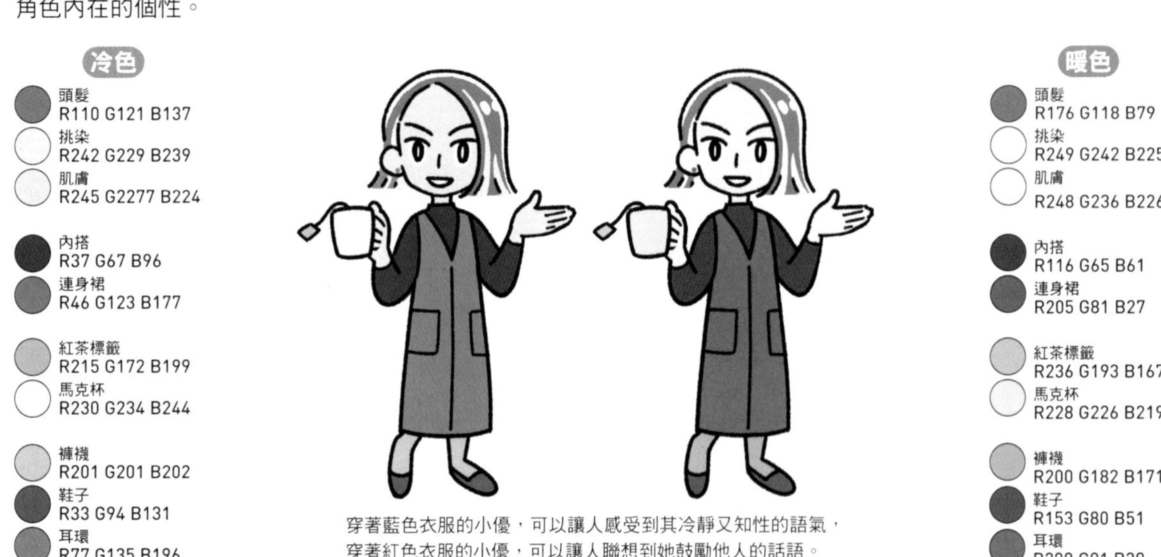

穿著藍色衣服的小優，可以讓人感受到其冷靜又知性的語氣，
穿著紅色衣服的小優，可以讓人聯想到她鼓勵他人的話語。

輕重感 與〈明度〉有關

明度高的色彩給人輕盈的感覺，明度低的色彩給人厚重的感覺，可以表現出角色的輕重程度，例如在幼兒身上使用淡色系，在肌肉發達的男性身上使用深色系。

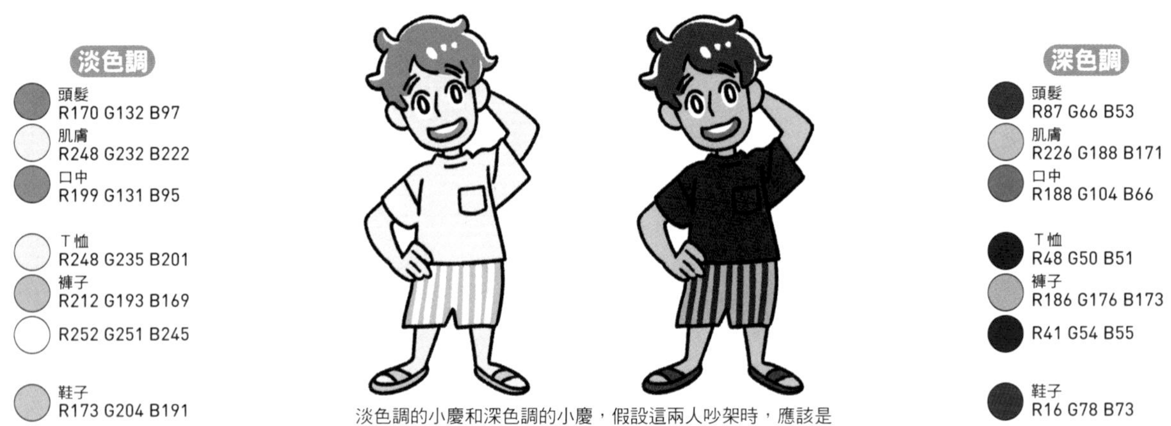

淡色調的小慶和深色調的小慶，假設這兩人吵架時，應該是
右邊小慶的拳頭較硬吧！

軟硬感 與〈色相〉和〈明度〉有關

冷色系加低明度的色彩給人堅硬的感覺，暖色系加高明度的色彩給人柔軟的感覺。
這樣可以分別表現嚴守規律的角色，以及溫柔和藹的角色。

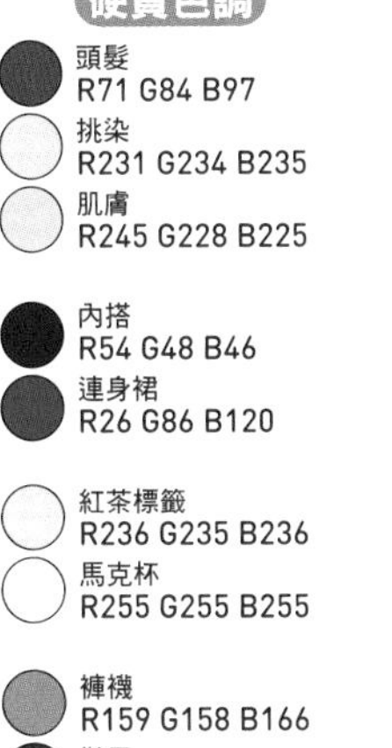

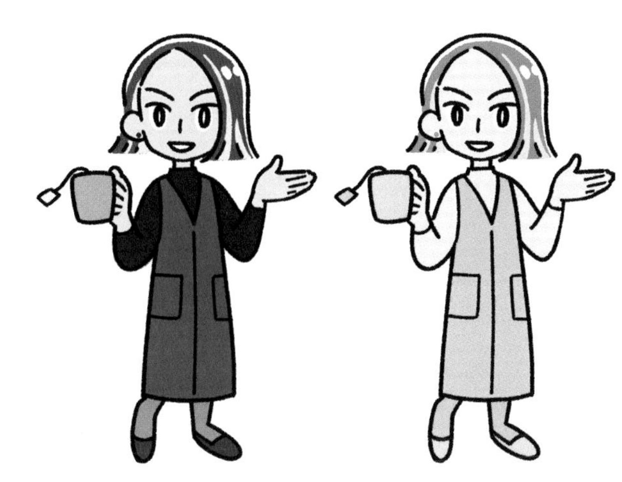

穿著深藍色衣服的小優屬於管理類型的人物，維持秩序與規律。
穿著淡粉紅色衣服的小優則給人寬厚包容的感覺。

軟質色調

頭髮
R173 G147 B128
挑染
R248 G228 B205
肌膚
R248 G236 B226

內搭
R248 G238 B213
連身裙
R234 G201 B200

紅茶標籤
R234 G201 B200
馬克杯
R221 G225 B198

褲襪
R215 G209 B199
鞋子
R216 G224 B183
耳環
R210 G137 B137

華麗樸素感 與〈彩度〉和〈明度〉有關

高彩度加上互補色的組合給人華麗感，若是低彩度則給人樸素的印象。
這樣可以分別表現歡樂華麗的角色，以及成熟、重視私人時間的角色。

華麗色調

頭髮
R198 G38 B108
肌膚
R237 G199 B180
口中
R188 G104 B66

T恤
R54 G169 B167
褲子
R92 G78 B69
R255 G255 B255

鞋子
R220 G209 B47

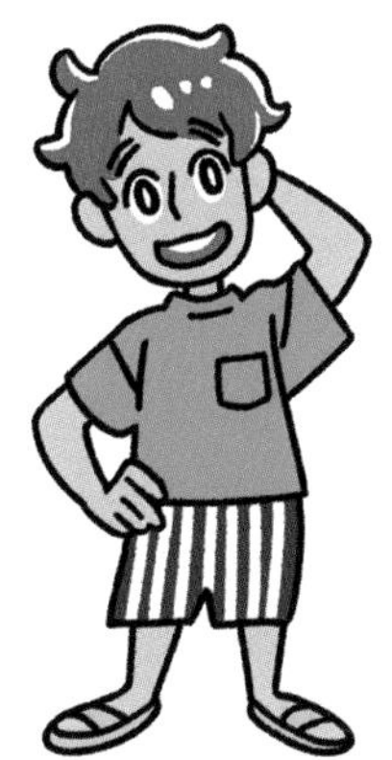

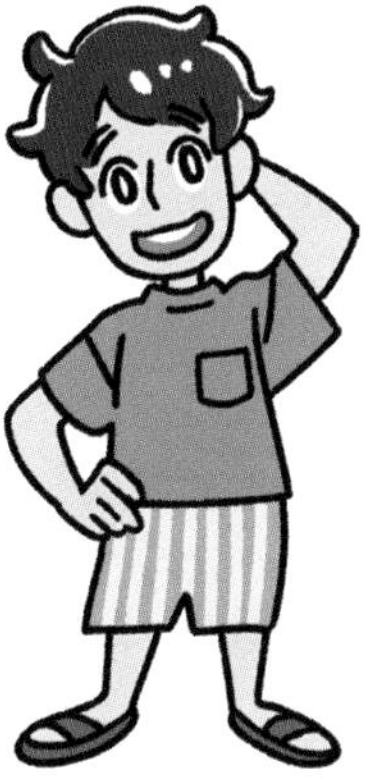

左邊的小慶充滿活力，右邊的小慶給人喜歡聽古典落語的古樸感。

樸素色調

頭髮
R90 G74 B64
肌膚
R246 G225 B216
口中
R198 G129 B93

T恤
R174 G159 B151
褲子
R191 G183 B181
R240 G236 B234

鞋子
R121 G104 B97

配色方法②　使用黃色基調與藍色基調

還有一種想法是將存在於大自然的色彩分成黃色基調和藍色基調 2 種，再依照這 2 種基調統整配色，就會呈現協調的色彩。以下就利用這種想法運用在角色設計中。

黃色基調的特徵

主要是帶黃色調的色彩和暖色系的色彩，給人溫暖的感覺。適合喜歡社交、活潑、敦厚、溫柔、自然的角色。

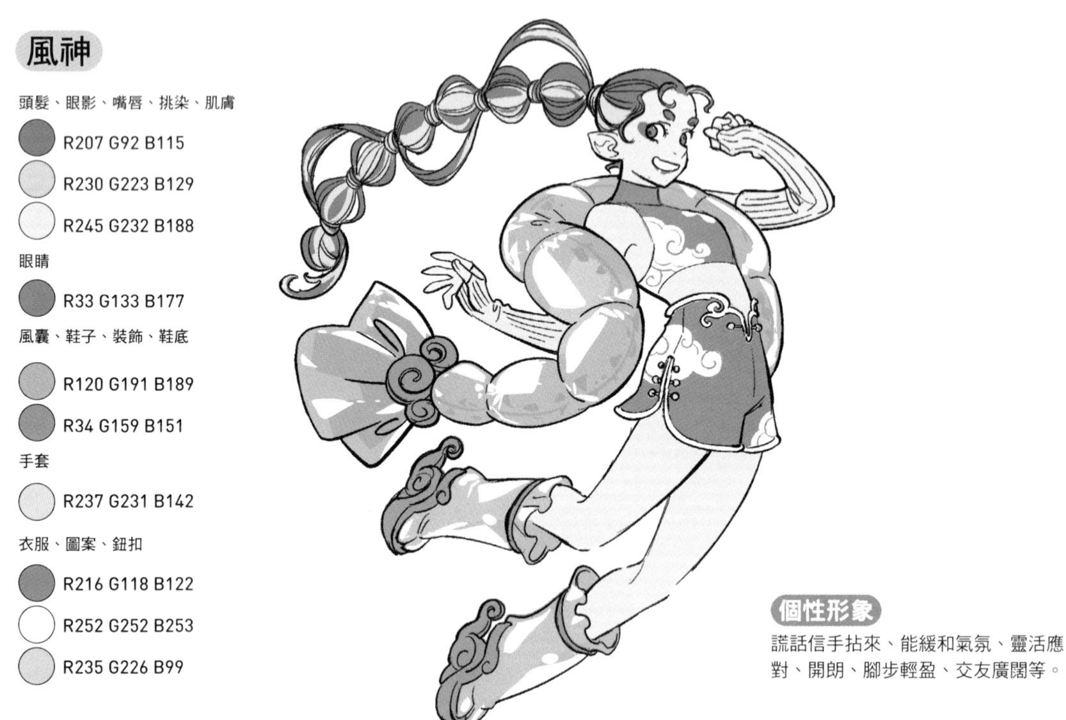

可用於黃色基調的調色盤

擁有黃色基調特徵的調色盤，黃色、橘色和綠色的暖色系組合。色彩帶來一種溫暖的感覺，讓人聯想到新鮮的維他命色彩、藍天灑落溫暖陽光、豐收秋天裡的成熟蔬果。也很適合搭配原色、米色系、棕色、卡其色和金色系

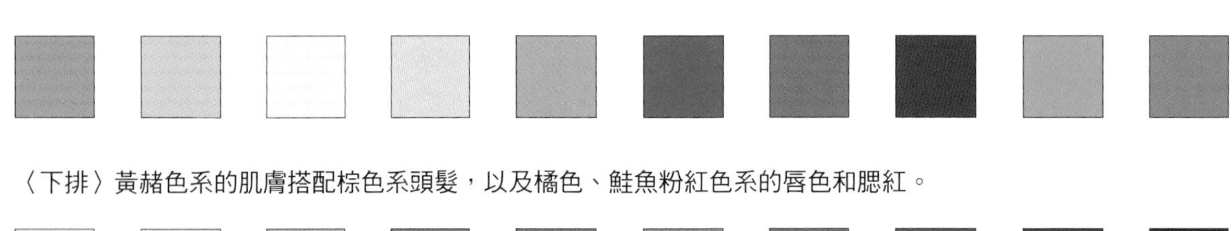

〈下排〉黃赭色系的肌膚搭配棕色系頭髮，以及橘色、鮭魚粉紅色系的唇色和腮紅。

※關於每種調色盤

每種調色盤都有黃色基調和藍色基調的部分，會有適合黃色調調色盤的紫色和藍色，也會有適合藍色調調色盤的黃色等，但是因為篇幅的關係所以並未列出。

藍色基調的特徵

主要是帶藍色調的色彩和冷色系的色彩，給人寒冷的感覺。
適合內向、認真、冷靜、都會類型的角色。

雷神

頭髮、鞋子、手、挑染、肌膚

- R98 G43 B127
- R223 G227 B236
- R186 G188 B217

眼睛、眼影、唇色、指甲、滾邊、扣飾、手上的裝飾

- R155 G21 B106
- R198 G35 B118

衣服、滾邊、木屐、雷紋、槌子、手把

- R18 G77 B141
- R255 G255 B255
- R40 G32 B65

褲子

- R196 G201 B217

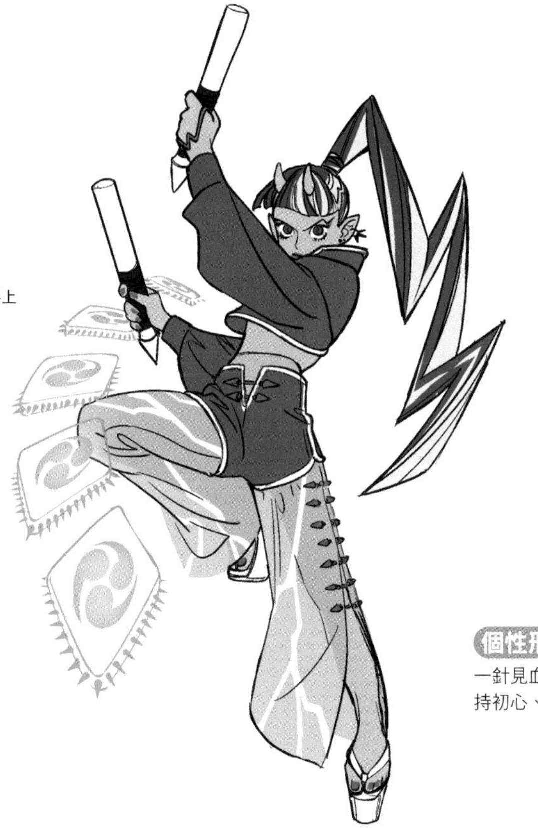

個性形象

一針見血、空氣凝結、意志強烈、堅持初心、執著、朋友不多等。

可用於藍色基調的調色盤

擁有藍色基調特徵的調色盤，藍色、紫色、偏藍的粉紅色和紅色的冷色系組合。色彩給人冷靜的感覺，讓人聯想到漸層紫陽花、梅雨時節的霧氣、隆冬銀白世界的冰冷色調。也很適合搭配灰、白、黑的單色調和銀色系，若留意對比表現，就會加強冷峻的感覺。

        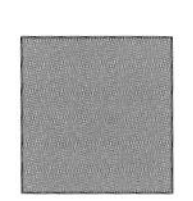 

〈下排〉粉紅赭色系的肌膚搭配黑色或灰色系頭髮，以及粉紅色、薰衣草色、紅色、酒紅色系的唇色和腮紅。

 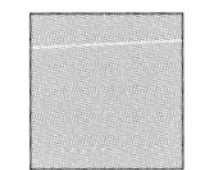   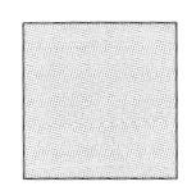  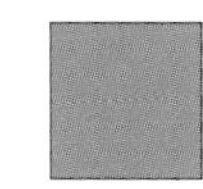 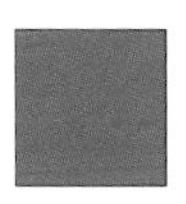  

配色方法③　用相同特徵的色彩彙整

配合角色的個性形象，選擇P.142～P.143的色相。

一如熱血角色使用「紅色系色相」，神秘角色使用「紫色系色相」的原則，先整體塗上〈同色相配色〉，就可以快速統整色調。

先試著像這樣塗上「基本色彩」。

同色相配色的特徵

可以更加強調每種色相的含意，也可以讓配色一致。

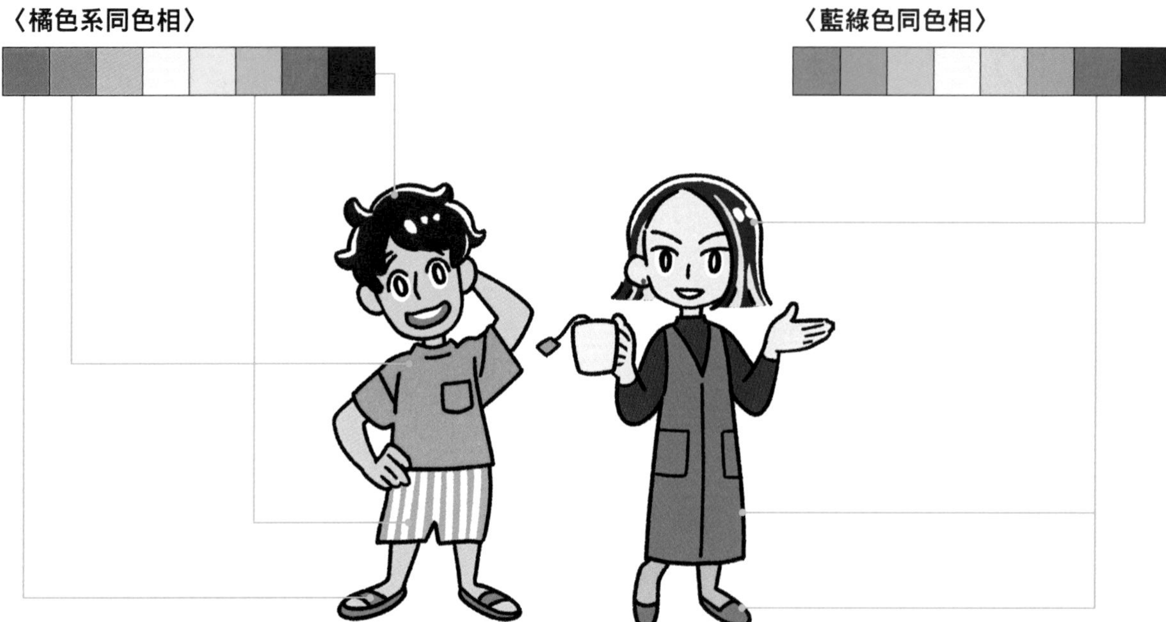

①開朗爽快的小慶為橘色系色相，穩重聰明的小優為藍綠色系色相。膚色部分，小慶為黃色（黃赭色系），小優為帶藍色調的粉紅色。

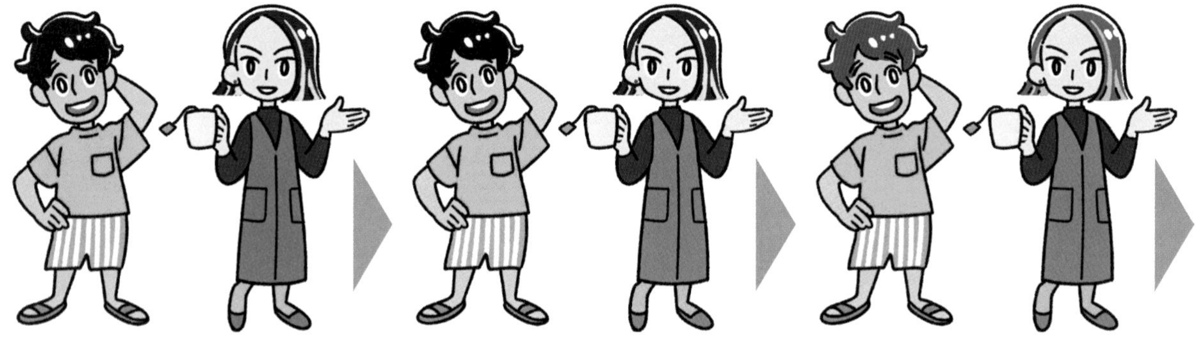

②小慶形象親切，所以改成黃色系色相。因為都是吸引視線的色彩，為了避免色調過於明亮，將褲子和鞋子的色彩改為沉穩色彩。

③為了和小慶形成對比，小優的連身裙和鞋子偏藍色調。利用偏藍色的色調，以色彩表現小優的冷靜個性。

④提升髮色的彩度和明度，讓臉部周圍顯得更有精神。

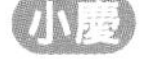

小慶

- 頭髮 R132 G71 B38
- 肌膚 R237 G199 B180
- 口中 R188 G104 B66
- T恤 R230 G178 B68
- 褲子 R188 G172 B152
- R249 G244 B230
- 鞋子 R79 G126 B73

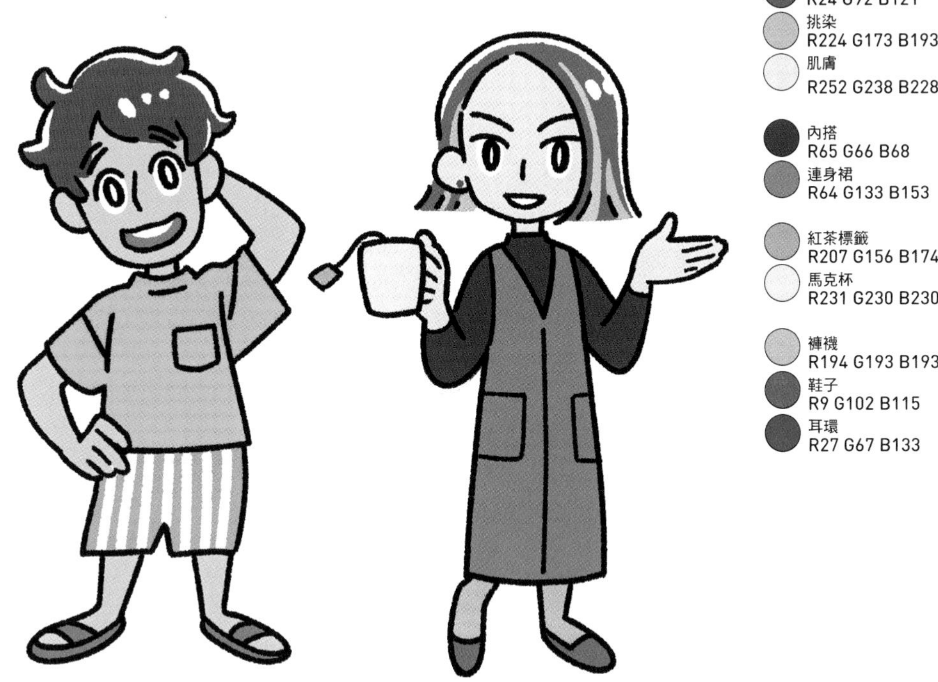

小優

- 頭髮 R24 G92 B121
- 挑染 R224 G173 B193
- 肌膚 R252 G238 B228
- 內搭 R65 G66 B68
- 連身裙 R64 G133 B153
- 紅茶標籤 R207 G156 B174
- 馬克杯 R231 G230 B230
- 褲襪 R194 G193 B193
- 鞋子 R9 G102 B115
- 耳環 R27 G67 B133

⑥小優的肌膚和挑染的前面稍微調亮，調整杯子和紅茶標籤的色調，基本色彩即完成。

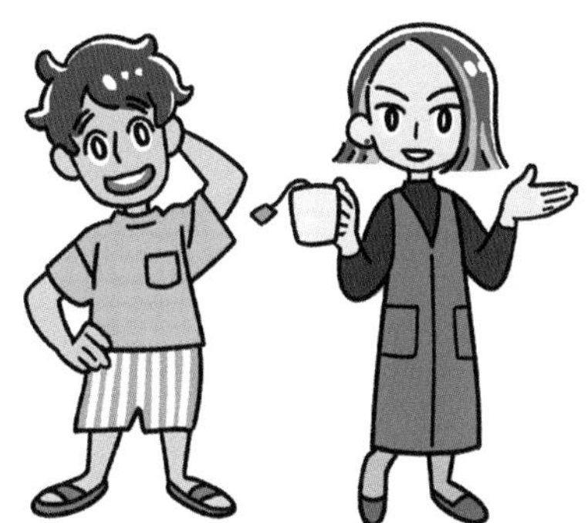

⑤降低鞋子的明度，營造重心。

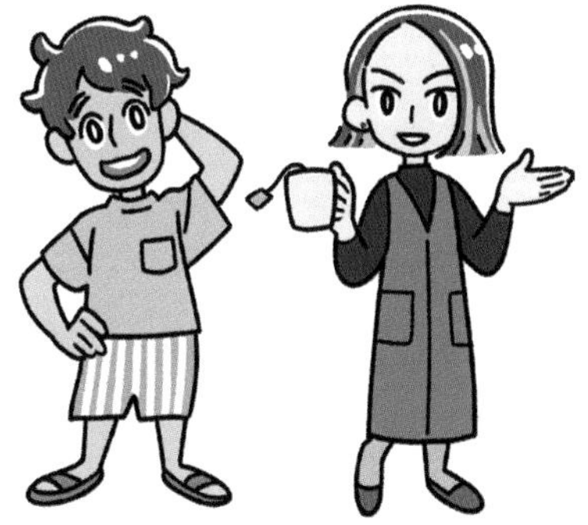

小慶以中明度上色，因此對比不明顯，用高彩度的服裝加以調整。

6 配色與設計

了解自己喜歡的色彩組合

高明度

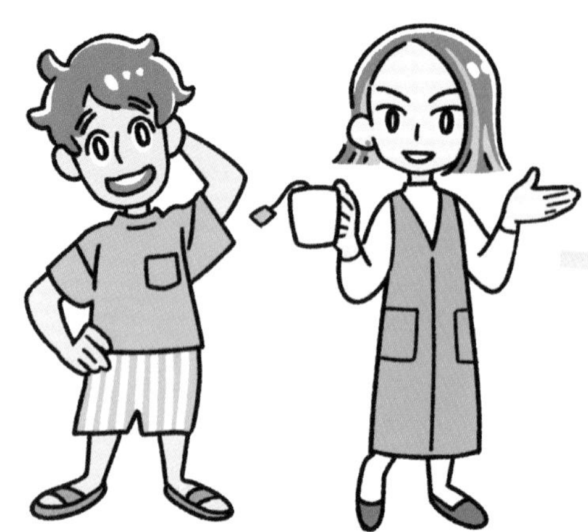

柔和色調和明亮色調的共通點是高明度。
不論哪一種色調都給人輕盈的感覺。

（高明度／低彩度）柔和色調

柔和色調和暗沉色調的共通點是低彩度。
不論哪一種色調都給人沉穩的感覺。

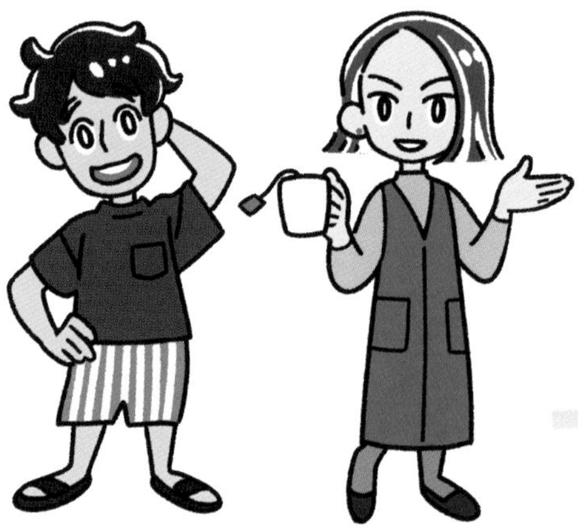

（低・中明度／低・中彩度）暗沉色調

低中明度

（縱軸）明度軸　越往上色彩越明亮。

低彩度　中彩度

（橫軸）彩度軸　越往右色彩越鮮豔。

以前一頁的配色「基本」為基礎，以 5 種色彩配色，介紹以下 5 種色彩配色範例。每一個都是以縱軸為明度軸，以橫軸為彩度軸。首先做出一個自己喜歡的色組，接著以虛線連結有共通點的色彩配色。一點一點擴展「喜歡的範圍」，就可以增加表現的類型。

（高明度／中・高彩度）明亮色調

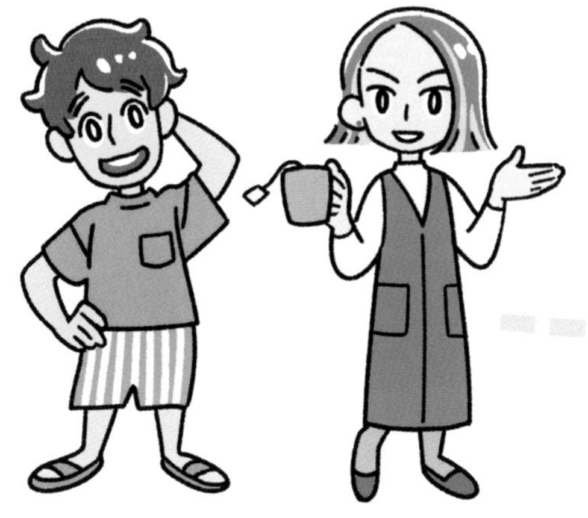

明亮色調和霓虹色調的共通點是高明度。因為彩度也很高，所以會給人年輕有活力的感覺。

（中・高明度／高彩度）霓虹色調

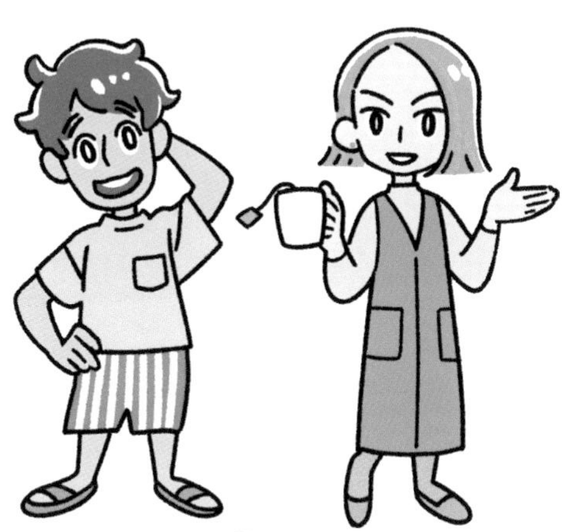

霓虹色調和鮮豔色調的共通點是高彩度。不論哪一種色調都給人鮮明的感覺。

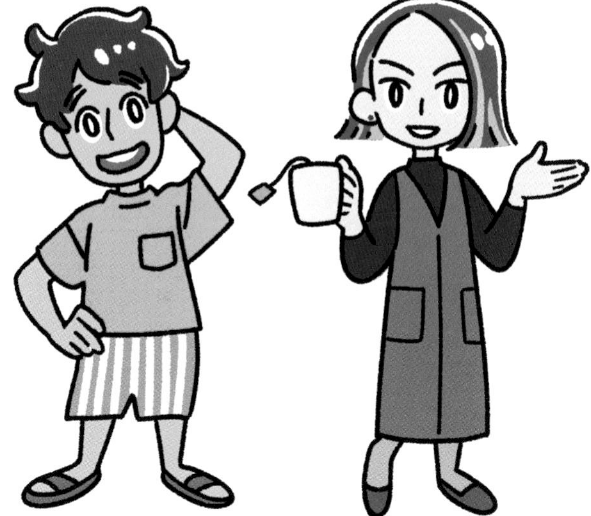

（中明度／中・高彩度）基本色調

暗沉色調和鮮豔色調的共通點是中彩度。因為彩度清晰，所以不論哪一種色調都給人力量強大的感覺。

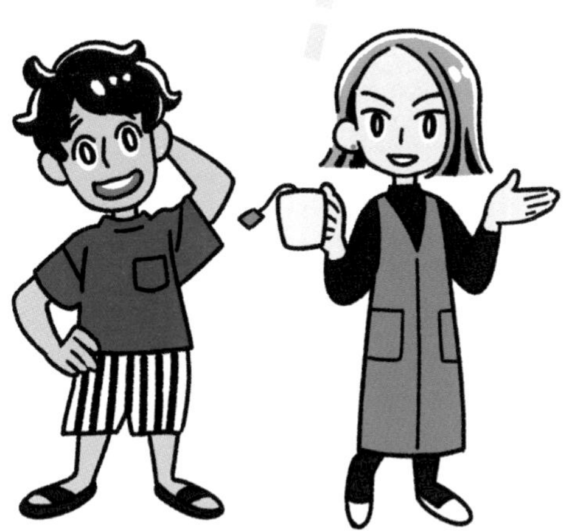

（中明度／高彩度）鮮豔色調

高彩度

高明度的色組

「明亮色調」和「柔和色調」的共通點為高明度。不論哪一種色調都可以給人輕盈的印象。若結合各組的色彩特徵，就可以更容易表達故事。

明亮色調的特徵

特徵是明亮鮮豔。可輕鬆營造出新鮮靈活的形象，適用於「青春類型」、「少女漫畫類型」的故事，很適合可愛風格的設計

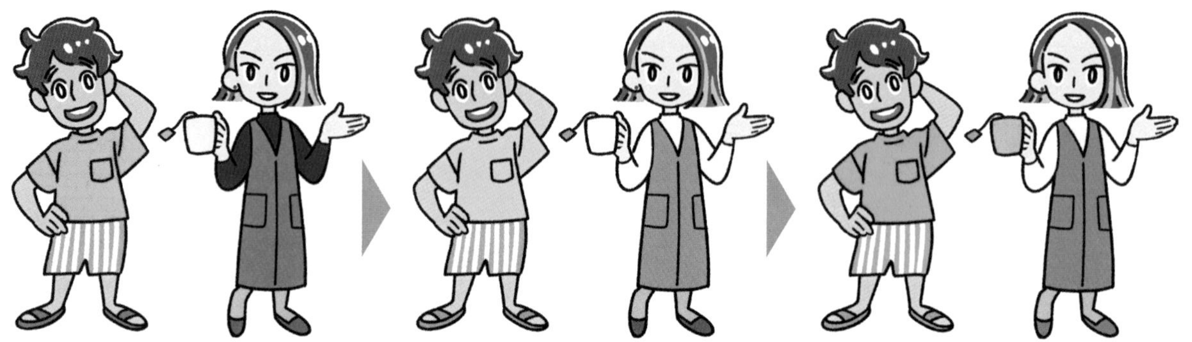

①從基本色彩開始漸漸調高明度。

②調高衣服的彩度和明度，調淡內搭色調，鞋子等則調整成不會顯髒的色彩。

③因為想表現華麗感，所以調高彩度，並且增加色相。小慶為橘色加鮮黃綠色，小優為藍色加紫色。

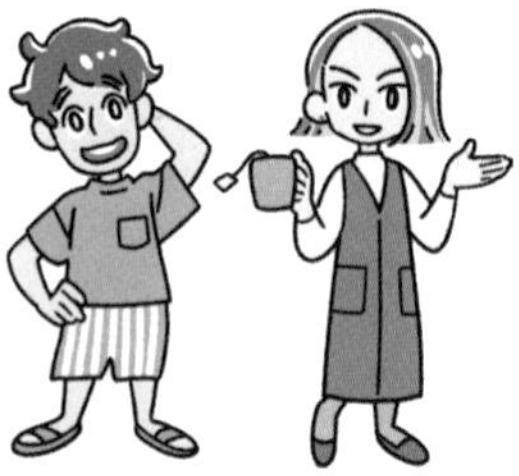

可以利用色相讓對比產生變化。

小慶

- 頭髮 R152 G100 B51
- 肌膚 R243 G221 B212
- 口中 R188 G112 B74
- T恤 R228 G159 B130
- 褲子 R155 G181 B90
- R249 G244 B90
- 鞋子 R137 G173 B119

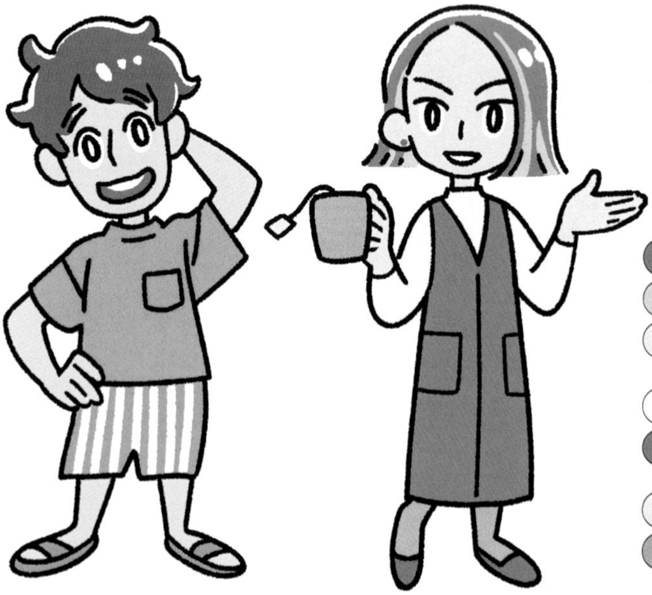

小優

- 頭髮 R78 G140 B158
- 挑染 R227 G205 B222
- 肌膚 R245 G228 B225
- 內搭 R242 G242 B241
- 連身裙 R87 G133 B167
- 紅茶標籤 R244 G277 B237
- 馬克杯 R194 G166 B198
- 褲襪 R195 G193 B192
- 鞋子 R156 G92 B146
- 耳環 R161 G104 B158

④髮色和膚色也一起調淡。再微調紅茶標籤、耳環和挑染髮色等即完成。

柔和色調的特徵

明亮但彩度低，色彩組合的對比最不明顯，可以給人溫順素雅的感覺，適用於「回憶場景」、「朦朧微亮」以及「和風」的設計。

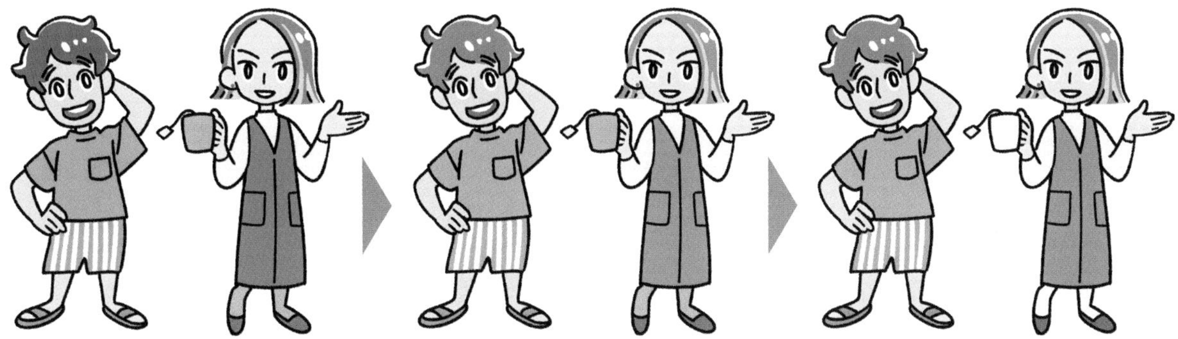

①從明亮色彩開始，漸漸降低彩度，呈現穩重的樣子。

②提升衣服和頭髮的明度，訣竅是不要添加太多的對比表現。

③鞋子和馬克杯也提高明度，降低彩度。如果減少色相並且融入灰色，就會給人更柔和的感覺。

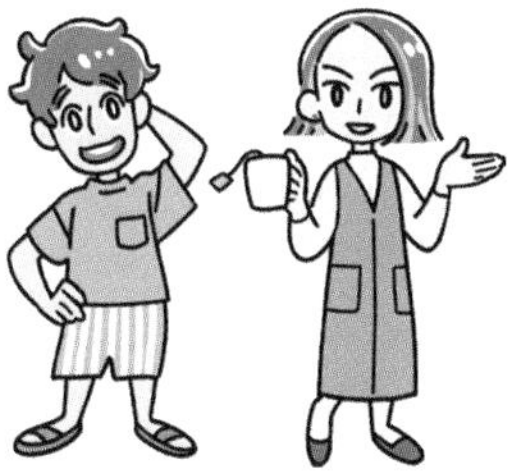

因為對比不明顯，建議設計時要加強輪廓線。

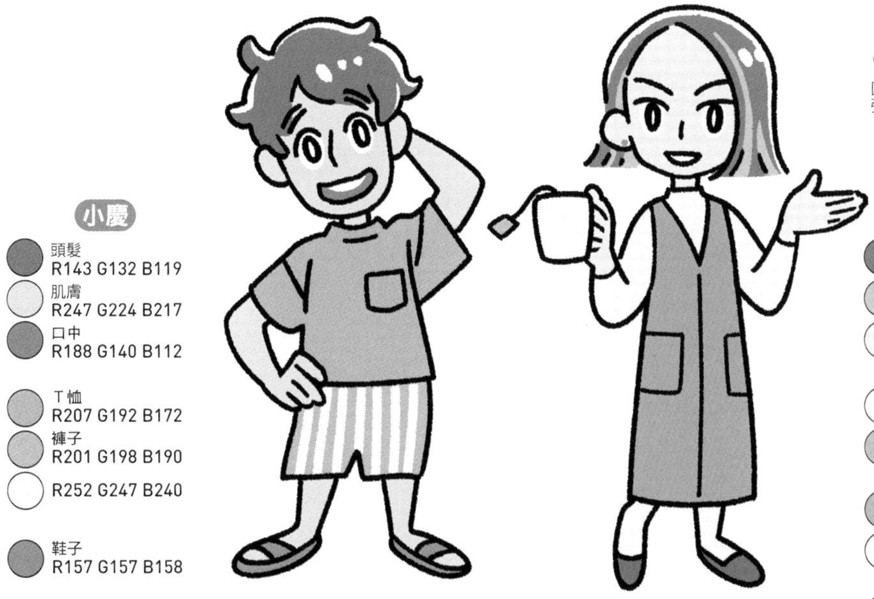

小慶

- 頭髮 R143 G132 B119
- 肌膚 R247 G224 B217
- 口中 R188 G140 B112
- T恤 R207 G192 B172
- 褲子 R201 G198 B190
- R252 G247 B240
- 鞋子 R157 G157 B158

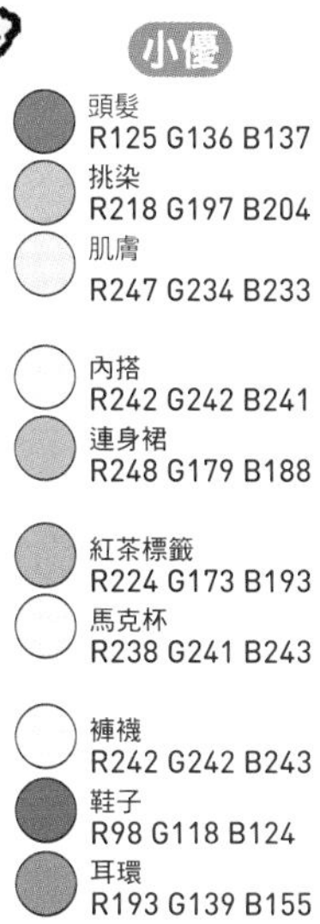

小優

- 頭髮 R125 G136 B137
- 挑染 R218 G197 B204
- 肌膚 R247 G234 B233
- 內搭 R242 G242 B241
- 連身裙 R248 G179 B188
- 紅茶標籤 R224 G173 B193
- 馬克杯 R238 G241 B243
- 褲襪 R242 G242 B243
- 鞋子 R98 G118 B124
- 耳環 R193 G139 B155

④整體微調成灰色調。避免讓小優的連身裙色調顯得太暗，將色彩改成偏綠色的色相。調亮耳環和肌膚的顏色，讓整體色調更協調即完成。

中、高彩度與低明度＆中明度的色組

「鮮豔色調」和「暗沉色調」的共通點為高彩度、低明度＆中明度。給人對比強烈與沉重的感覺。

鮮豔色調的特徵

如果搭配對比最明顯、視覺效果強烈的白×黑，就會給人力量強勁的印象，可用於「少年漫畫」或「格鬥類型」的色彩。

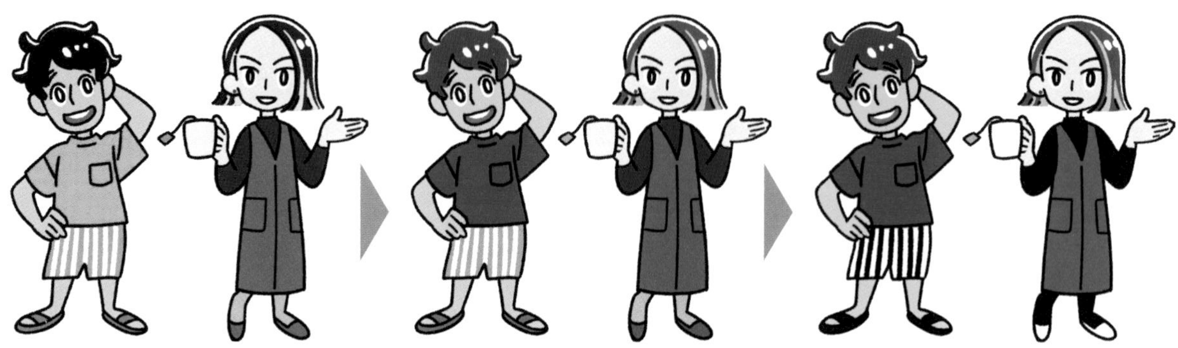

①從基本色彩調整成鮮豔色彩。

②T恤和連身裙大膽使用鮮豔的紅色和藍色的配色。

③黑×白可以更加突顯鮮豔色彩。褲子、內搭和小配件都可用於配色。

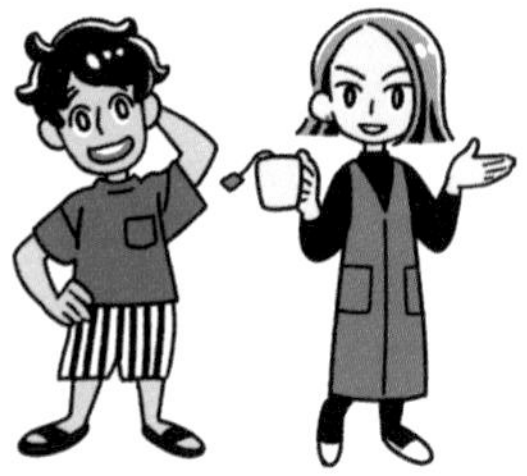

利用黑×白，可以形成對比鮮明的畫面。

小慶

- 頭髮 R37 G32 B14
- 肌膚 R236 G198 B180
- 口中 R188 G111 B74
- T恤 R195 G25 B46
- 褲子 R250 G247 B244
- R11 G6 B7
- 鞋子 R33 G34 B35

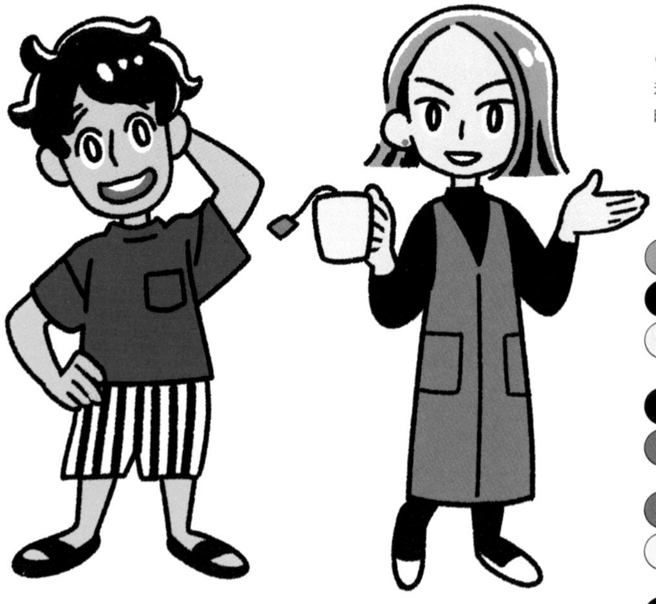

小優

- 頭髮 R152 G166 B185
- 挑染 R11 G6 B7
- 肌膚 R245 G228 B225
- 內搭 R28 G30 B32
- 連身裙 R31 G127 B168
- 紅茶標籤 R31 G127 B168
- 馬克杯 R231 G231 B230
- 褲襪 R33 G34 B35
- 鞋子 R255 G255 B255
- 耳環 R67 G139 B183

④為了突顯鮮豔的服飾，頭髮設計成單色調。提升連身裙的明度，可以讓色彩顯得更加鮮豔。調整膚色、耳環、紅茶標籤的顏色後即完成。

暗沉色調的特徵

維持彩度、降低明度，會給人成熟穩重的「樸素」印象。這樣的色彩很適合運用在「頭身比高」的角色。

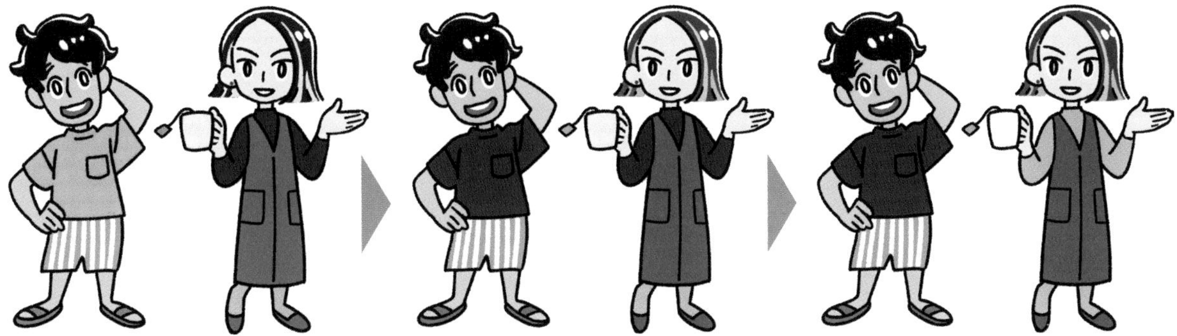

①從基本色彩調整成暗沉色調。

②降低頭髮、T恤和連身裙的彩度，調整成「樸素」的感覺。

③褲子的彩度也降低，但是為了避免過暗，提升了內搭和馬克杯的明度。

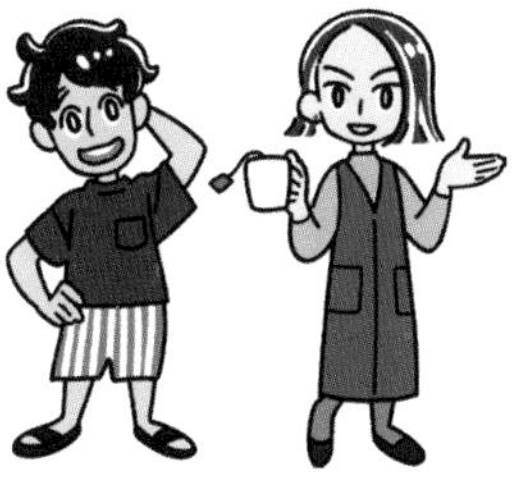

為了呈現對比表現，要調整出明顯的深淺色調。

小慶

頭髮
R52 G36 B33
肌膚
R233 G207 B194
口中
R188 G113 B75

T恤
R85 G75 B53
褲子
R133 G113 B124
R250 G244 B229

鞋子
R31 G41 B21

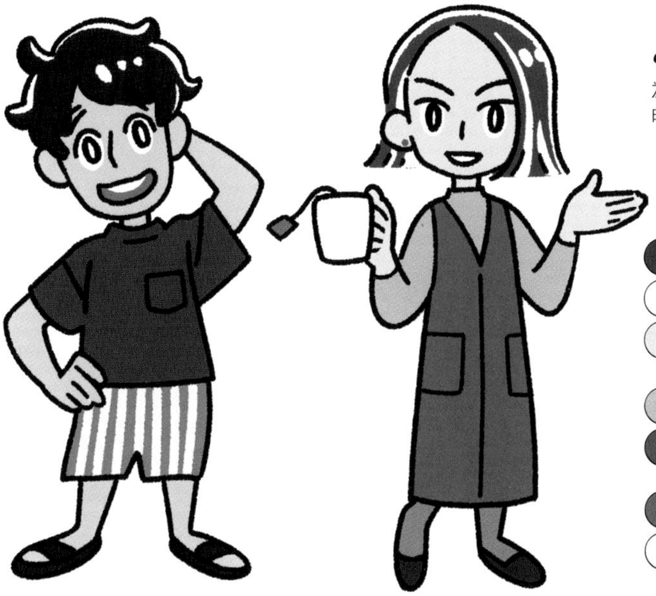

小優

頭髮
R18 G78 B111
挑染
R247 G246 B246
肌膚
R244 G223 B217

內搭
R193 G191 B191
連身裙
R8 G104 B117

紅茶標籤
R145 G99 B1006
馬克杯
R243 G244 B244

褲襪
R139 G139 B137
鞋子
R15 G58 B51
耳環
R50 G109 B123

④調低挑染和肌膚的彩度，但是不要過於樸素。調整鞋子和耳環的色彩後即完成。

高明度與高彩度的色組

「霓虹色調」為高明度且高彩度。透過明顯的對比，可以在輕盈的色調中呈現個性鮮明的印象。

霓虹色調的特徵

使用的色彩鮮豔，讓人聯想到「霓虹燈」。形成「未來感」、「太空感」等脫離現代的未知設計。

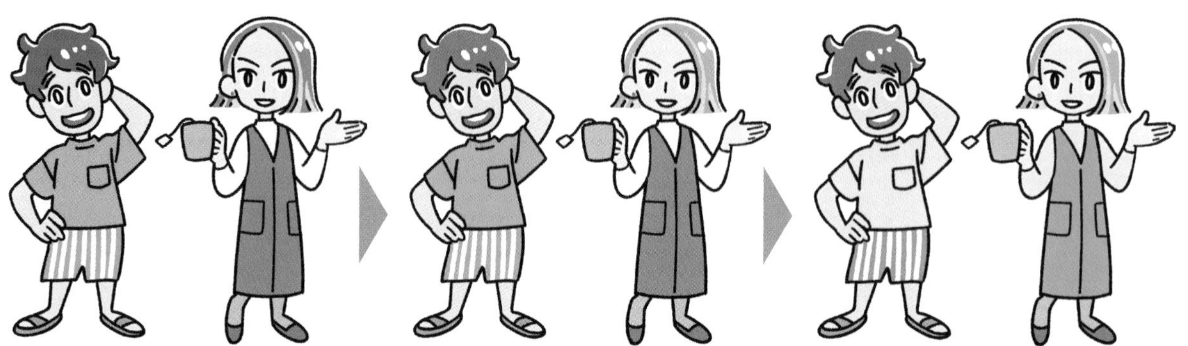

①從明亮色調，調整成霓虹色調。

②將髮色調整成具霓虹色調特徵的高彩度和高明度。

③為了和頭髮形成對比，衣服為冷色調配色，其他服飾則調整成明亮鮮豔的色彩。

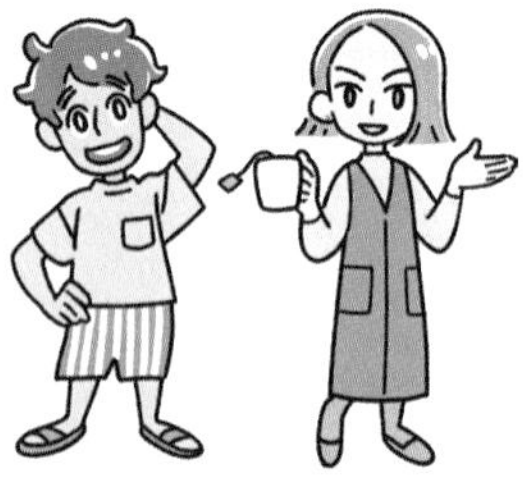

利用色相呈現對比變化。

小慶

- 頭髮 R208 G83 B48
- 肌膚 R244 G212 B193
- 口中 R188 G111 B74
- T恤 R205 G224 B198
- 褲子 R214 G129 B85
- R247 G243 B227
- 鞋子 R137 G173 B119

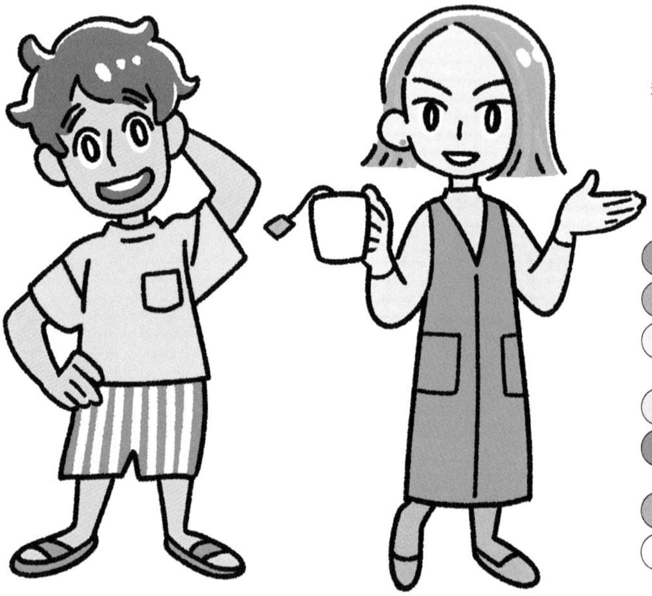

小優

- 頭髮 R95 G177 B182
- 挑染 R219 G162 B190
- 肌膚 R250 G231 B227
- 內搭 R243 G221 B232
- 連身裙 R43 G163 B178
- 紅茶標籤 R219 G162 B190
- 馬克杯 R246 G245 B245
- 褲襪 R195 G195 B192
- 鞋子 R219 G162 B190
- 耳環 R99 G179 B195

④為了避免因為彩度高，色相增加造成視線分散，鞋子、小配件等使用白色或同色相配色。
調亮頭髮挑染、肌膚的色彩，並且調整耳環和紅茶標籤的色調後即完成。

色彩介紹的結語

所謂角色設計的配色是指「即便只有稍微改變『色相、明度、彩度』的對比，也可以感受到力量強大的意志或呈現脆弱與哀傷」。
我覺得色彩最迷人的地方在於「我們可以透過配色，細膩表現角色的個性與心情」。
當可描繪出適合故事的配色時，彷彿賦予了角色生命，似乎能夠與我們對話。

由於本書是為角色設計初學者所寫的內容，我想可能很多人會覺得配色很難，或覺得繪圖或上色的難度很高，甚至有時因為和他人相比而不再繪畫。

這時請走向戶外，感受光線，試著「觀察」。

太陽升起時分、空氣清新霧氣瀰漫之中、正午溫暖日照的朗朗晴空、黃昏太陽西沉的落日時刻、夜深人靜街燈不再的黑暗中。
相同的戶外場景，也會有不同的色調，不同的感受。

在日復一日的生活中，透過感受、「觀察」、「用心感覺」大量的「色彩與光線」，我想你在角色設計的配色將會變得更加豐富。

希望透過配色，能夠讓你的角色設計更加有趣，更加完整有魅力！

2019年秋天，我和本書作者Izucchi一起舉辦了「角色設計講座——傳達你想表現的形象」。

刊登在P.138雙聯頁的角色正是我在這次講座中，請Izucchi全新描繪的角色，這次又重新運用在本書的配色範例中。
而其中的「歡樂女孩」是講座中頻頻出現在許多學生面前的角色，令人印象深刻。

2023年3月　YURI HOSHINO

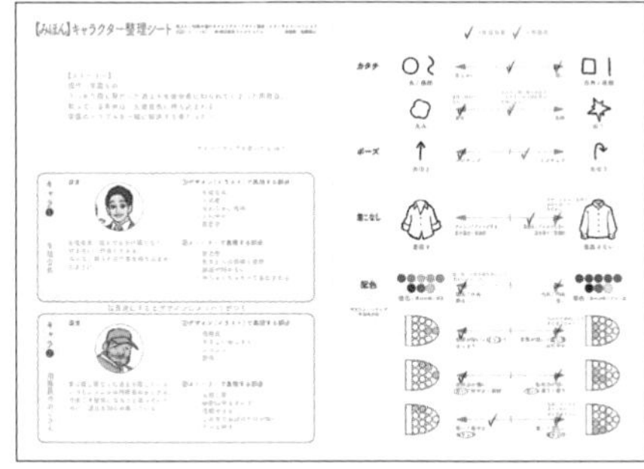

2019年秋天，我和本書作者Izucchi一起舉辦了「角色設計講座——傳達你想表現的形象」，這是大概的內容和使用的資料。

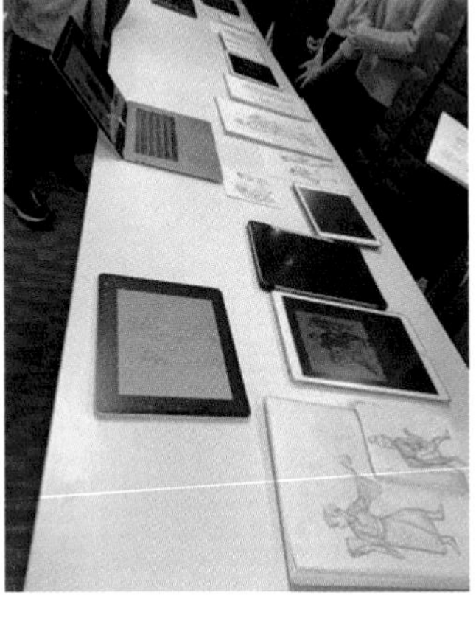

YURI HOSHINO／簡介

1983年生／女子美術大學藝術學部畢業。曾從事DTP設計師、服裝相關工作，之後成為自由設計師。擅長百貨公司活動主題的色彩選定、服裝品牌和食品製作的陳列塗裝、招牌製作。現居住於關東。

彙整

配色是指

- 傳遞角色故事所需的重要元素之一
- 可以只用色彩表現角色特性

傳遞故事的配色

- ①配合故事運用色彩三要素（明度、彩度、色相）
- ②是否容易辨識

配色方法

- ①使用色彩心理效應
- ②使用黃色基調和藍色基調
- ③以相同特徵的色彩彙整

變化的方法

- 利用明度和彩度的變化拓展表現的多樣性
- 高明度色組：給人輕柔的感覺
  明亮色彩、柔和色彩等
- 中明度色組：給人力量強大的感覺
  鮮豔色彩、暗沉色彩等
- 高明度和高彩度色組：透過明顯對比，即便是輕柔色調也能散發個性
  霓虹色彩等

COLUMN

作者推薦書籍⑤

ロゴデザイン・ラブ！
-僕の失敗と成功、みんなの話からわかるブランド・アイデンティティのつくり方
David Airey (著)，鄉司 陽子 (翻譯)
ビー・エヌ・エヌ新社，2011年

這本書可以讓人了解以品牌標誌為基礎的LOGO設計過程。
本書最與眾不同的特色是，「除了範例還刊登了很多實際範例，具體詳細地介紹LOGO設計（包括Fedex等國際企業）的製作過程」。從這本書學到的重要思維是——設計的先決要件是概念。
我在還是新人設計師時閱讀到這本書，之後所有的工作都深受影響，幾乎都會運用到書中所寫的內容。當然連我這次出版的書也不例外。

能夠傳遞故事的
角色設計
從入門者到專業人士
皆適用的
角色設計技巧

第7章　完成設計

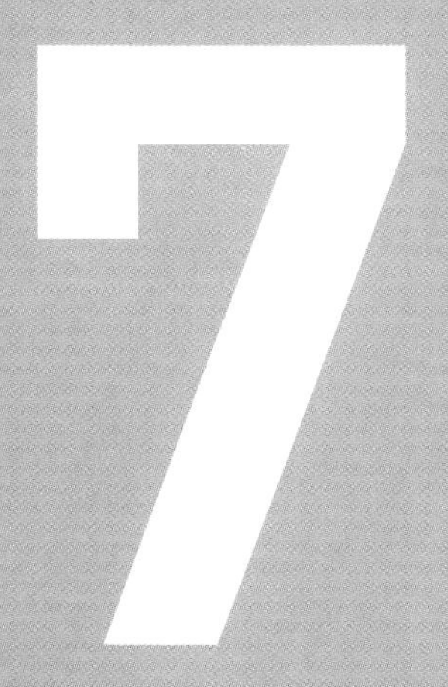

添加姿勢和表情

可以用姿勢和表情傳遞訊息

姿勢和表情是可以直接表現角色人物形象的部分。
因此，姿勢和表情對於表現人物形象的影響相當重要。
請看以下的角色，設計相同，卻變換成不同的姿勢和表情。
只是稍微改變了姿勢和表情，給人的印象就已經如此不同。

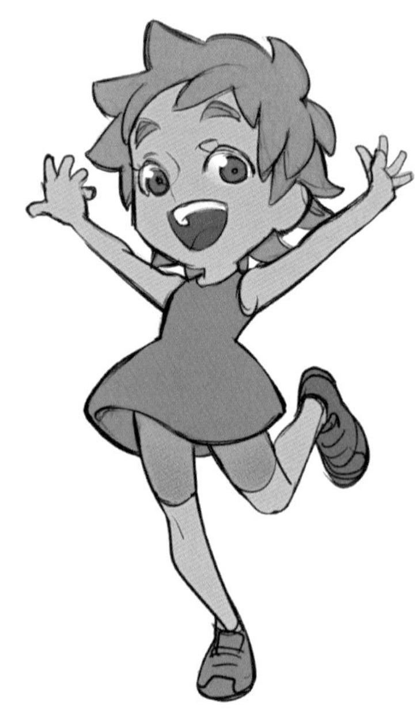

姿勢不同時……

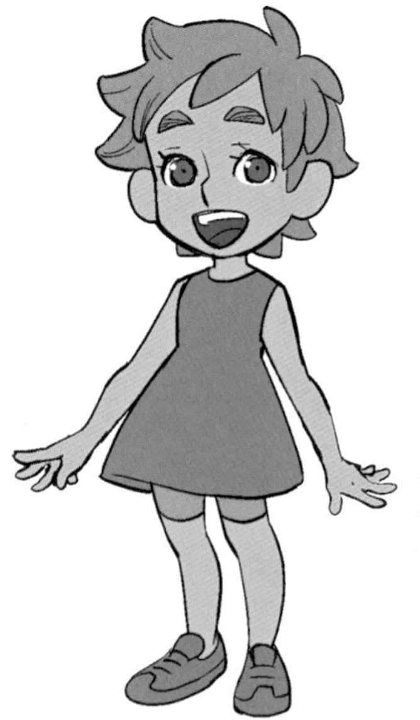

A

依舊開朗，但是感覺開朗的程度降低。

表情不同時……

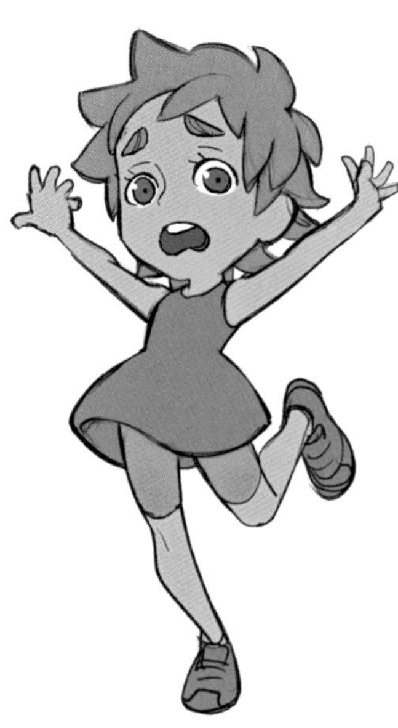

B

好像很慌張，又好像快絆倒的樣子，沒有表現出開朗的樣子。

為了設計符合角色的姿勢和表情

這裡也會運用到優先順序。
只要依照優先順序，就不會有問題。

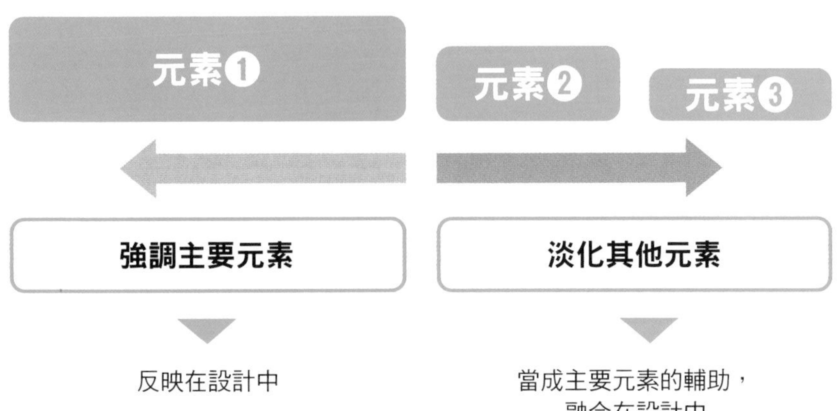

反映在設計中

當成主要元素的輔助，
融合在設計中

例如這個角色

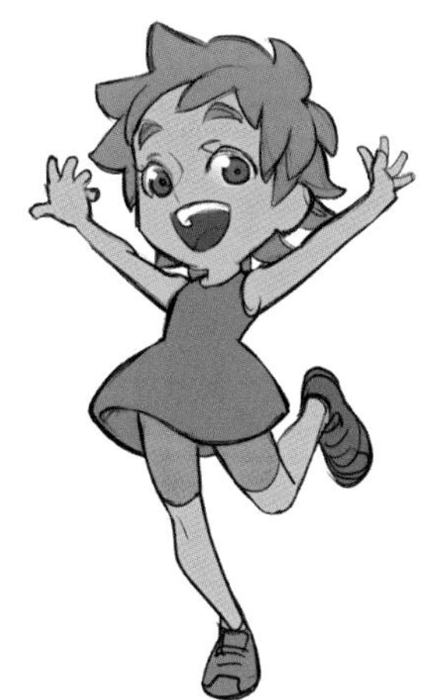

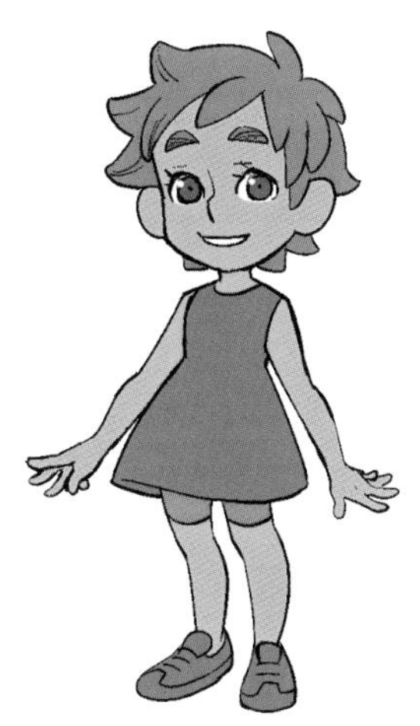

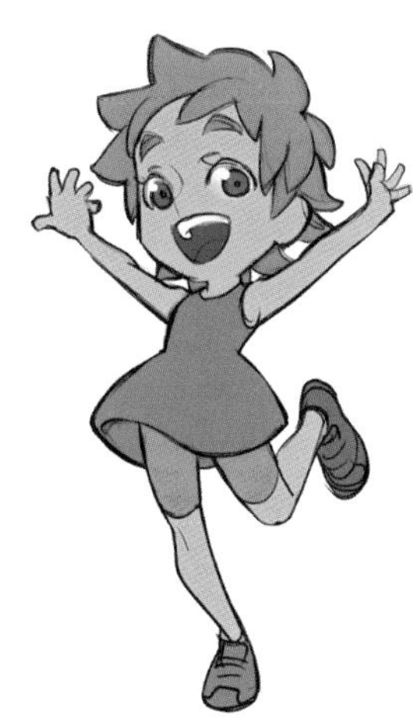

喜怒形於色的角色

→將喜怒形於色這個主要元素，
反映在表情和姿勢的設計。

乍見開朗但有點陰鬱的角色

→稍微克制表情的表現。

超級開朗，但有不為人知的一面

→「不為人知的一面」是由故事表現的部分，無法由設計傳達，因此只描繪出「開朗」的姿勢和表情。

表情呈現在最明顯的臉部，因此最能讓人印象深刻。
像B歡樂女孩一樣，即便在設計、配色、姿勢都加入了「開朗」的元素，但是表情卻一下子降低了整體印象。
困惑時，除了優先順序之外，建議重新回顧故事和設定，好好思考「哪種姿勢和表情最適合表現這個角色？」

7 完成設計

用輪廓設計姿勢

輪廓決定姿勢的印象

輪廓是指將角色輪廓線填滿底色後呈現的形狀。
將以下的插畫改成輪廓的樣子，你會先注意到哪一個部分？

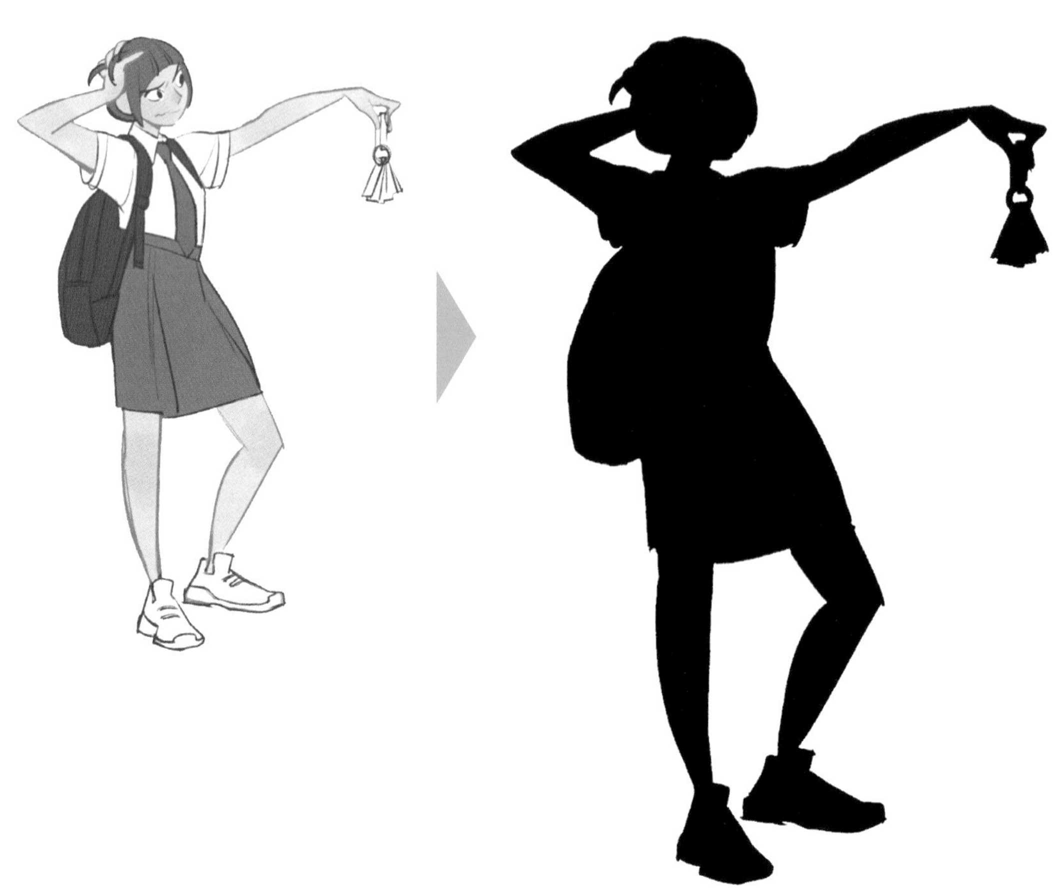

這時眼睛應該會先看到伸出的左手和往下垂墜的物件。
接著我想應該就是手放在頭上的姿勢。
設計姿勢時，如果有注意到，當只剩下輪廓時，大家也能看出是甚麼姿勢，就能提升訊息傳遞的容易度。
接下來將介紹幾種描繪姿勢時的重點，以便傳遞角色故事。

傳遞角色故事的姿勢

思考象徵角色的故事後，再設計出可傳遞這個故事的姿勢。

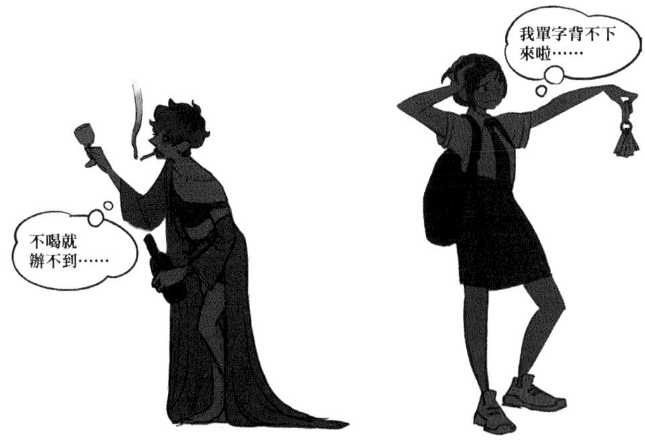

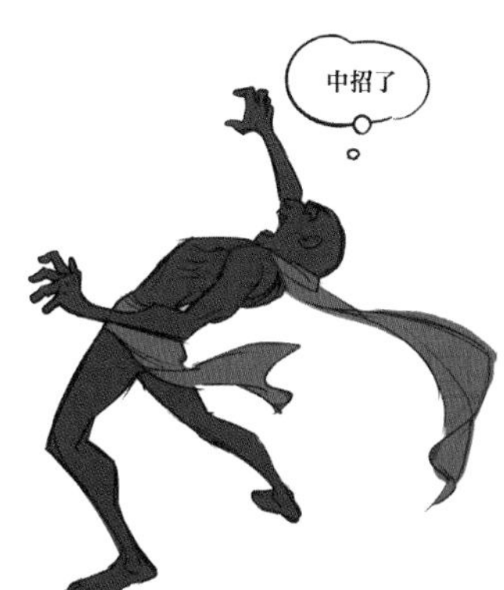

最好避免的姿勢

相反最好避免無法傳遞故事的姿勢。

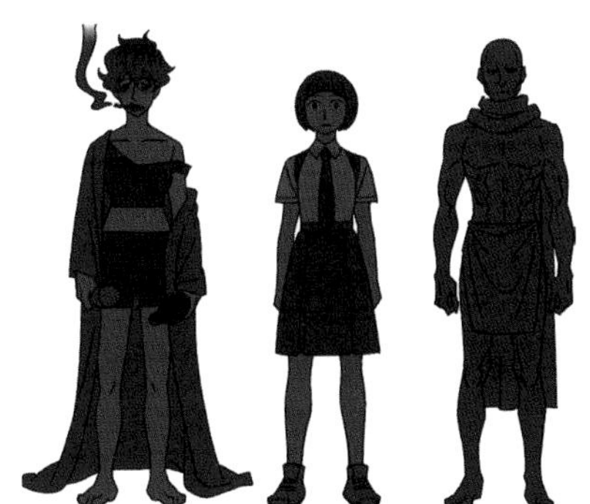

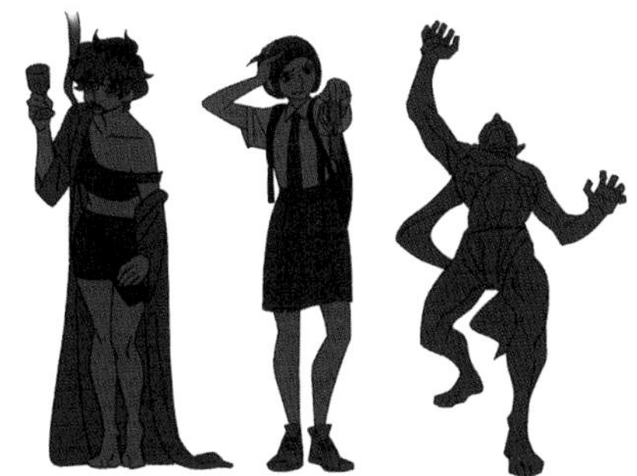

站姿

- 若畫成站姿，無法知道這些人在想甚麼？有甚麼樣的個性。

難以辨識的輪廓

- 即便姿勢設計得很好，但輪廓的角度不佳，就很難表現角色在做甚麼。
- 為了傳遞故事，表現的姿勢和輪廓都很重要。

運用站姿的狀況

- 當其他角色都擺出各自的姿勢，刻意設計成站姿，反而變得很醒目。
- 可以表現處變不驚的強大感。

有時會有例外，例如：想表現甚麼訊息？或與周圍的角色取得畫面平衡等。姿勢沒有對錯，請靈活思考。

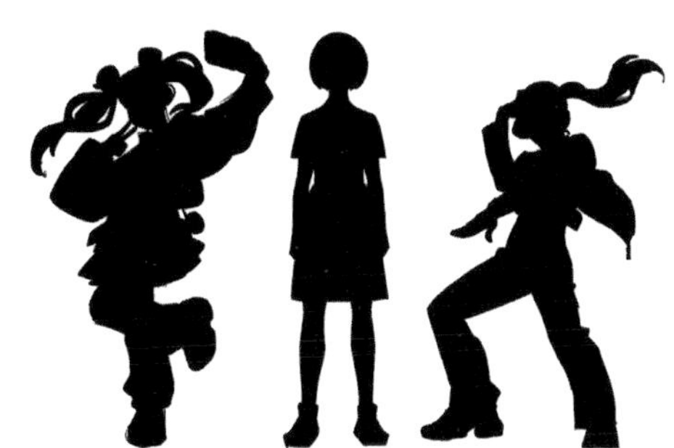

用輪廓引導視線的方法

好的輪廓設計會讓人將視線停留在重要的部分，這就是「視線引導」。
視線引導的訣竅就是想呈現的部分設計複雜，不想呈現的部分設計簡單。

彎曲線條會使瀏覽時的視線速度減慢，直線則相反，會使瀏覽時的視線速度變快。靈活運用這兩種線條，就可以讓人將視線停留在自己想呈現的部分。

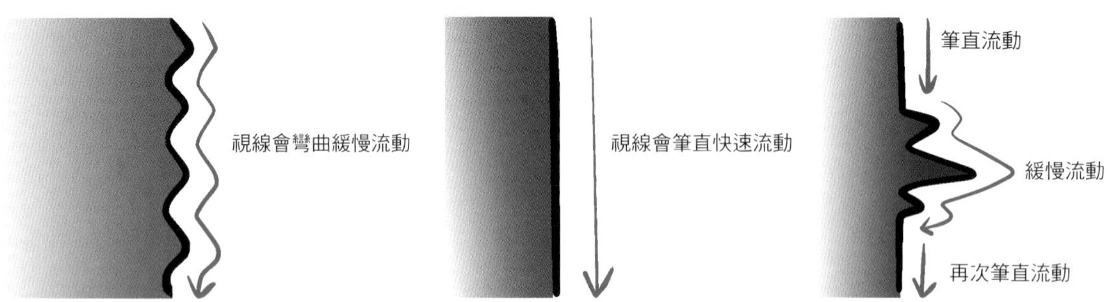

將這些運用在角色輪廓，就可以利用輪廓控制視線的流動！

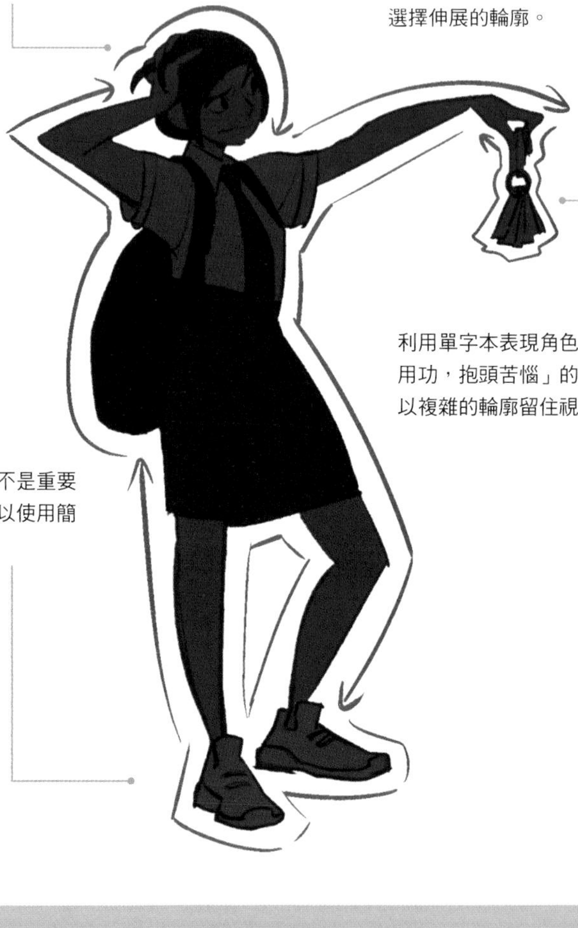

為了讓人看出這是一個人正在煩惱的姿勢，利用將頭髮往上撥的設計，形成稍微複雜的輪廓。

為了讓視線順暢流動，選擇伸展的輪廓。

利用單字本表現角色「討厭用功，抱頭苦惱」的故事，以複雜的輪廓留住視線。

衣服的皺褶和肌肉很容易形成曲折的輪廓線。不時用黑色填色調整輪廓。

裙子和腳都不是重要的部分，所以使用簡單的輪廓。

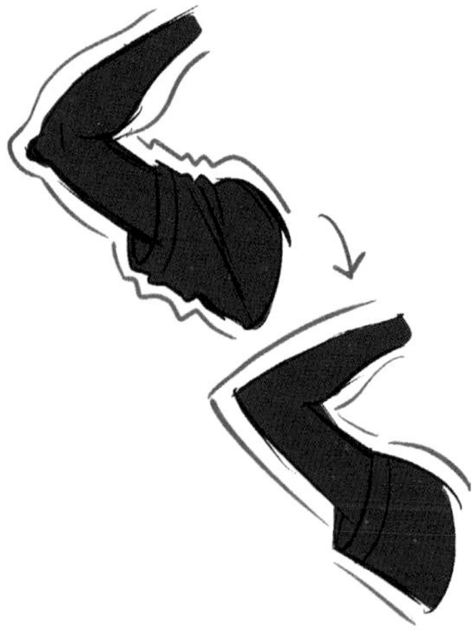

實際設計姿勢

實際描繪姿勢時，先自己擺姿勢自拍。
另外，透過實際擺出姿勢，有時還會發現這些姿勢是不是太困難、不穩定或不合理。

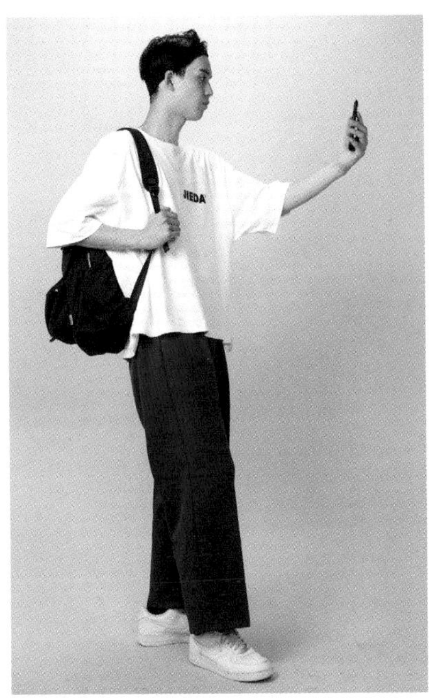

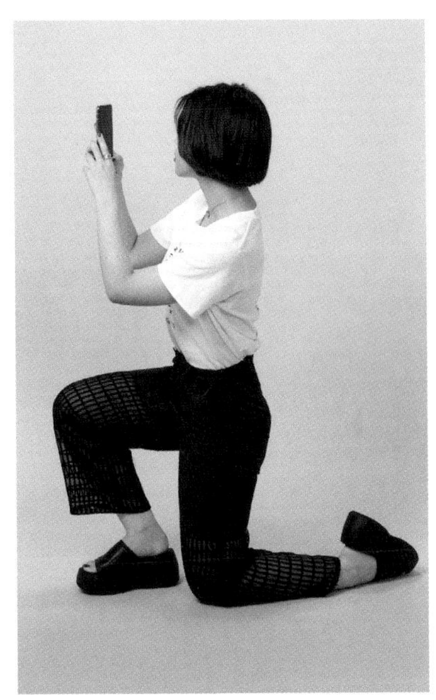

難以自拍的物件

- 手邊沒有的物件、西裝、制服等服裝，會產生獨特皺褶的物件
- 多人構成的姿勢（騎在肩上、武打場面等）
- 跳躍、武打等複雜的姿勢

因為這些都很難自拍，所以要利用姿勢集、圖片搜尋或服裝銷售網站。
另外，在網路搜尋圖片等，也可以當成姿勢參考。
除了圖片之外，也可以參考電影、音樂錄影帶等影片。

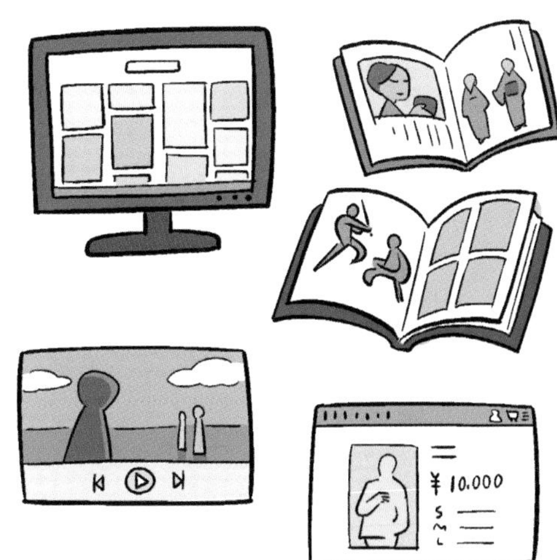

將線條與箭頭運用於姿勢

描繪設計時利用的曲線與直線、箭頭方向等也有助於姿勢描繪的作業。
尤其設計成輪廓時圖形比較容易看清，所以能讓人更加意識到線條和箭頭方向。

曲線和直線

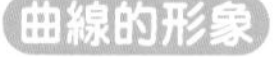

- 親切
- 溫和
- 柔軟
- 動態

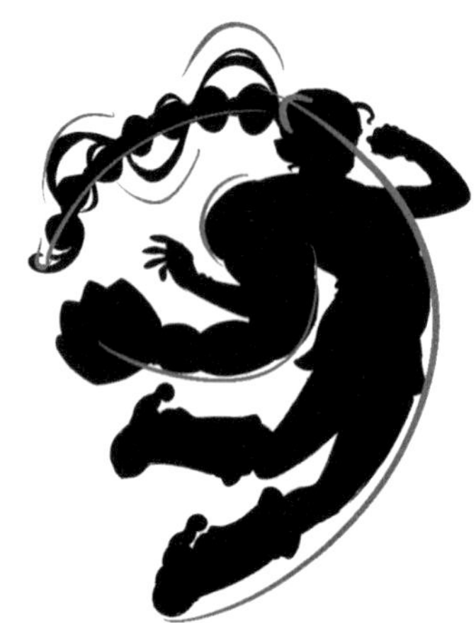

直線的形象

- 頑固
- 堅硬
- 筆直
- 靜態

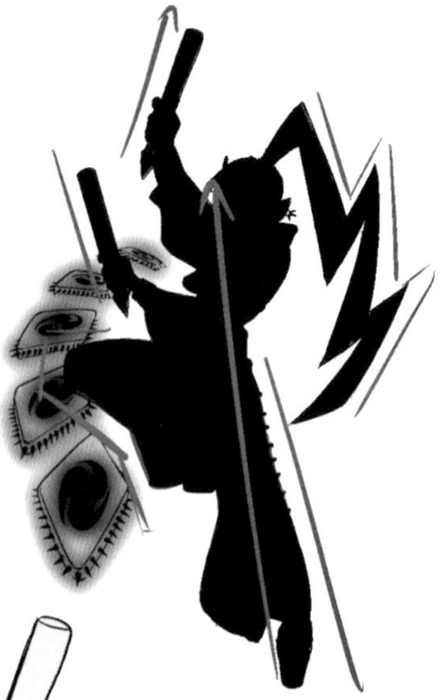

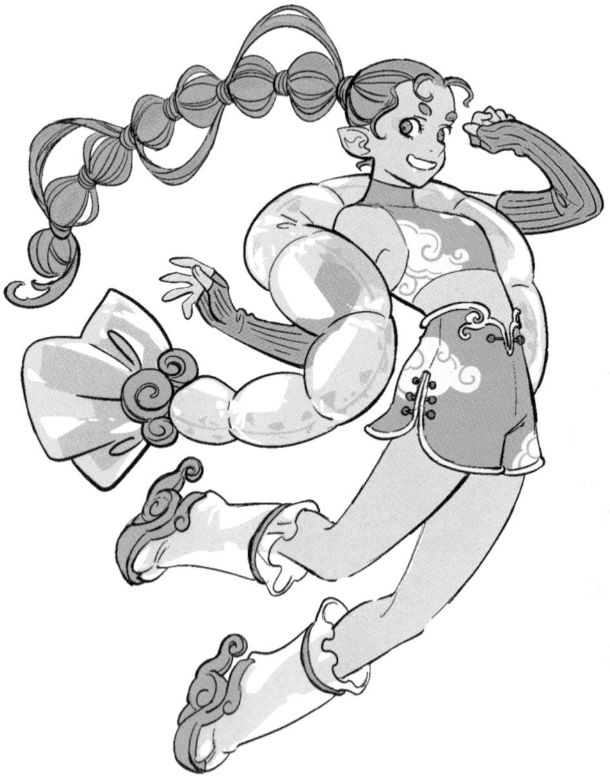

以風神為主題的角色。
飄忽難以捉模的個性。

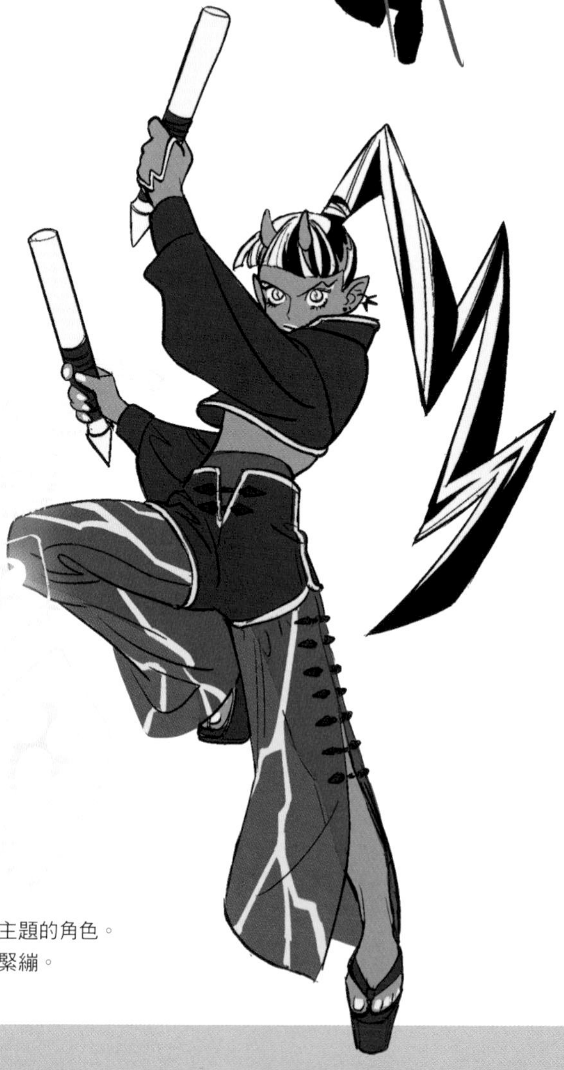

以雷神為主題的角色。
總是精神緊繃。

⬆和⬇

⬆給人的印象
- 積極
- 上升
- 成長
- 充滿能量

⬇給人的印象
- 消極
- 下降
- 老化、退化
- 枯萎

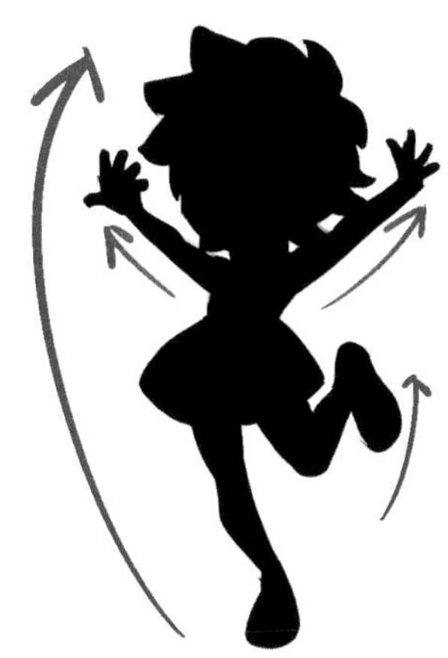

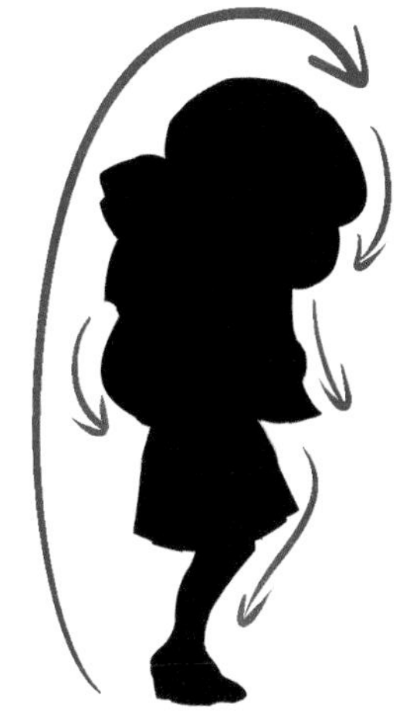

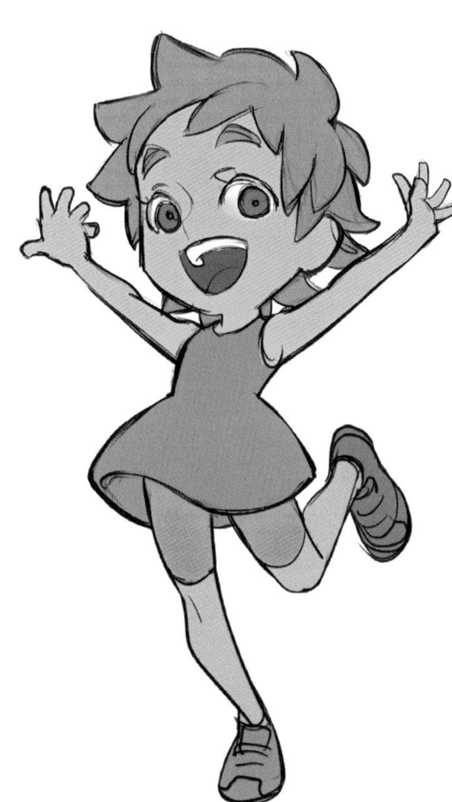

活潑、好奇心強烈。
會帶內向女孩往外蹓躂。

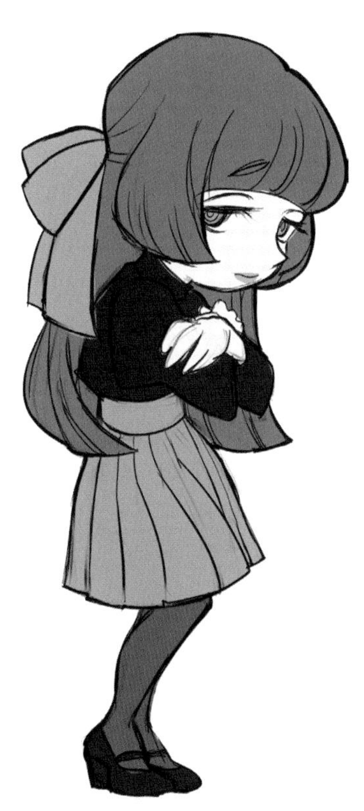

經常情緒低落。
歡樂女孩的聲音超大，總覺得震耳欲聾。

姿勢設計範例

意志堅決

- 挺胸站立，表現強大意志。
- 劍扛在肩上，表現強壯。

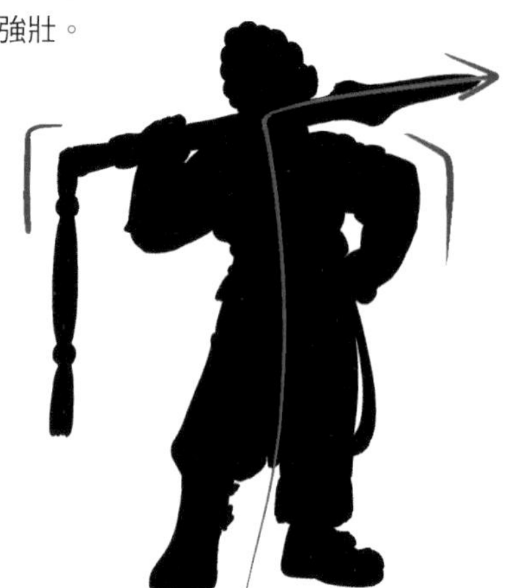

膽小如鼠

- 將身體蜷縮隱藏在盾中。
- 內八往後的站姿表現弱小。

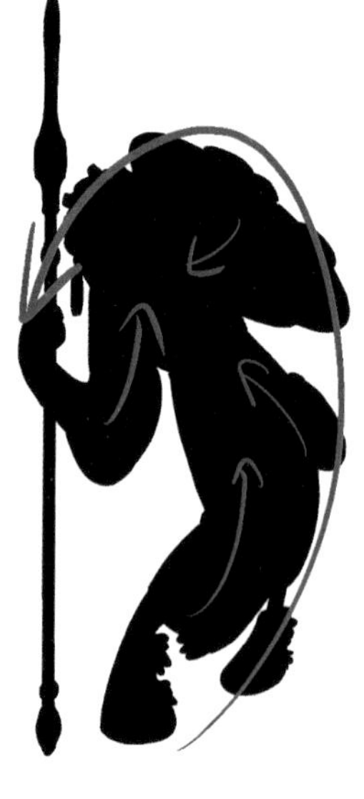

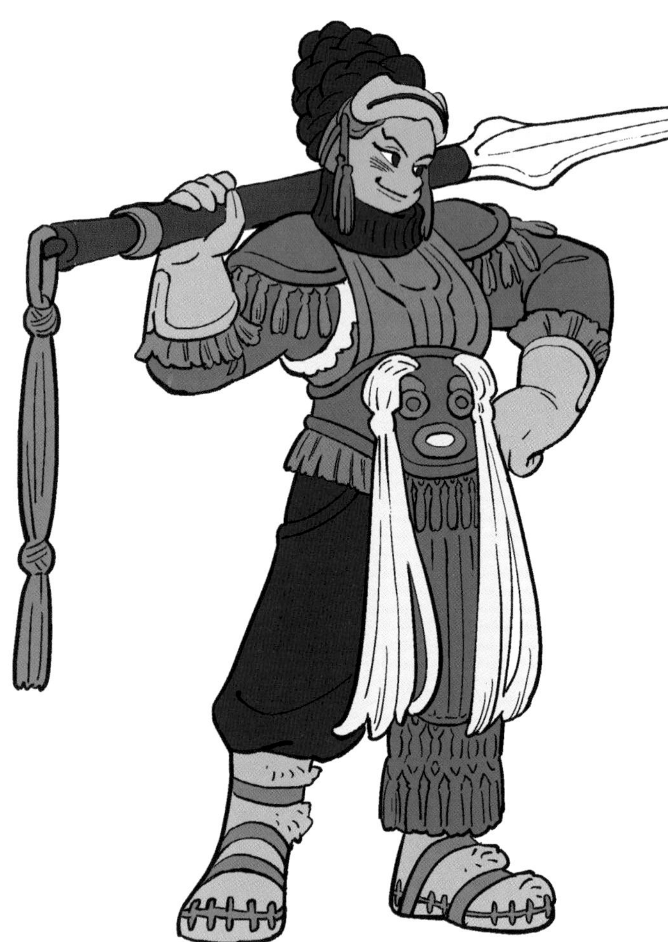

自信堅強的戰士。
一邊擊倒來襲的怪獸，一邊和膽小的夥伴結伴旅行。

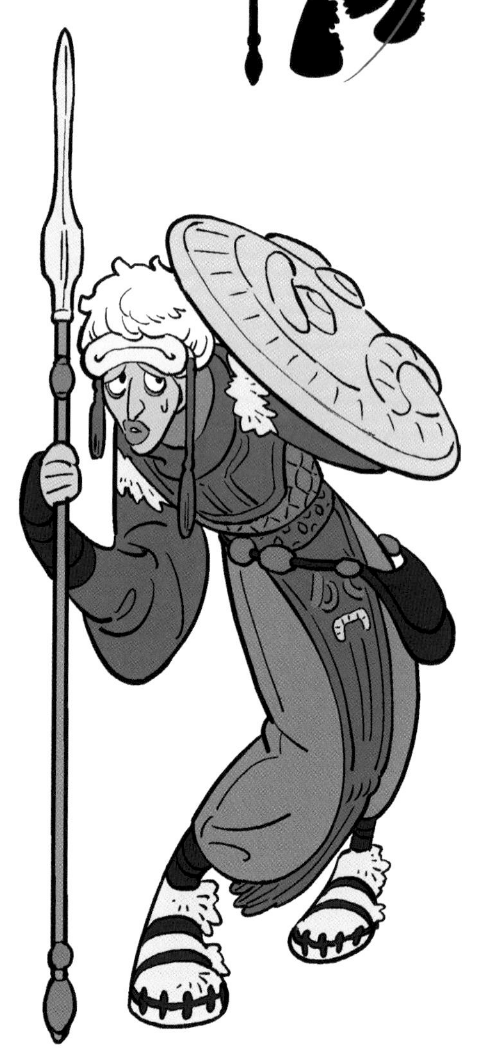

超討厭疼痛和危險。
小心翼翼的態度多次拯救夥伴於危險中。

好人

- 正面朝前，手掌可見，給人毫無隱藏、堂堂正正的感覺。

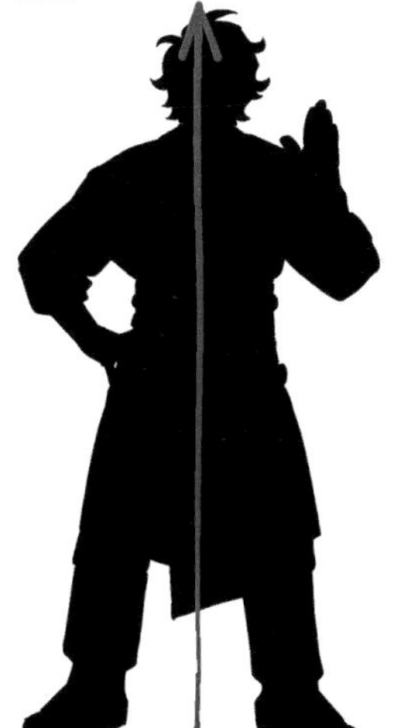

壞人

- 側面的姿勢，手插入口袋，似乎有甚麼藏在口袋內。
- 尖銳的形狀營造出邪惡的感覺。

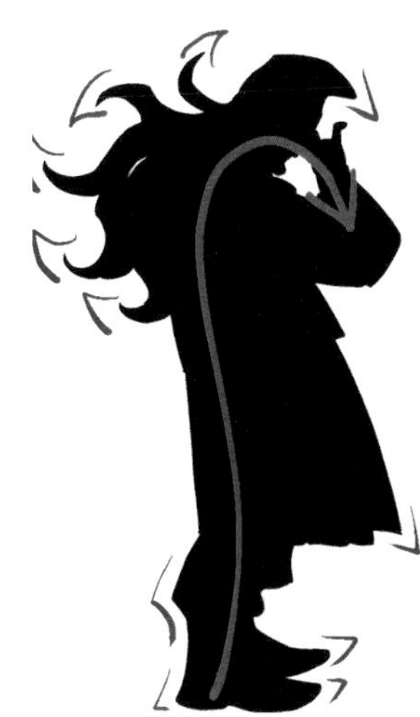

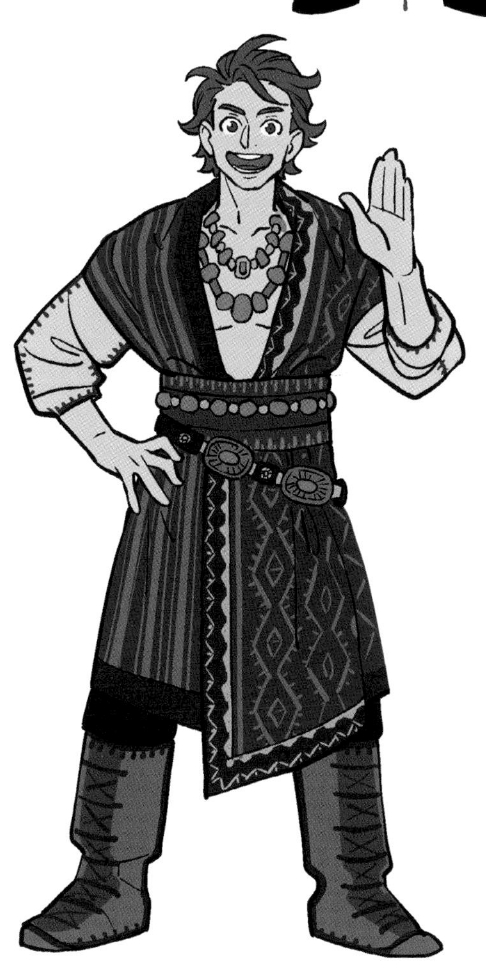

販賣飾品的商人。
個性開朗乾脆。

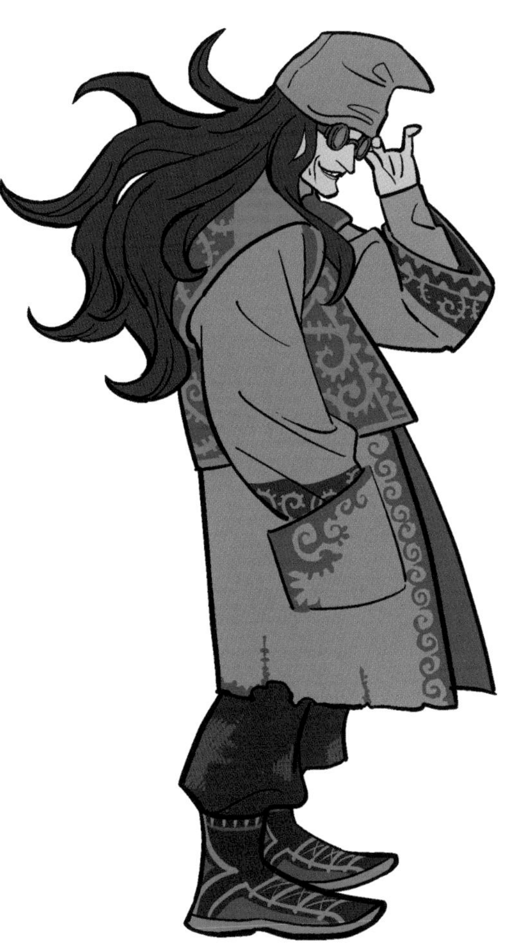

住在城鎮的古怪男人。
收集各種八卦傳聞。

7 完成設計

表情重點

角色是哪種人物，傳遞甚麼故事

在角色設計的表情方面，請選擇最能代表這個角色的表情。
這時請運用以人物形象設定為基礎的優先順序。
但是這個階段重要的是「請篩選出 2 項資料反映在表情中」。
若在表情放入 3 項資料，設計會變得複雜，也可能無法表現原本想要傳遞的訊息，這點下一頁將繼續說明。
請想想設計的基本，也就是資料須經過篩選才容易傳遞。

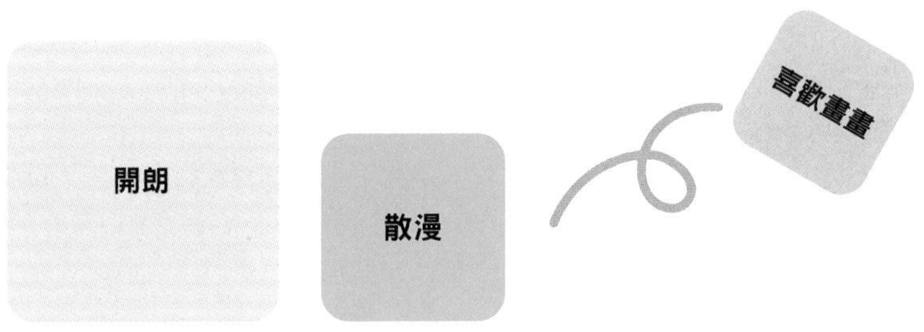

應用：想使用不容易設計的資料時：
雖然作業的前提是刪去難以反映在表情設計的資料，但是如果有人就是想反映在表情上時，請運用聯想遊戲，並將其轉換成容易設計的資料。

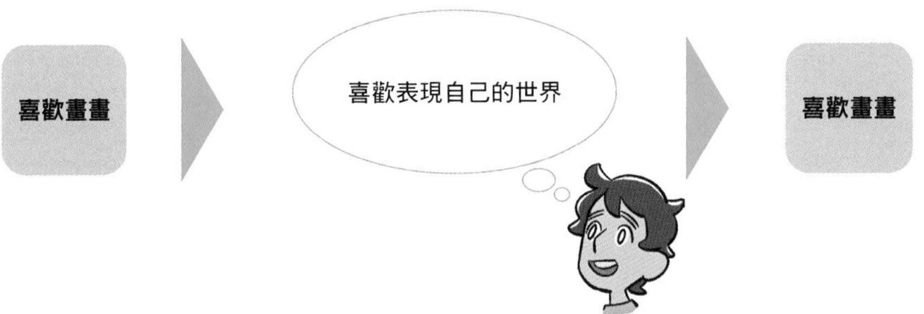

有了這種想法，然後轉換成「喜歡妄想」，再繼續作業。

將設定的優先順序反映在表情中

接著就來實際看看要如何在表情反映出優先順序。

①開朗

表現的難易度為首要考量。
嘴巴大大張開、一派開朗的表情。
也很適合運用在個性單純的角色。

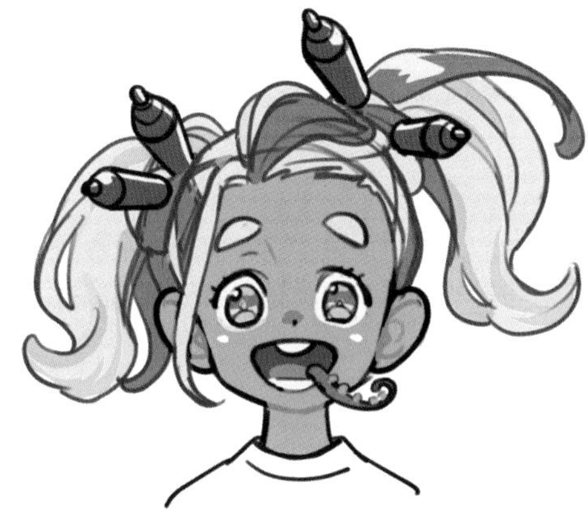

②開朗＋散漫

在主要的個性上添加方向。
資料一旦增加，表情也更有深度並表現出人物形象。
若想要稍微複雜一點，請使用兩種表情。

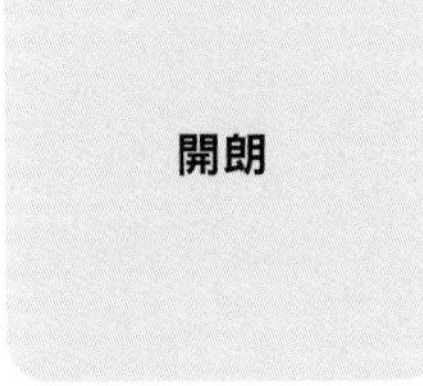

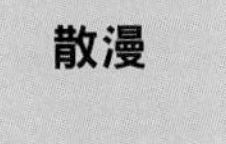

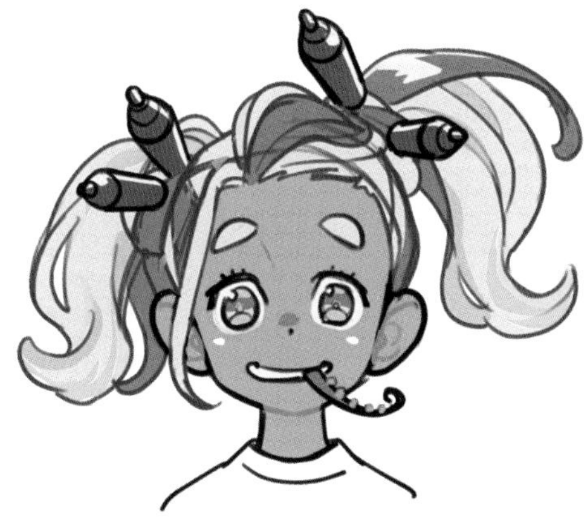

③開朗＋散漫＋喜歡妄想

可以看出資料越多越難傳遞的缺點。
因為要表現喜歡妄想的個性，設計成眼睛往上看，好似在思考的樣子，但是最重要的資訊「開朗」，變得有點模糊不清。

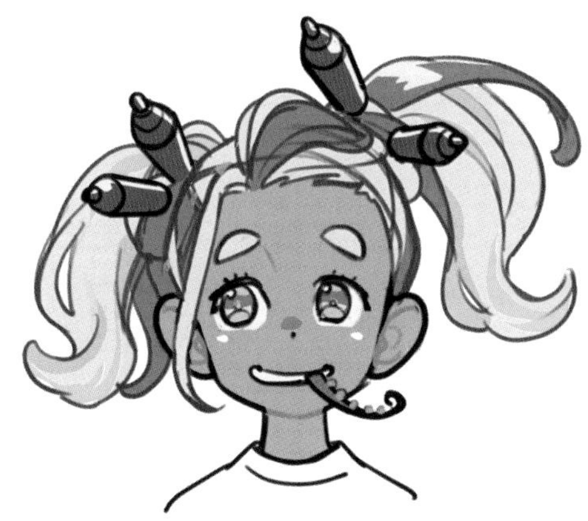

散漫

喜歡畫畫

能夠展現表情的要領

以下將介紹實際描繪表情時的要領，大致分為 2 個重點。

①利用線條和箭頭

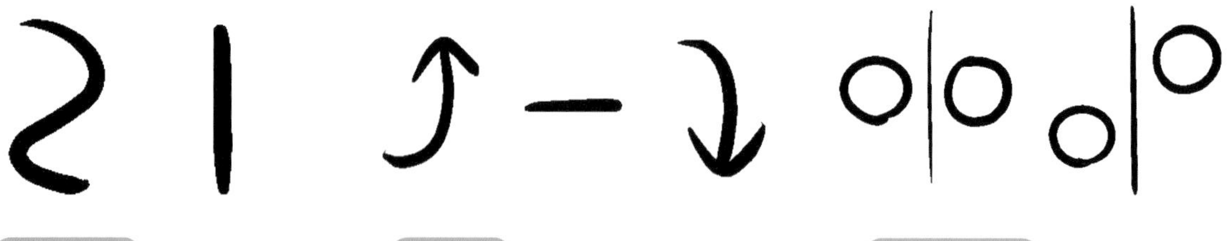

曲線和直線
表現角色的緊張和放鬆

箭頭方向
表現角色的興奮程度

對稱和非對稱
表現角色個性坦率或個性複雜

②頭髮、肩膀和手也當成表情的一部分來思考

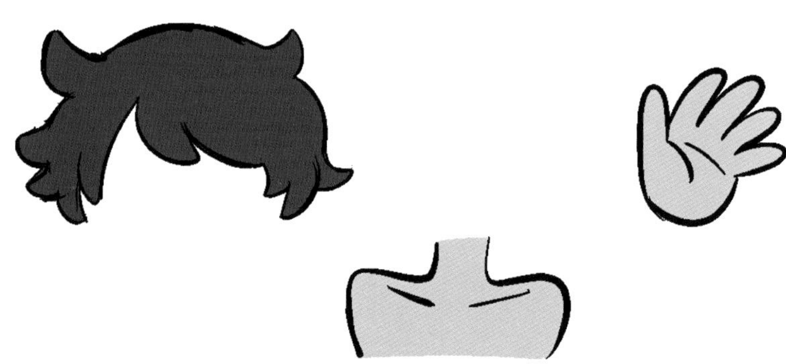

試試在鏡子前面做表情，你有沒有發現肩膀和手也會自然配合動作？
肩膀和手也要描繪出表情，就能進一步表現出「傳遞故事的表情」。
但是頭髮不會動吧？沒錯，實際上頭髮不會動。
但是繪畫是自由的，頭髮可以當成傳遞表情的輔助元素來運用。
如果要傳達表現，請運用任何可以使用的元素。
例如：耳朵、耳環、髮飾等，只要可以表現，一切都可以運用。

曲線和直線

表現放鬆和緊張。

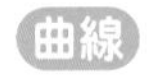

- 溫和
- 柔軟
- 親切
- 和善

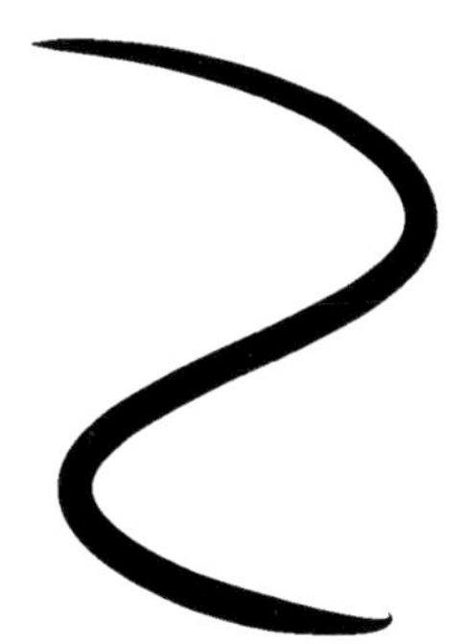

直線

- 嚴肅
- 直立不動
- 好像有點頑固
- 堅硬

如果運用在表情……

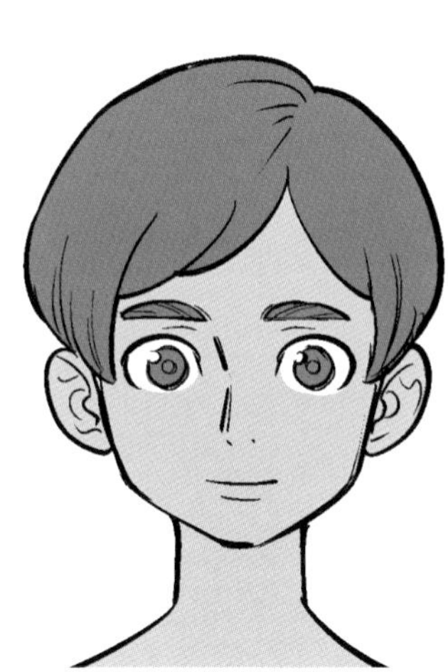

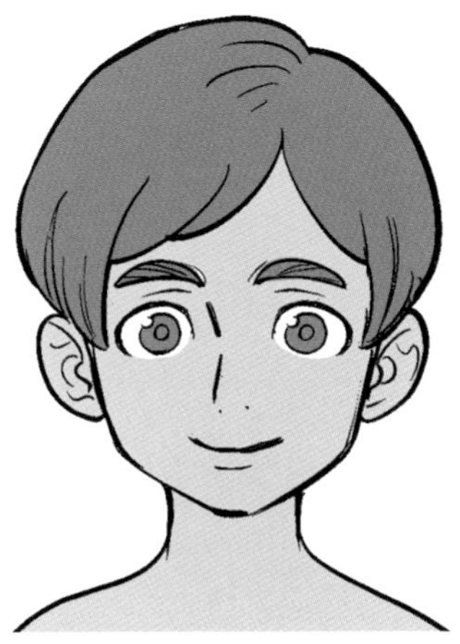

曲線

- 放鬆感
- 溫和的樣子

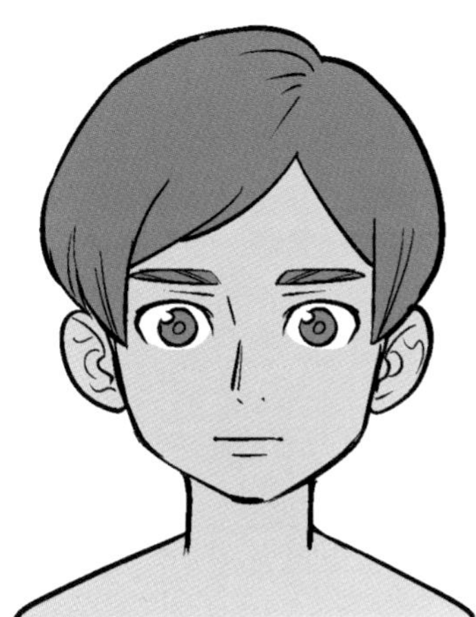

直線

- 緊張感
- 正經的樣子

箭頭方向

代表角色的情緒。

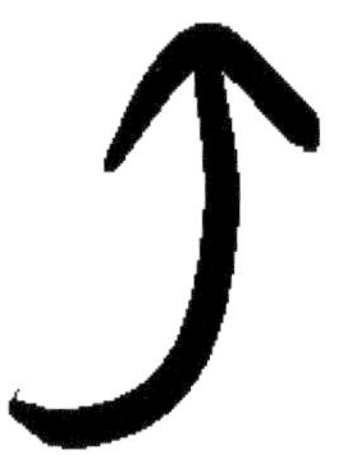

- 積極
- 充滿能量
- 成長
- 活潑

- 不偏不倚
- 無趣
- 安定

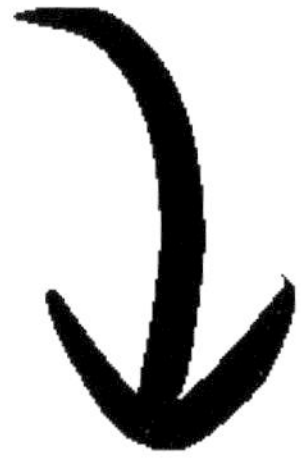

- 消極
- 枯萎
- 退化
- 沒精神

如果運用在表情……

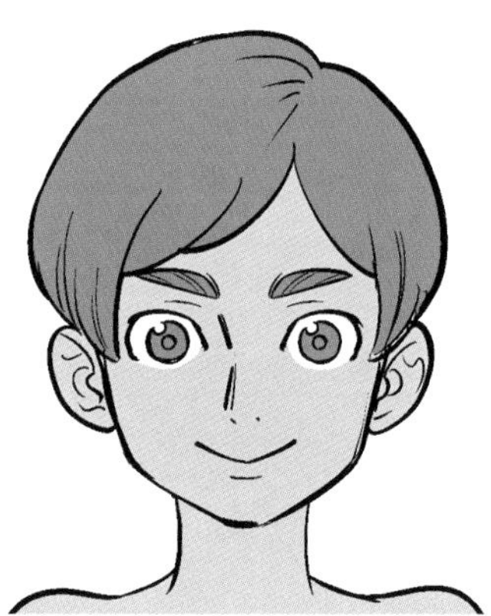

⬆
- 活潑
- 積極
- 大膽

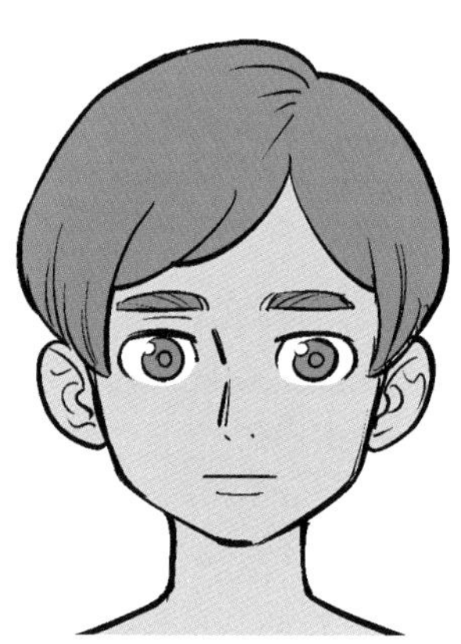

－
- 面無表情
- 虛無
- 安定

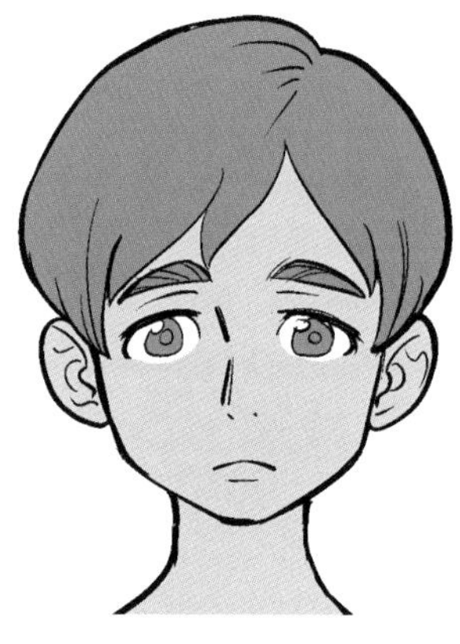

⬇
- 精神委靡
- 悲傷
- 懦弱

對稱和不對稱

表現平和的表情，和扭曲變形的表情。

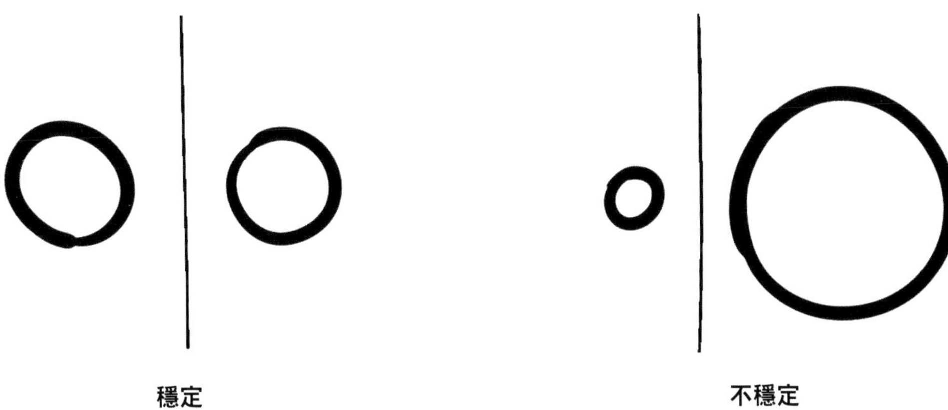

穩定　　　　　　　　　　不穩定

如果運用在表情……

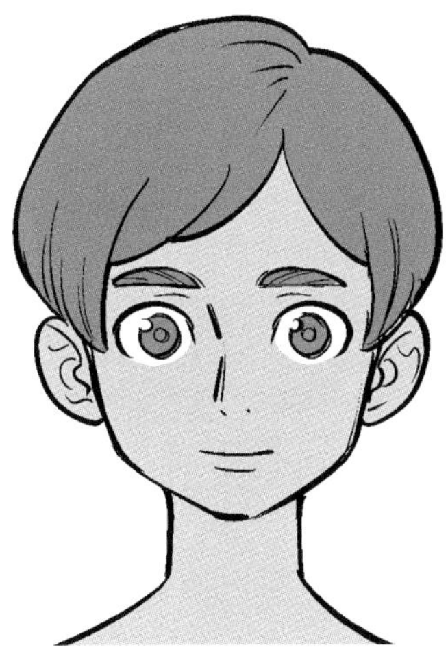

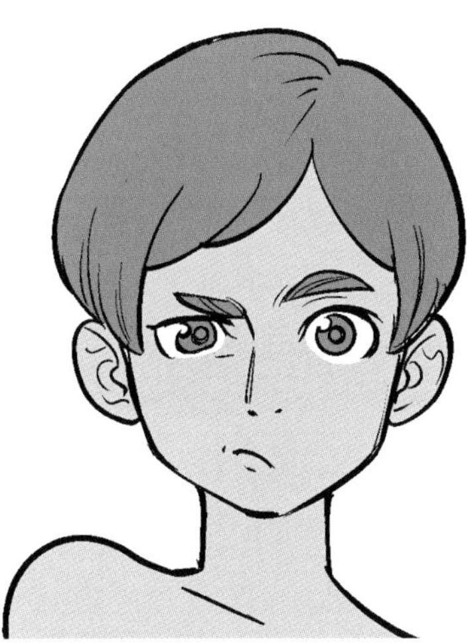

對稱
- 自然
- 平和
- 老實

不對稱
- 不自然的感覺
- 有所企圖
- 複雜

不同表情的描繪

表情範例① 以小慶為例

我們一起來看如何將線條等運用在表情中。小慶的個性開朗又坦率。因此以情緒表現明顯為前提，試著描繪小慶的各種表情。

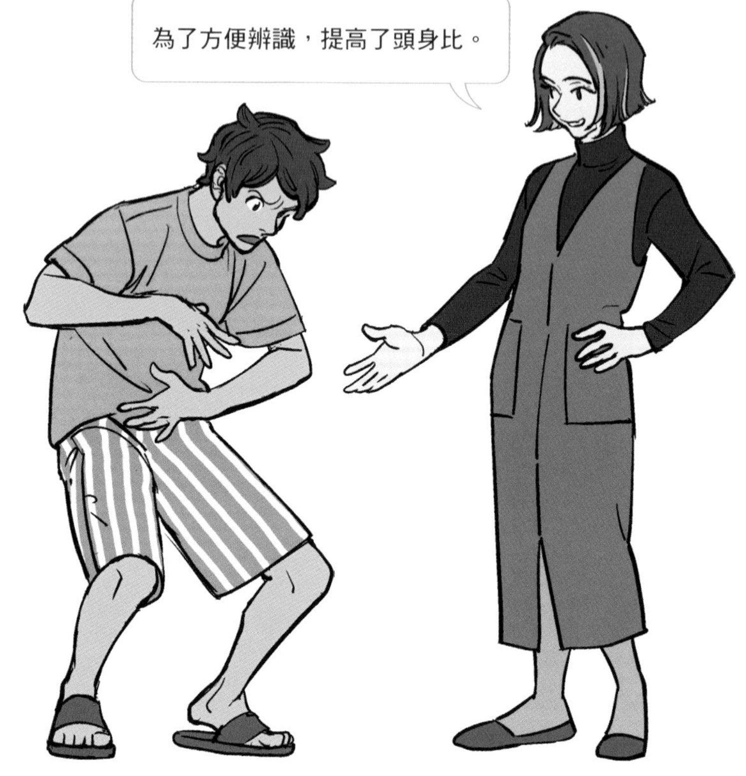

人物形象

個性——開朗活潑／隨和大方／聲音和反應都很大／面對有困難的人無法袖手旁觀／三分鐘熱度／感覺型

喜歡——畫畫／可愛的東西／朋友／有趣的事物

討厭——嚴格守時／沉默

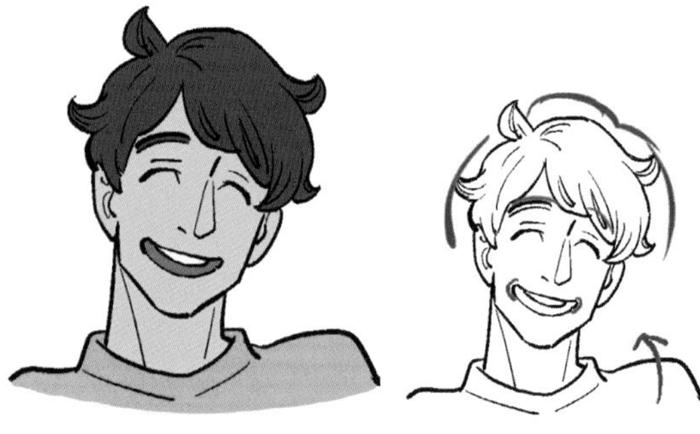

開心

留意曲線表現，呈現柔和氛圍。

因為情緒高漲，肩膀也往上提。

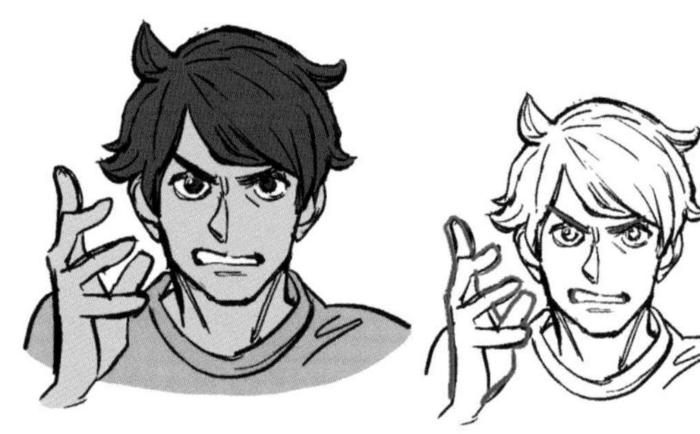

生氣

使用直線營造出緊張感。

加入手勢加強憤怒情緒。

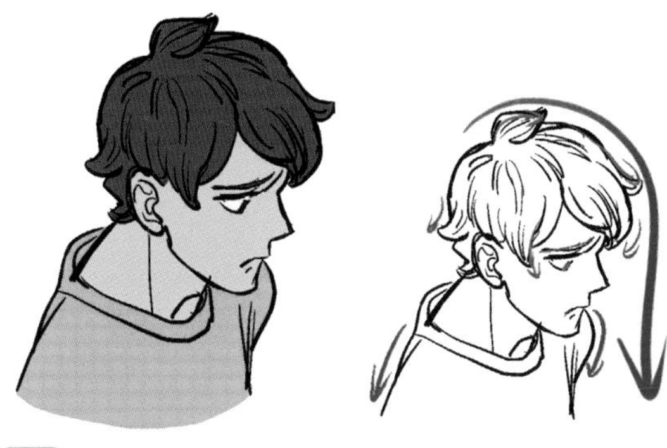

悲傷

因為悲傷情緒低落，所以留意將整體設計為↓的線條。視線也往下看的感覺。

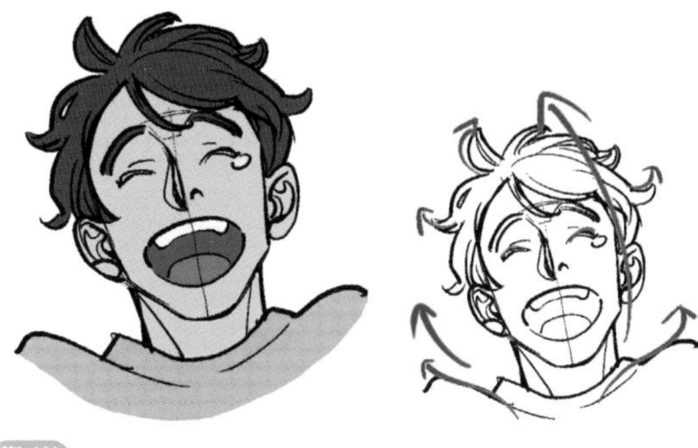

歡樂

留意將整體描繪成↑的線條。比起開心情緒更為高昂，所以臉的朝向和頭髮都明顯往上。開懷張口大笑，營造出小慶開朗的角色個性。

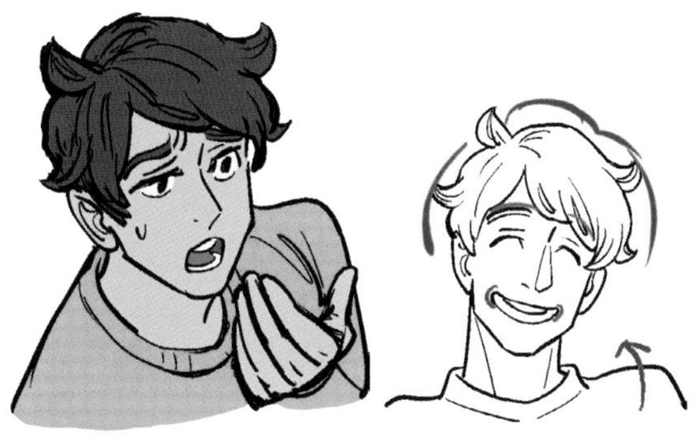

困惑

因為情緒複雜，所以眉毛、眼睛、肩膀等都刻意設計成左右不對稱的樣子，再搭配扭曲的表情。
利用手勢進一步加強困惑的樣子。

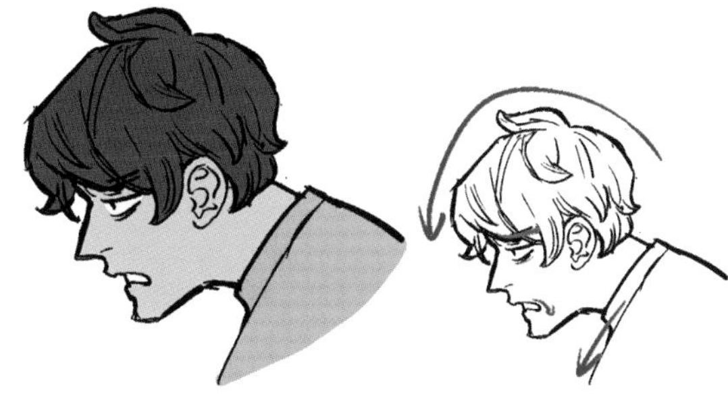

疲勞

因為是失去能量的狀態，所以整體運用了↓的線條。為了和悲傷有所區別，疲勞會無意識地張口，再利用眼睛下面的黑眼圈。

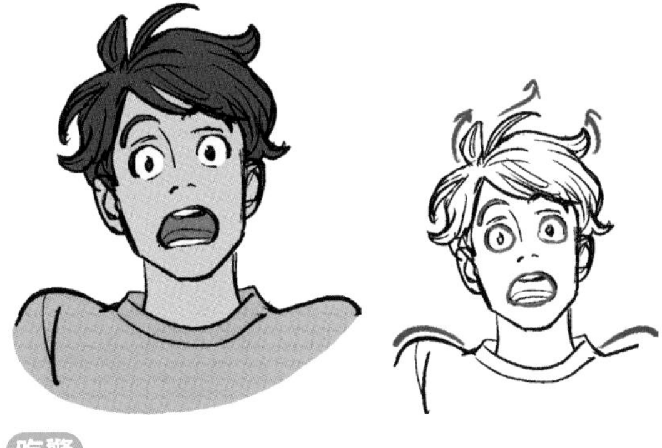

吃驚

突然嚇到的真實表情呈左右對稱。
眼睛和嘴巴張大，眉毛往上揚，就像被恐怖襲擊。頭髮和肩膀也運用↑的線條，表現出吃驚嚇到的反應。

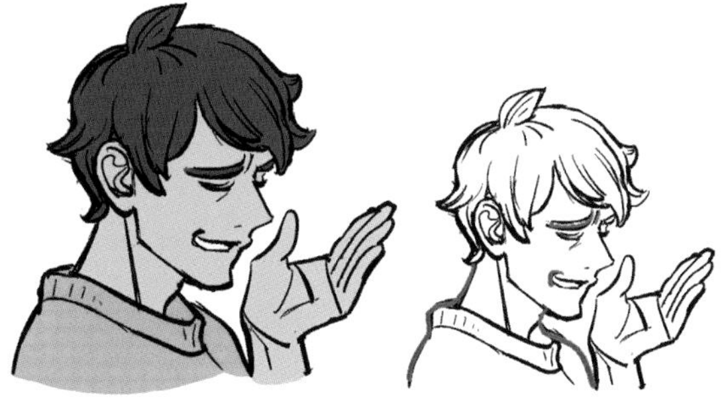

諷刺

不同於吃驚，因為表情扭曲，設計成左右不對稱的樣子。皺眉、一邊嘴角上揚，表現出令人討厭的樣子。肩膀、頭稍微往內縮，給人關閉心房的感覺。

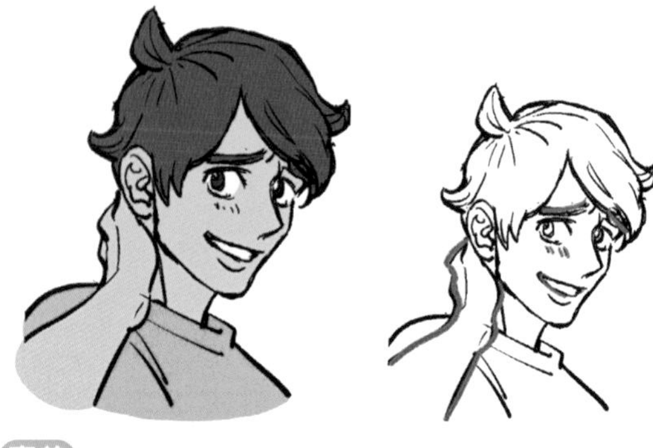

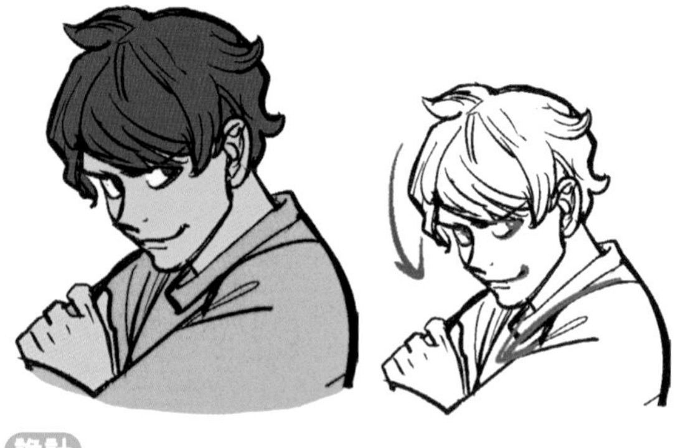

害羞

表現臉紅害羞的樣子。即便同樣會有臉紅的反應，卻不同於羞愧，這是「受到誇獎感到開心」的正向情緒，所以嘴角上揚表現開心的樣子。
為了平復自己的心情，設計了手扶脖子的動作。

詭計

由下往上的窺探眼神。
單邊上揚的嘴角表現不安定的氛圍。
雙手交叉胸前，肩膀往內縮，表現出思考、隱藏、有所圖的模樣。

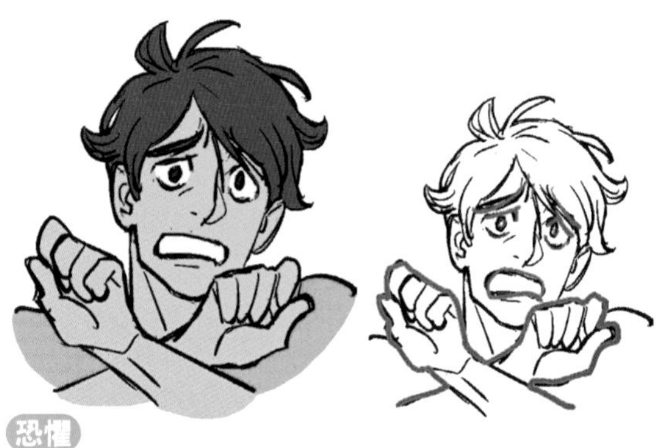

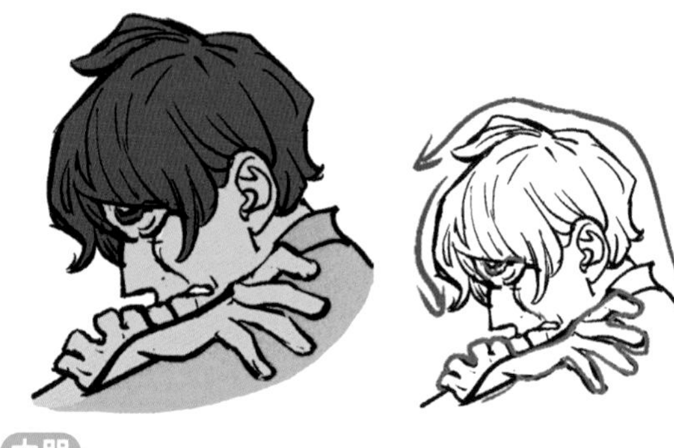

恐懼

眼睛和嘴巴張大。類似吃驚的樣子，但是恐怖時的特徵是眉頭會皺起，眼頭會往上擠。雙手交叉在前的手勢像是要保護自己遠離可怕的事物。
稍微使用一點直線，表現出緊張感。

大哭

比悲傷還強烈的悲傷，因此眼淚流出、嘴角往下，眉頭緊縮。
環抱自己的肩膀，自己安慰自己。
頭髮設計成↓的線條，傳遞心情低落的感覺。

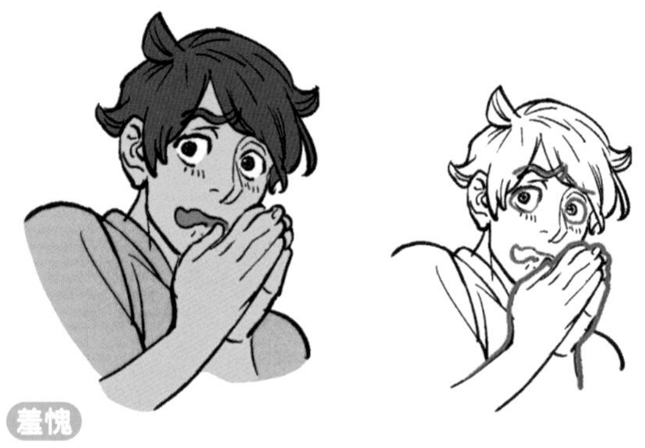

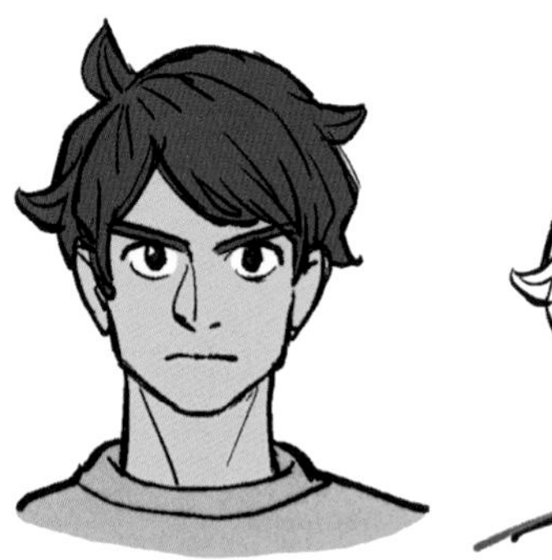

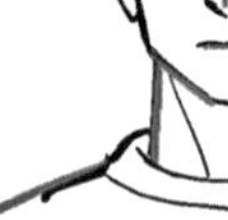

羞愧

臉頰泛紅，以雙手遮臉抱頭的手勢，突顯感到羞愧的情緒。
眉毛、嘴巴都使用了抖動的線條，表現不安定的情緒。

專注

與眼前的事物直視對峙，因此仔細描繪成左右對稱的樣子。
眉毛和肩膀都持平。
整體使用直線營造出緊繃的緊張感。

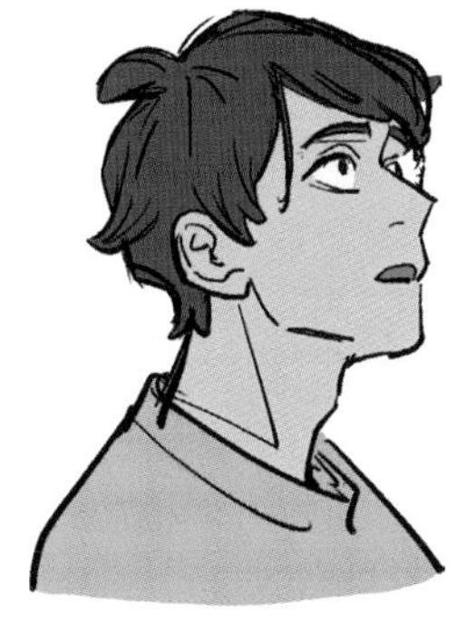
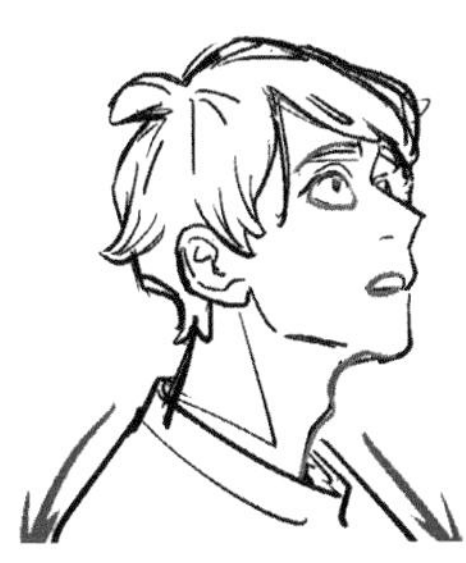

發呆

對空凝望，呆呆地張口，表現無意識的樣子。
利用完全放鬆無力的落肩線條，以及往↓落的頭髮，表現角色缺乏能量的樣子。

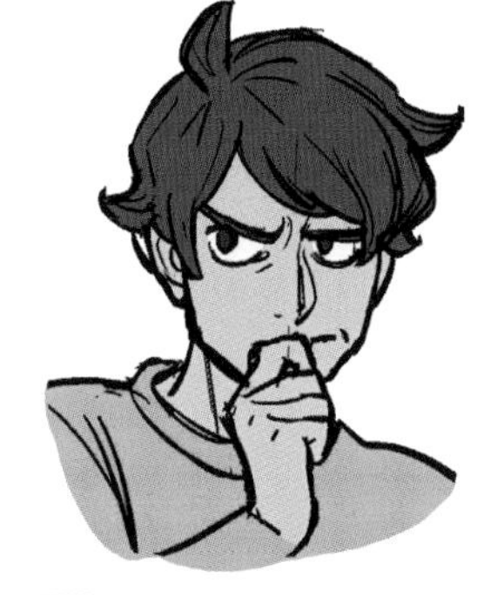
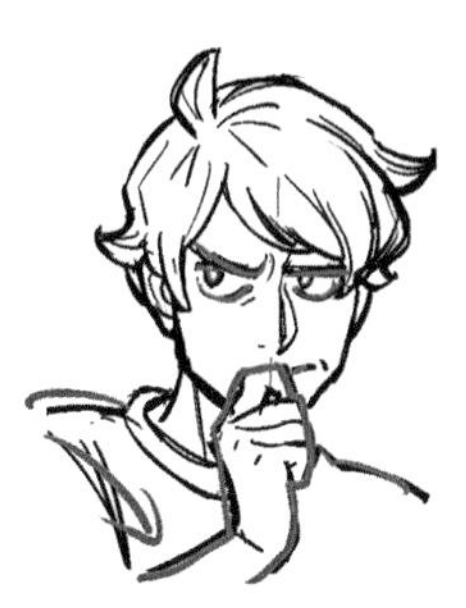

懷疑

表情扭曲，因此眉毛、眼睛、肩膀都呈現左右不對稱的樣子。
手遮住嘴巴思索的手勢

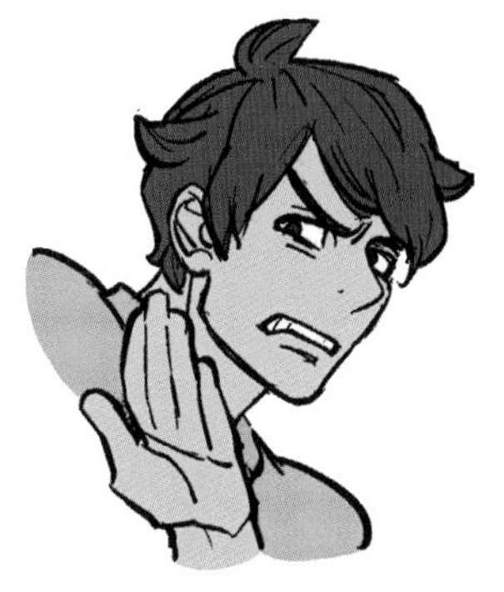
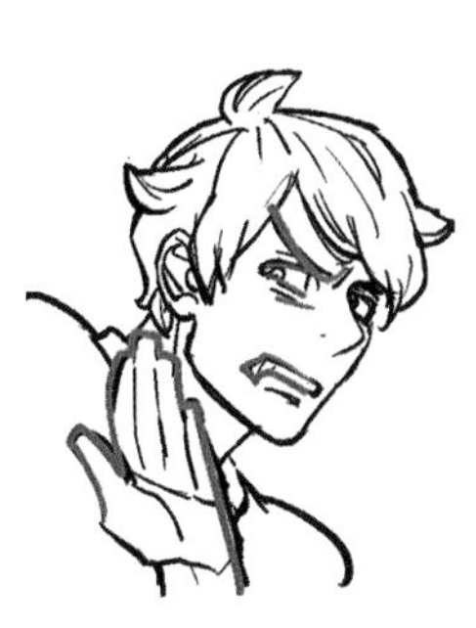

拒絕

用手表現強烈地拒絕。
眉頭緊皺，營造出嫌棄對方的感覺。
整體使用直線，表現緊張感。

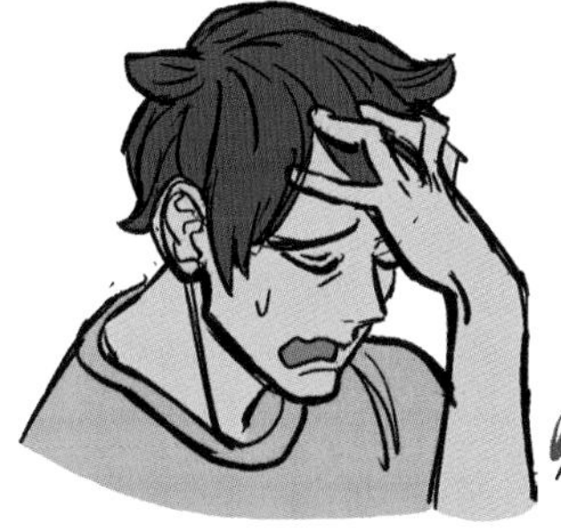
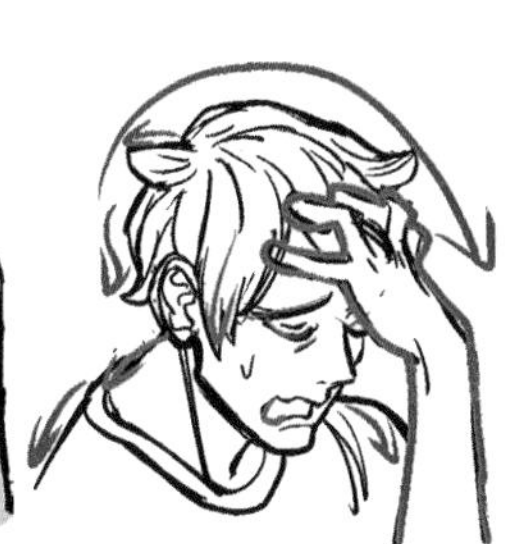

搞砸

情緒低落，因此整體設計成↓的線條。
頭部低垂，肩膀往下，眉毛和嘴角也明顯下垂。
手扶額頭表現出「我搞砸」的失落感，與疲勞做出區別。

表情範例②　以小優為例

即便相同情緒，不同角色，表情也會隨之改變。接下來要描繪小優的情緒表現。
相較於小慶，小優的個性沉穩，因此會稍微克制情緒表現。
描繪這類角色時，要想想是否能清楚表現出情緒幅度。

人物形象

個性——— 穩重／腳踏實地／知識淵博／一旦著迷就會長久沉迷其中／理論型
喜歡 ——— 工作時喝的美味好茶／貓咪／安靜的環境
討厭 ——— 散亂的房間和抽屜／人潮擁擠

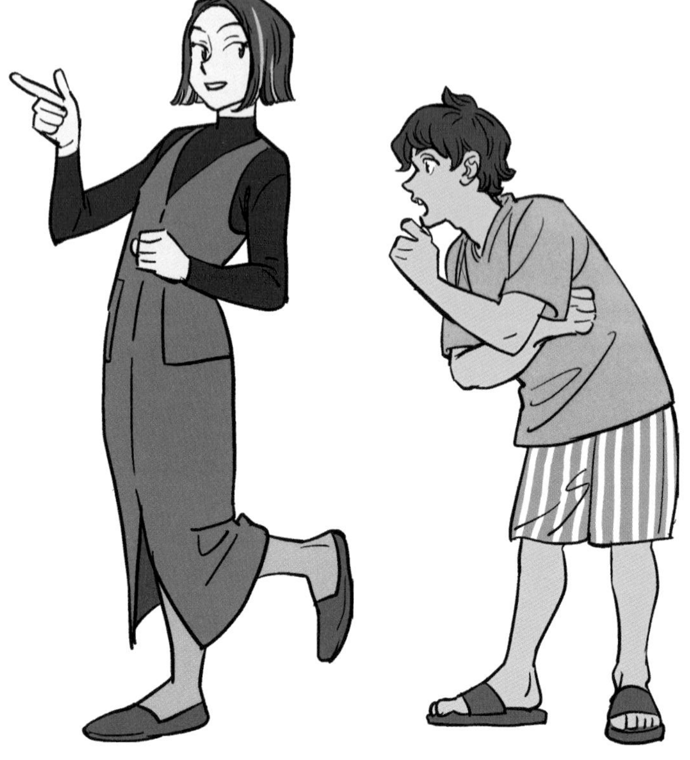

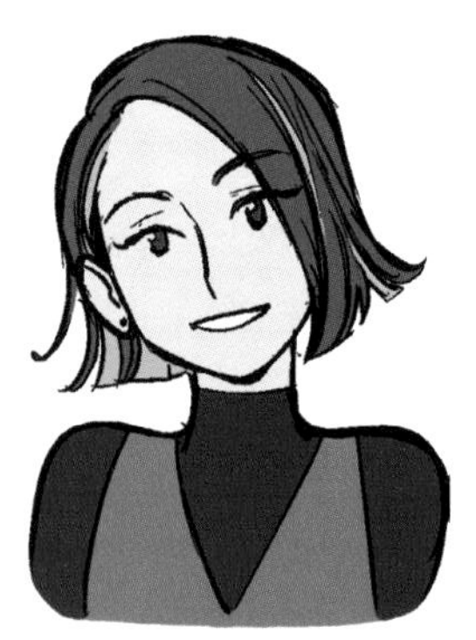

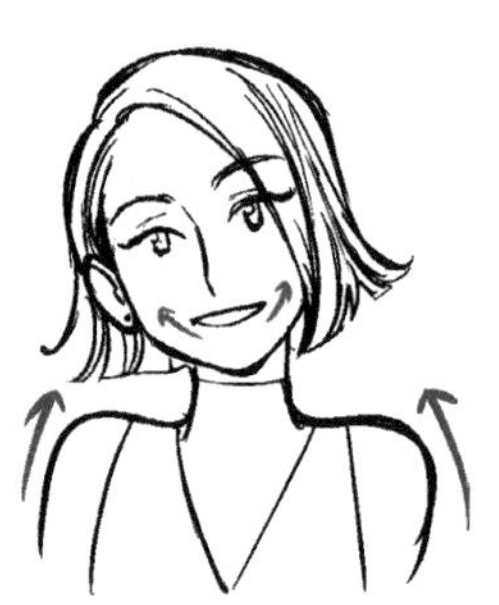

開心

眉毛、眼睛和嘴巴都使用曲線，呈現溫柔和善的氣質。
嘴角和肩膀設計成往↑的上揚線條，表現出開心、情緒高漲的心情。

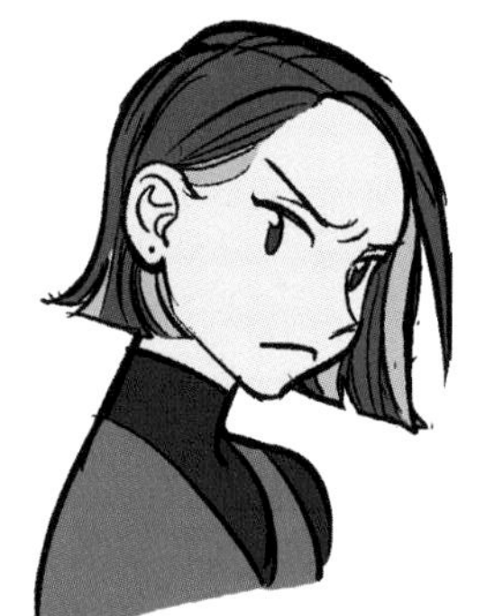

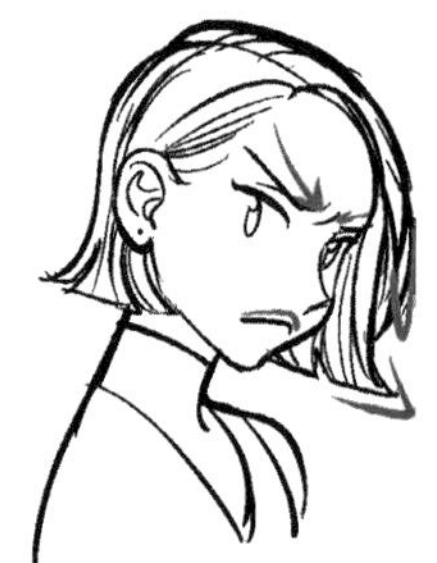

生氣

眉毛、眼睛和嘴巴使用直線，表現出憤怒的緊張感。
髮尾、肩膀也使用直線，就可以更加突顯憤怒緊繃的感覺。

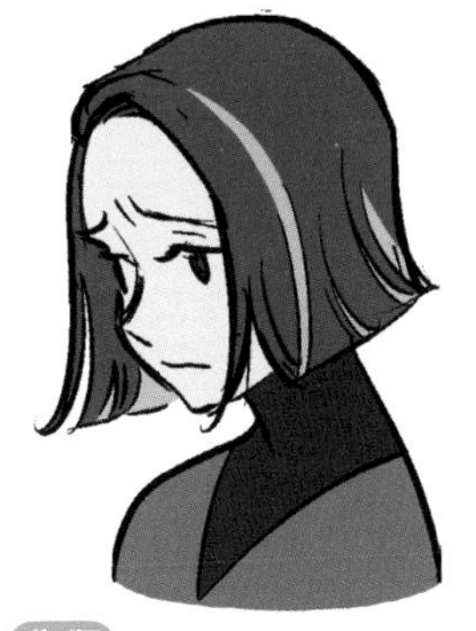
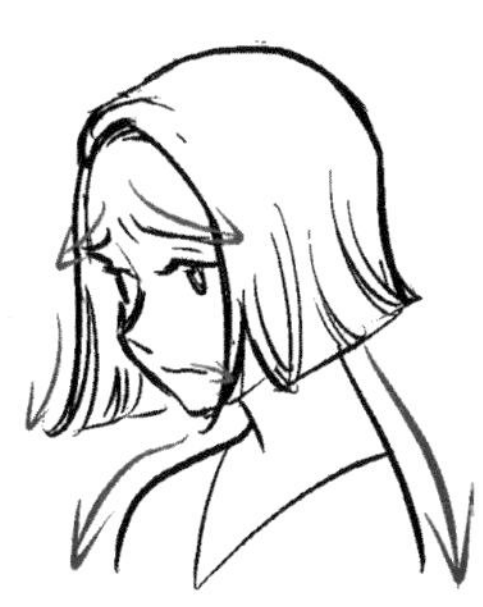

悲傷

整體設計成↓的線條，表現能量低落的樣子。

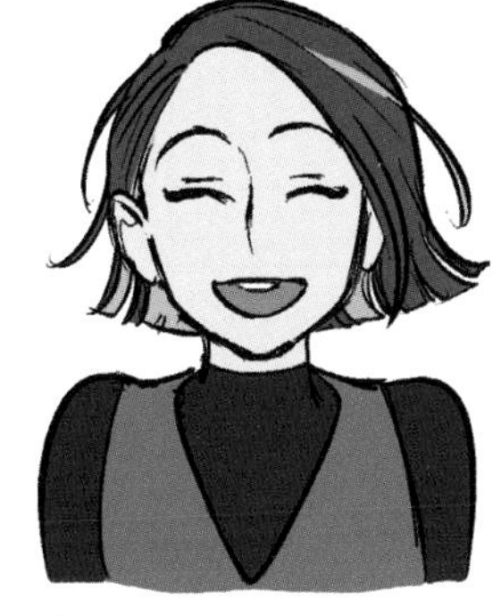
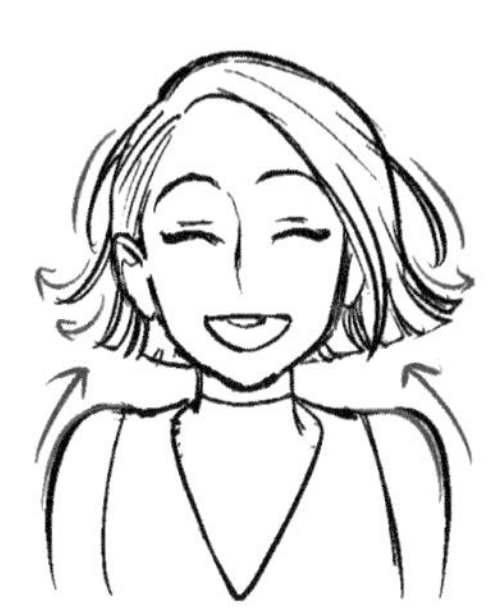

歡樂

比起開心情緒更加高昂，所以加強往↑的上揚線條，頭髮也翹起來。
但是因為情緒不像小慶如此外放，所以稍微降低幅度。

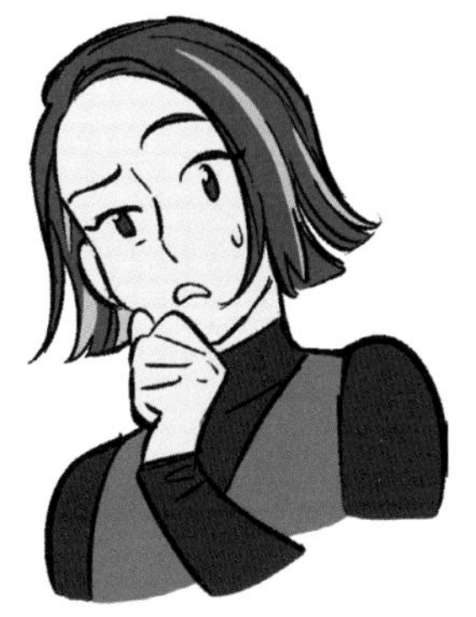
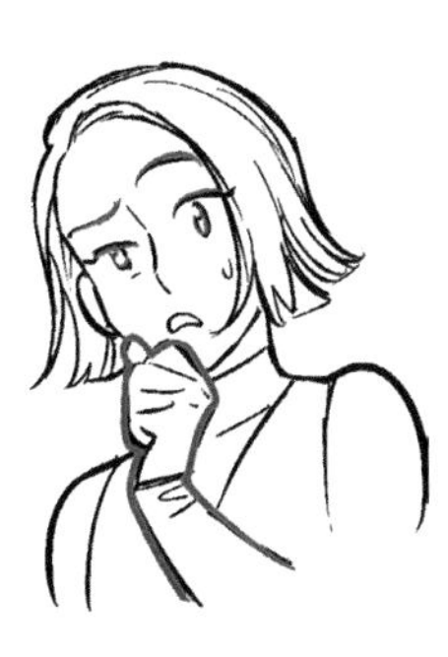

困惑

眉毛和眼睛設計成左右不對稱的樣子。
手遮住嘴巴，像是在想「咦？」發生甚麼事的樣子。

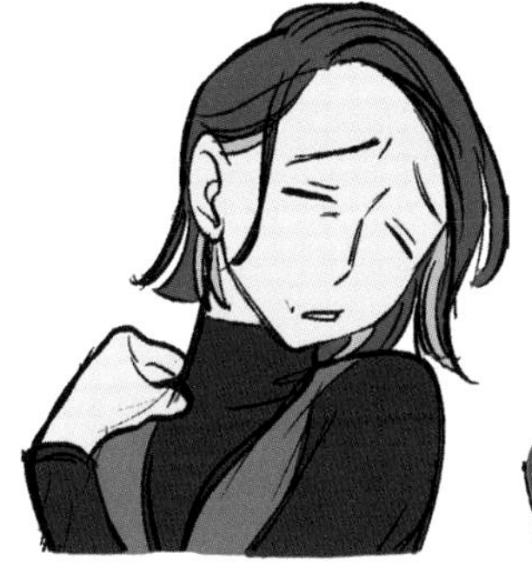
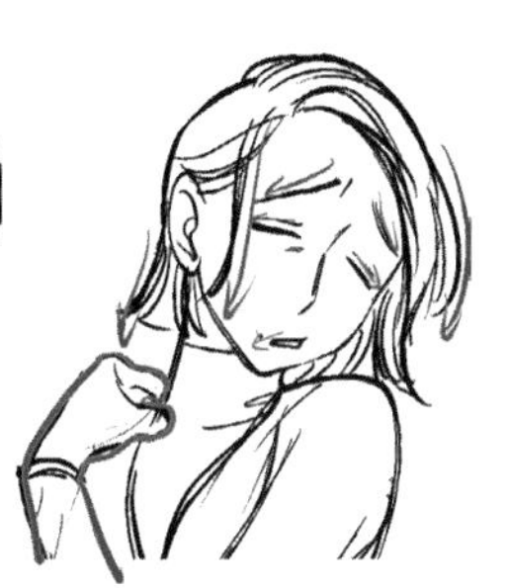

疲勞

整體設計成↓的線條，表現能量低落的樣子。
為了和悲傷有所區別，添加了揉捏肩膀的動作。

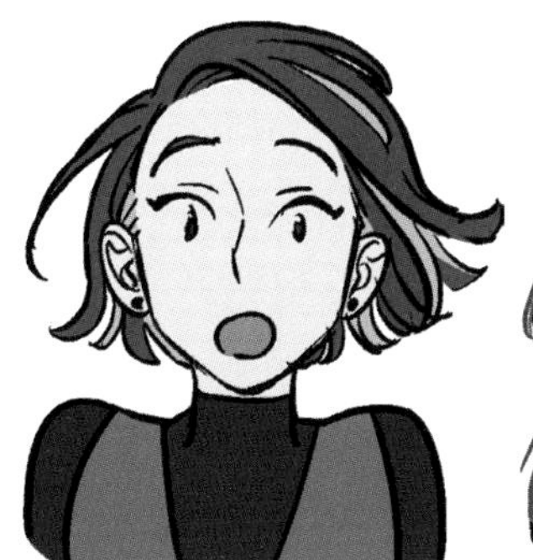
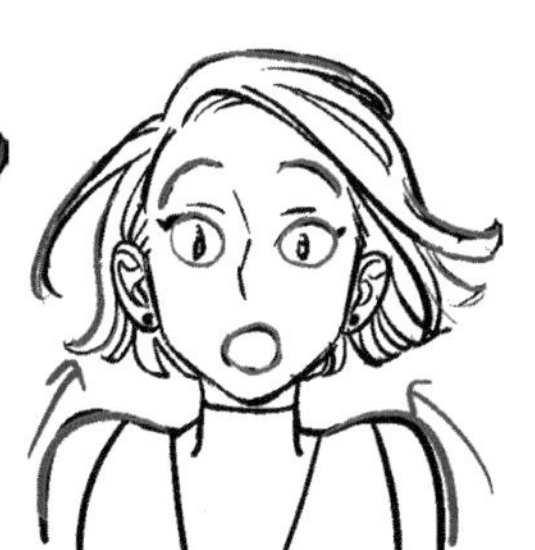

吃驚

頭髮飄起散開，加強吃驚的模樣。
因為個性沉穩，所以動作幅度比小慶小。

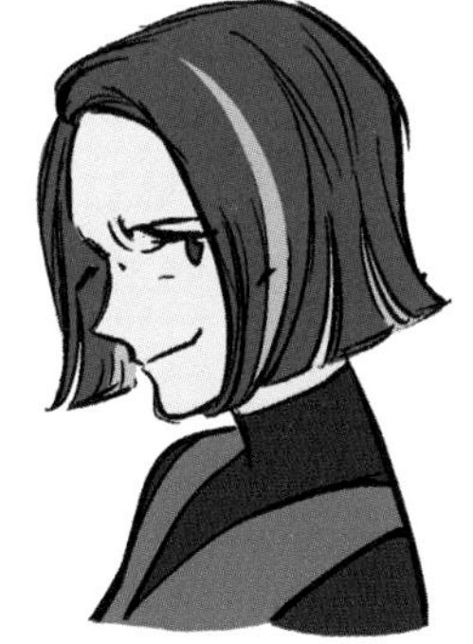

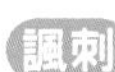

側面姿勢，眉頭皺起。
嘴角上揚。
因為情緒複雜，所以設計成左右不對稱的樣子。

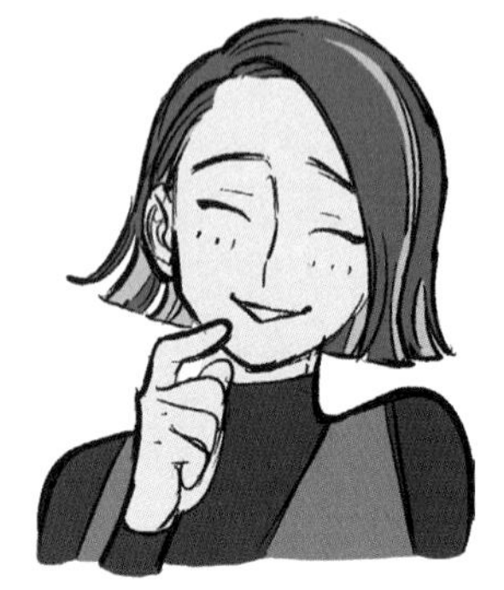
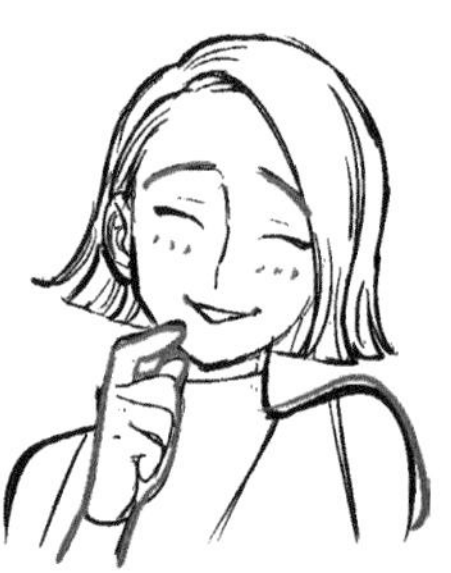
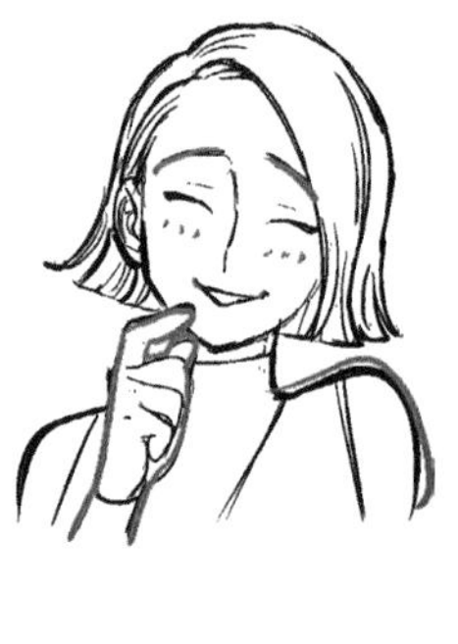

害羞

臉頰泛紅。
害羞不知如何回應，微歪的頭是亮點。

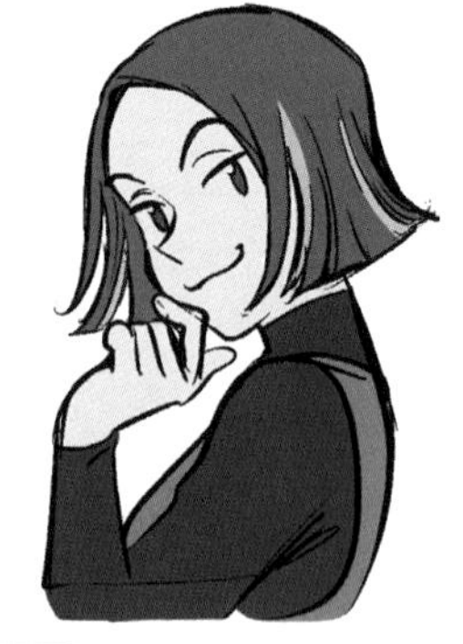
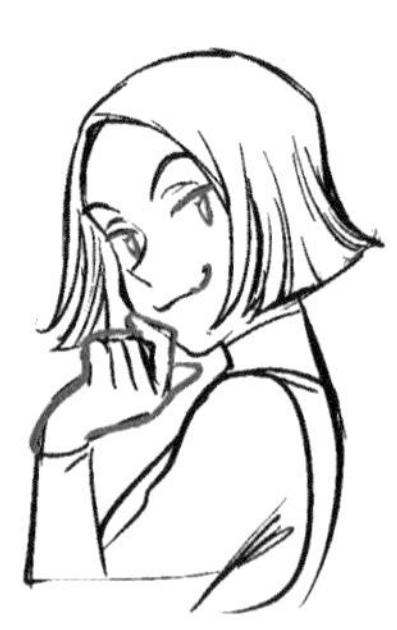

詭計

手靠近嘴巴，若有所思的表情。
由上往下打量對方的眼神。只有一邊上揚的嘴角表現出不安穩的樣子。

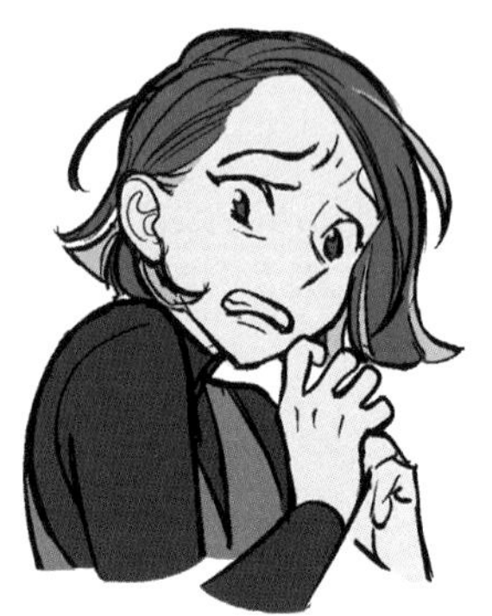
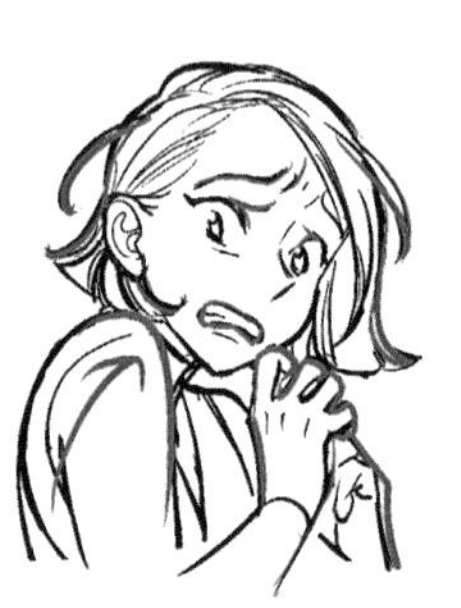

恐懼

動作比小慶小，所以嘴巴大概是咬牙說出「咦？」的樣子。
頭髮散開呈現律動感。
為了保護自己，肩膀往內縮。

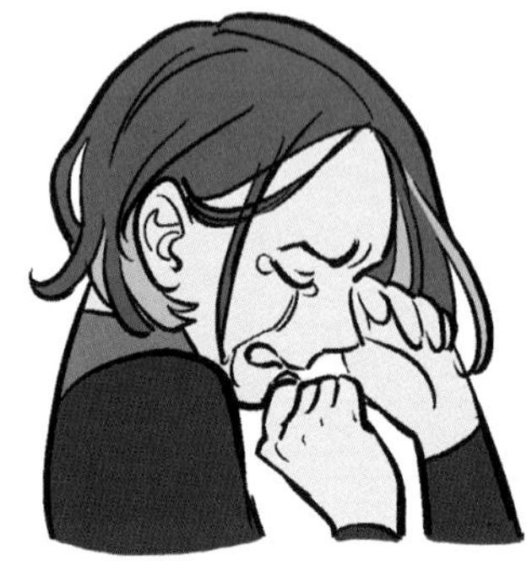
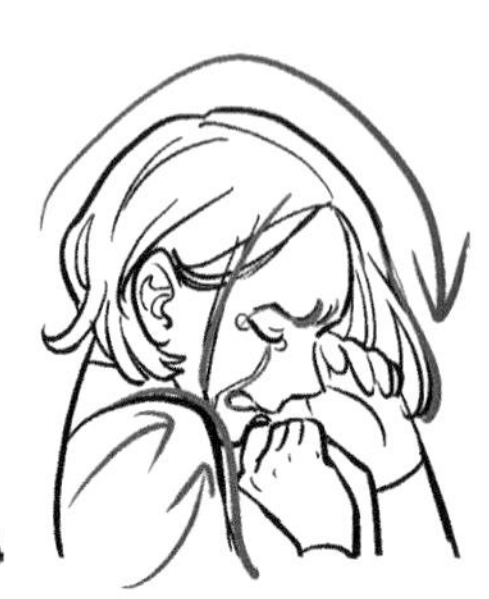

大哭

肩膀往內縮起，像是圍住自己的感覺。
頭髮描繪成往內收的樣子，降低往外翹的幅度。

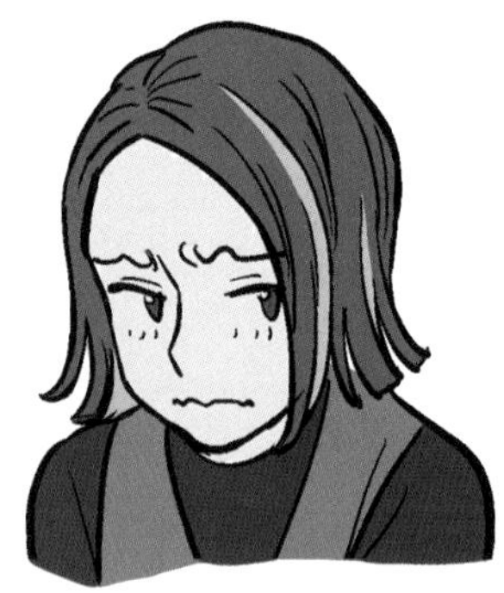
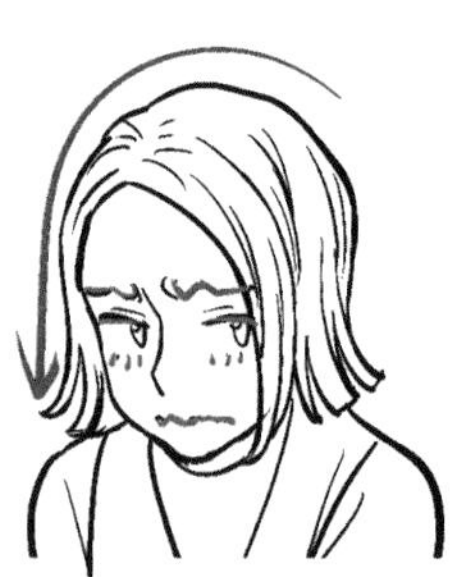

羞愧

因為太可恥，所以眼睛不敢對視的樣子。
視線往下，眉毛和嘴巴都畫成抖動的線條，表現自己忍耐可恥之事的樣子。
要注意相較於小慶，動作較小。

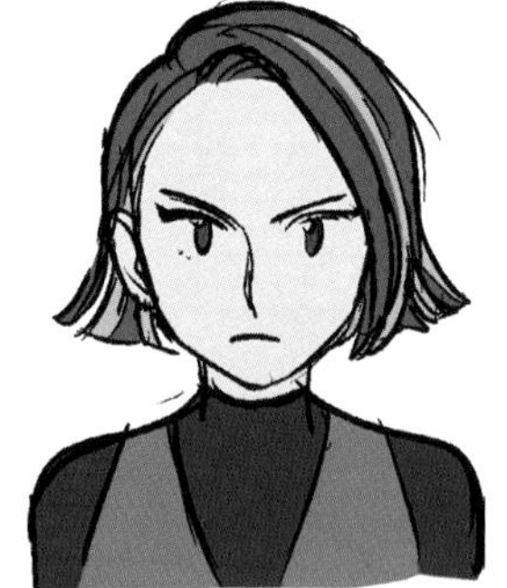
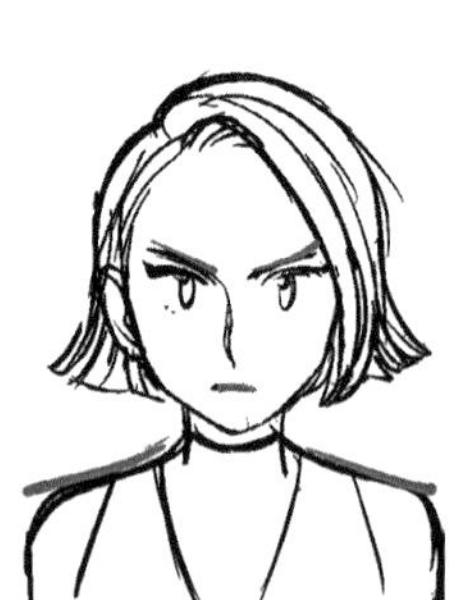

專注

直視前方。
專注於眼前所見，所以描繪成完全左右對稱的樣子。

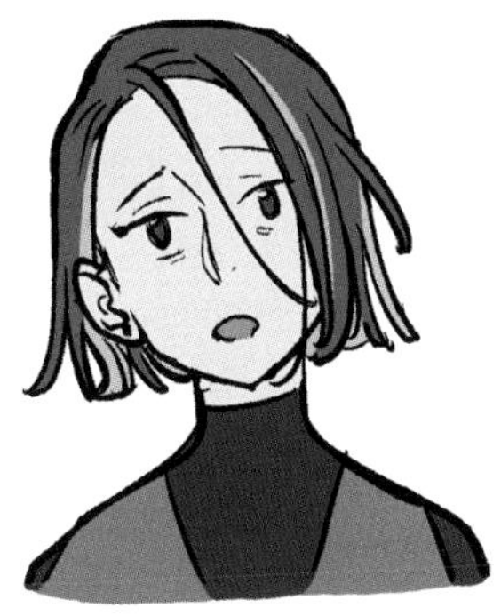
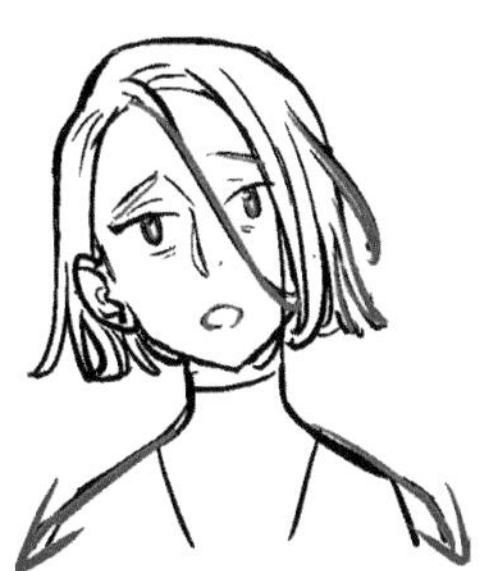

發呆

眼睛嘴巴微微張開，肩膀往下，描繪成↓的線條。
以沒有打理、亂糟糟的頭髮表現愕然的樣子。

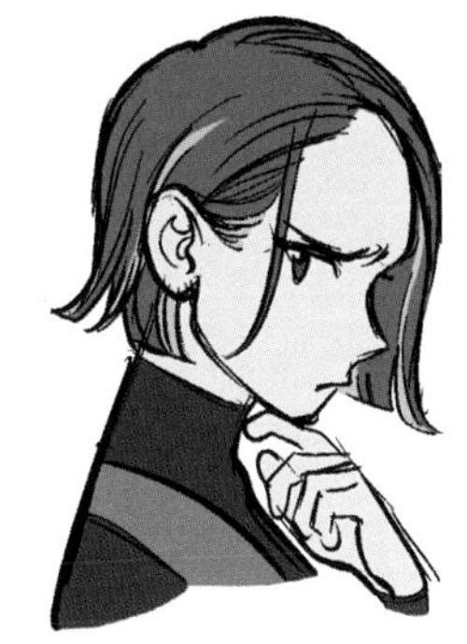
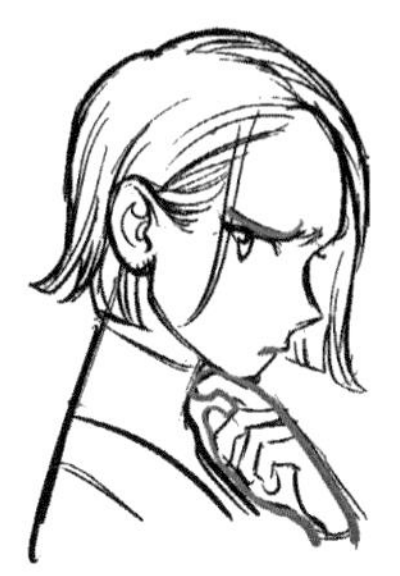

懷疑

側面姿勢表現身體扭轉的樣子。
手扶下巴，若有所思的模樣。嘴角往下。

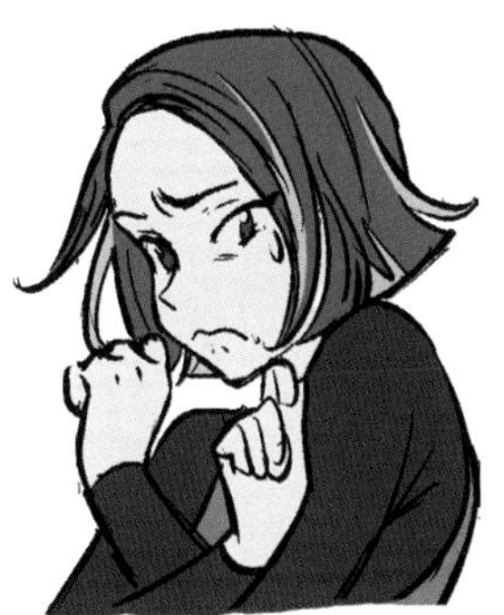
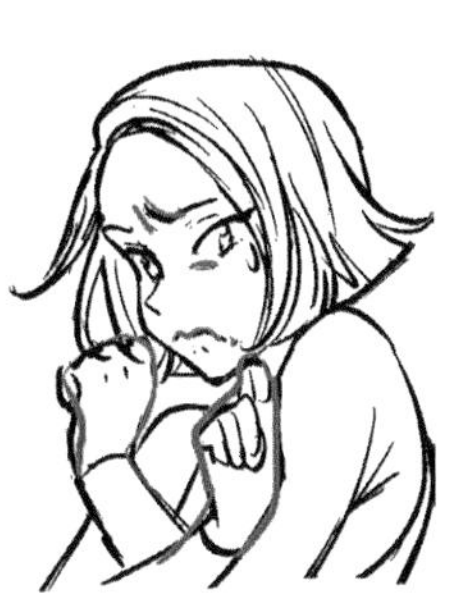

拒絕

使用直線營造緊張感。
相較於小慶，用被動消極的感覺表現拒絕。

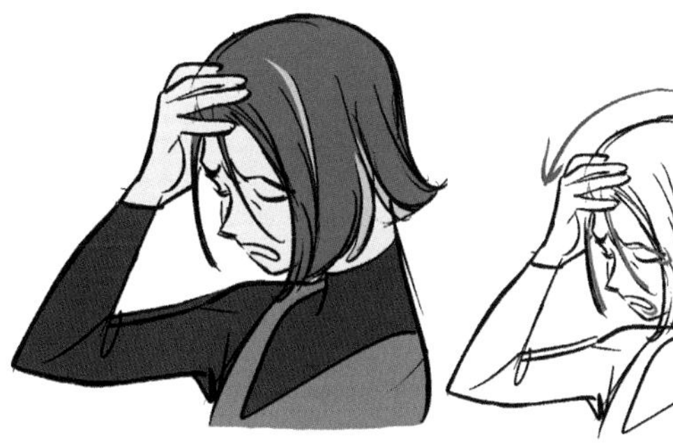

沮喪

頭部低垂，頭髮、眼尾、嘴角使用往↓的線條。為了表現與疲勞和悲傷的差異，用手扶住額頭。

表情應用

應用① 當角色擁有相反個性時

當你想要描繪的角色，除了主要個性之外，還擁有相反的個性，可以在表現主要個性的線條和形狀中，混入表現相反個性的線條和形狀。

例如）個性：角色擁有敦厚、冷淡和謹慎的個性
首先試著描繪「個性敦厚」和「個性冷淡」的表情。

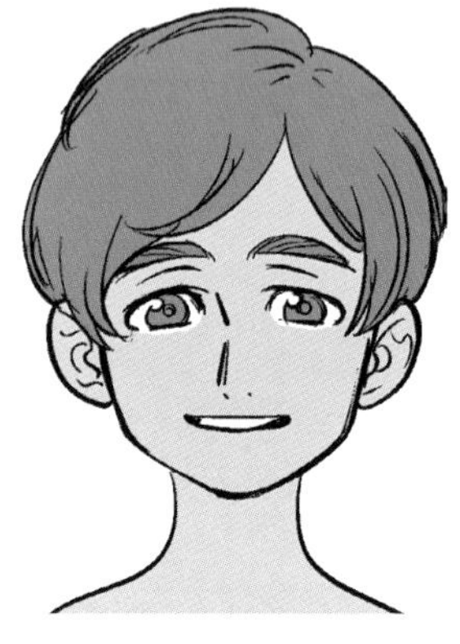

敦厚100%
用曲線描繪部件，表現溫和。

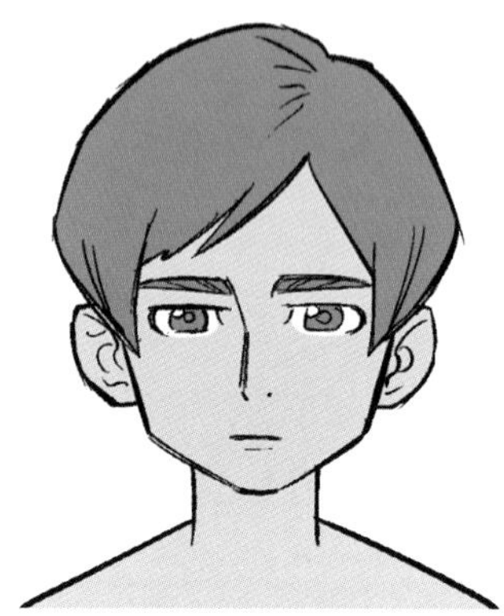

冷淡100%
用直線描繪部件，表現嚴肅。

為了在設計表現相反的個性，試著在「敦厚」的表情加入「冷淡」。

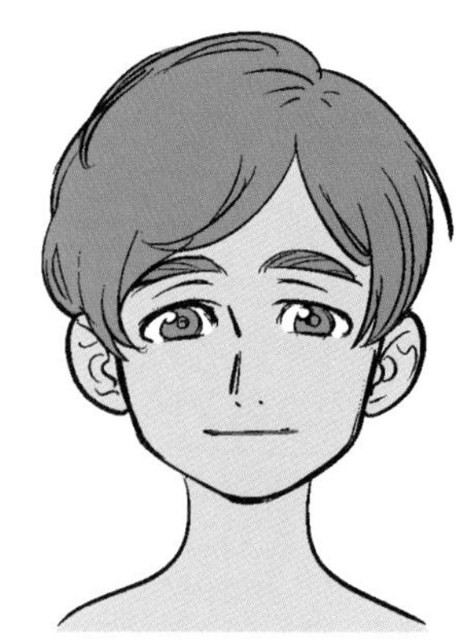

敦厚100%
在嘴巴混入直線，就呈現出不僅僅只有敦厚的氣質。

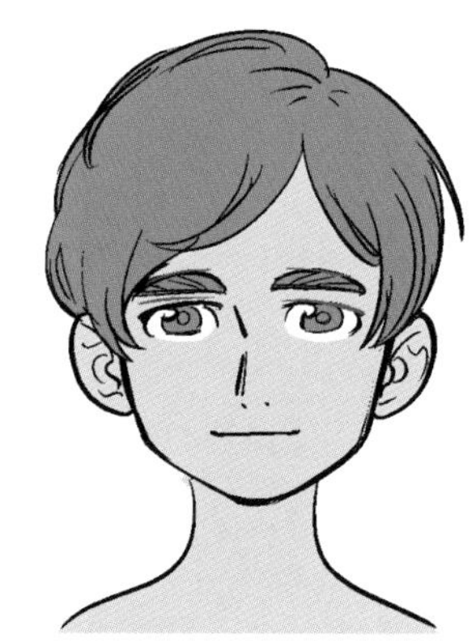

冷淡＋30%
再於眼睛混入直線，以沒有笑意的眼睛添加冷淡的氣質。

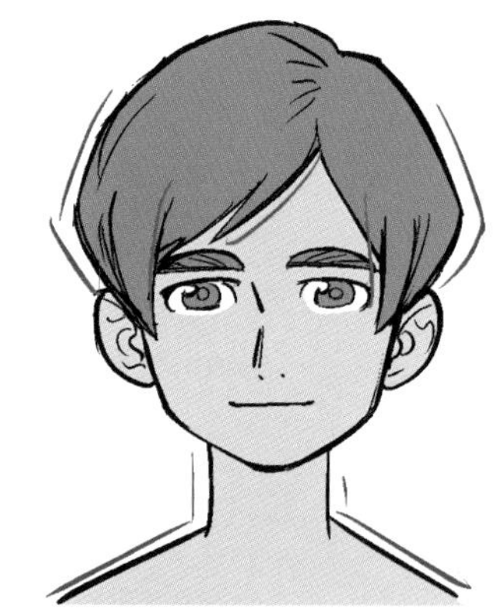

冷淡＋70%
連頭髮也加入直線，到了這個階段，冷淡的氣質似乎過於強烈，不禁讓人想像其內心層面。

應用②　當角色隨故事變化時

想描繪角色在故事中個性有所變化時，請用表情的微妙差異來表現。尤其若能靈活運用曲線與直線、○△□、↑－↓，即便是相同的設計，都會有很大的形象轉變。

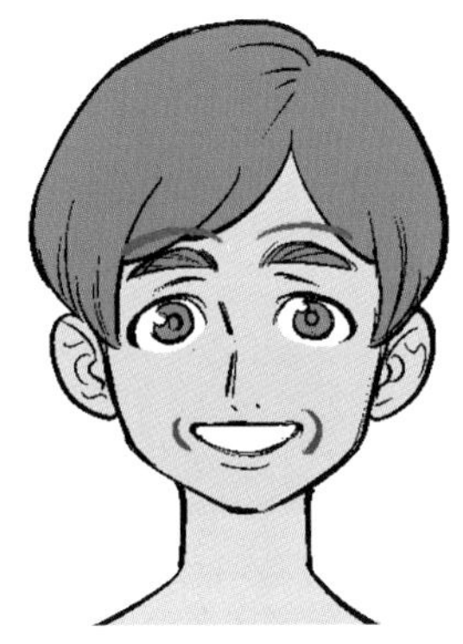

溫和

多多利用曲線和○，就會形成刻意表現的溫和氣質。

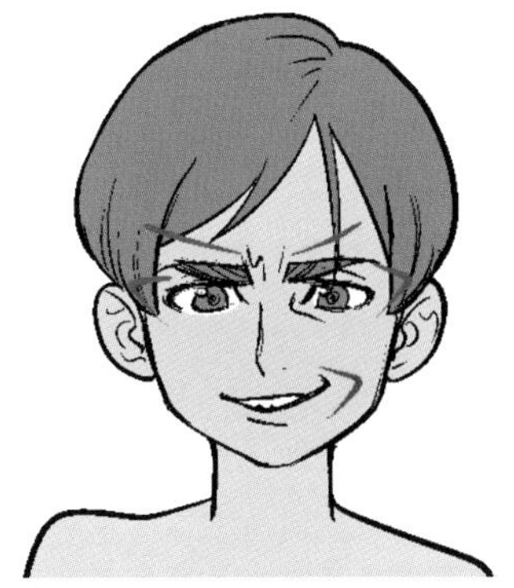

壞人

突變後用直線和△，使角色變成強硬、有攻擊性的樣子。

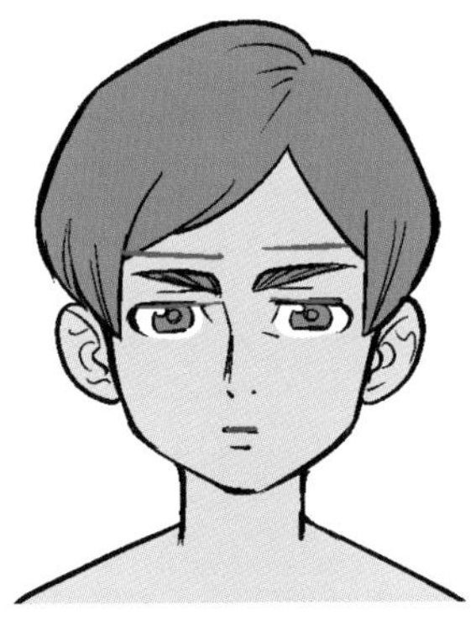

嚴肅

用直線描繪部件，表現嚴肅的樣子。

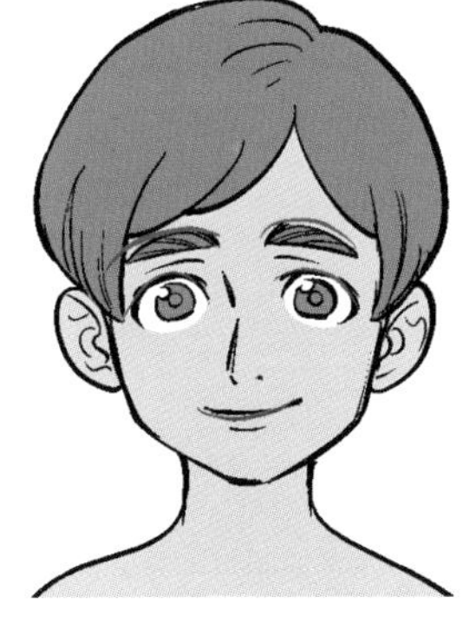

溫柔

稍微利用一點曲線，表現個性變得溫柔。

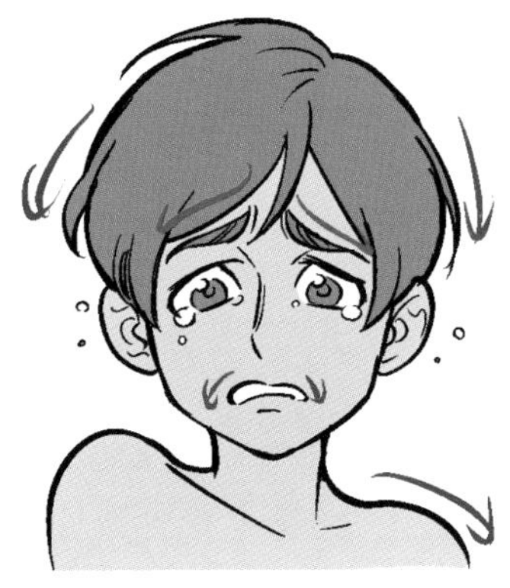

膽小

使用曲線和↓，呈現弱小的模樣。

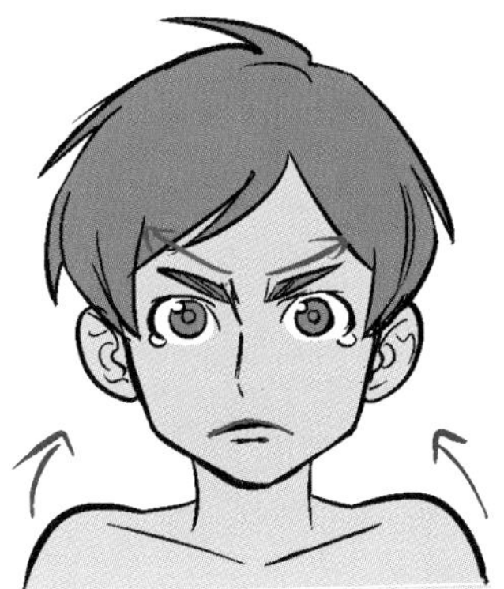

勇氣

使用直線，營造意志堅定，展現角色成長後的樣貌。

描繪表情時的參考建議

除此之外，為了描繪豐富的表情，還是建議大家實際觀察真實人物的表情。這樣可以捕捉到模板中沒有的複雜表情等各種微妙的模樣。

自己嘗試表演

自己是最生動的資料。請多多觀察自己某種情緒時的表情、手和肩膀的動作。應該會有很多發現。

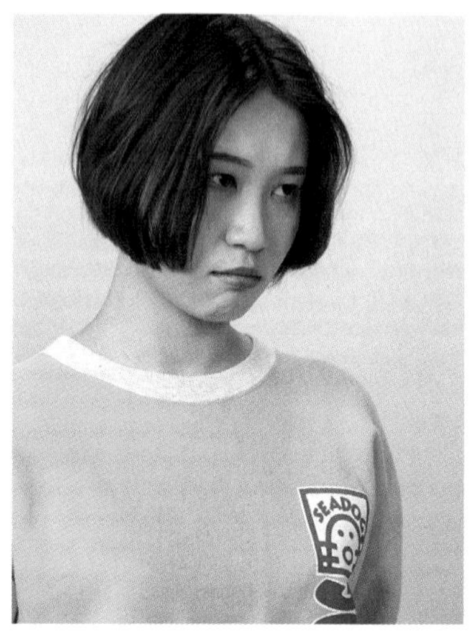

生氣嘴巴突出

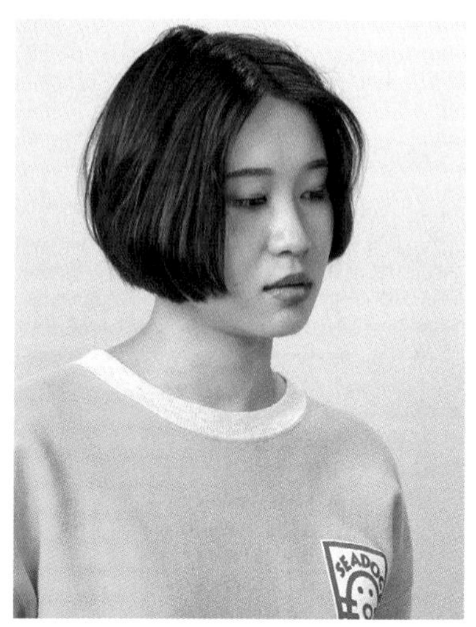

「放空」的表情，臉部肌肉放鬆，
嘴巴微微半開的樣子

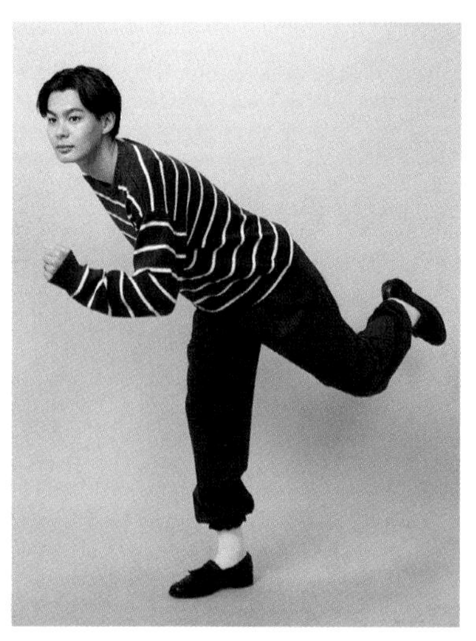

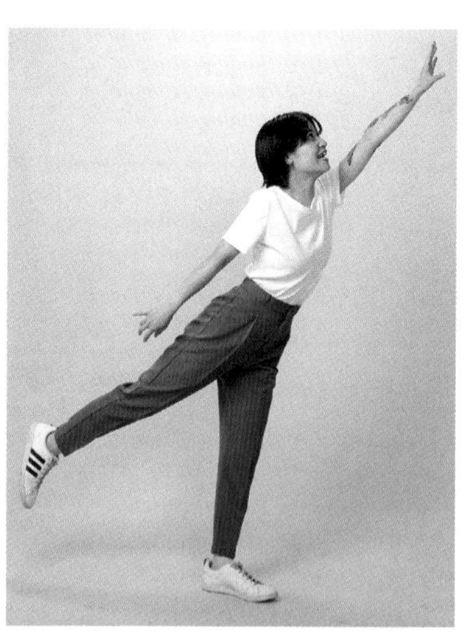

如果再細細觀察伴隨情緒時全身會有哪些動作，將會加深理解。
也可以請家人或朋友協助演出。

演員的表演

大家也可以從喜歡的電影或劇集，向演員學習。演員為了「傳遞故事」而演出，所以表情相當具有參考價值。

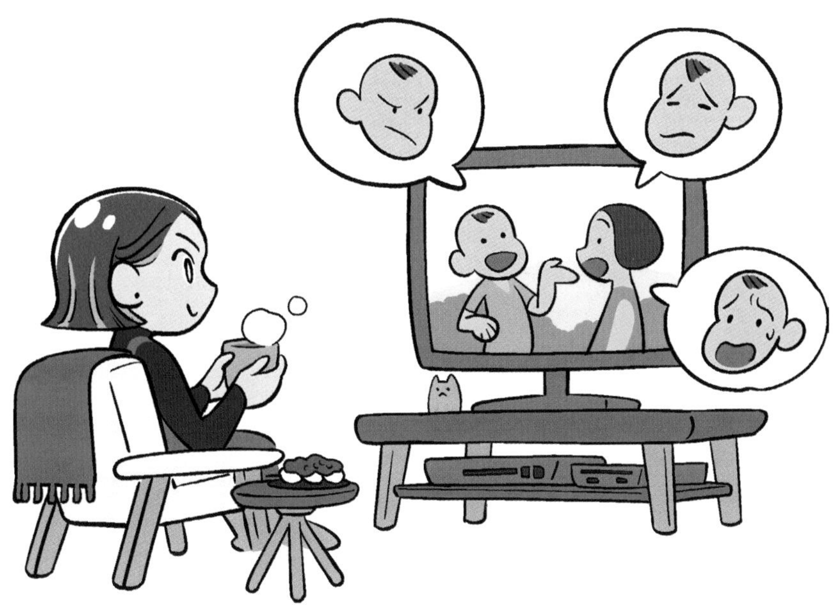

參考身旁的人

當不知道自己想要設計的角色表情，也可以參考身旁氣質相近的人，就會產生既生動又真實的模樣。

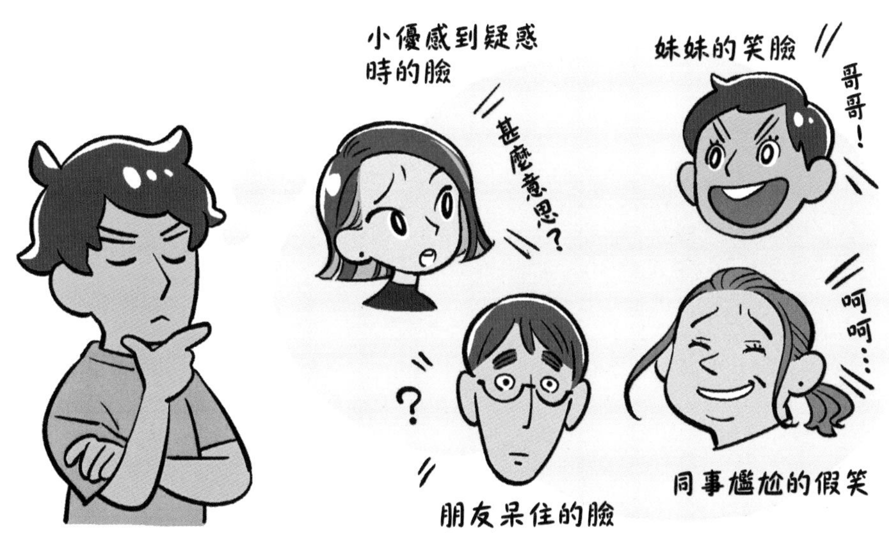

7 完成設計

觀看完成的角色

那麼，小慶設計的角色會是哪一種造型呢？
（請參考P.43的故事與設定）

頭部設計

虛擬化身主要是半身像的照片。
只以半身像表現「這是甚麼樣的角色」，而且要讓人印象深刻。因為設計成一般的雙馬尾似乎不夠搶眼，所以構思了新的故事，重新修改設計。

故事

因為個性散漫，畫畫的筆常常不見。將用過年收到的紅包買了大量的備用畫筆，當成髮簪固定在頭上。

設計成讓人印象深刻，又可表現角色是在畫畫的人。

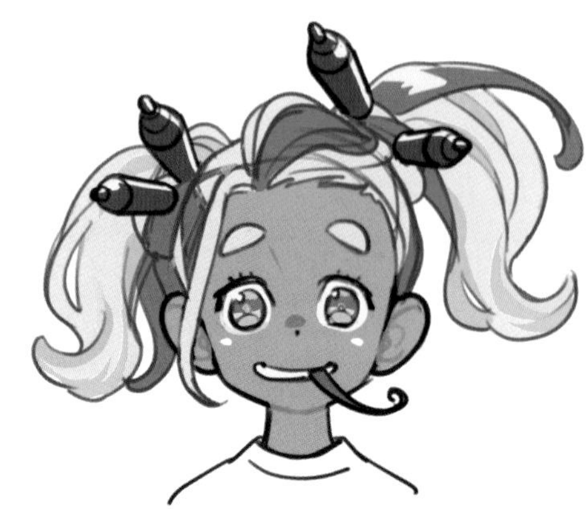

全身設計

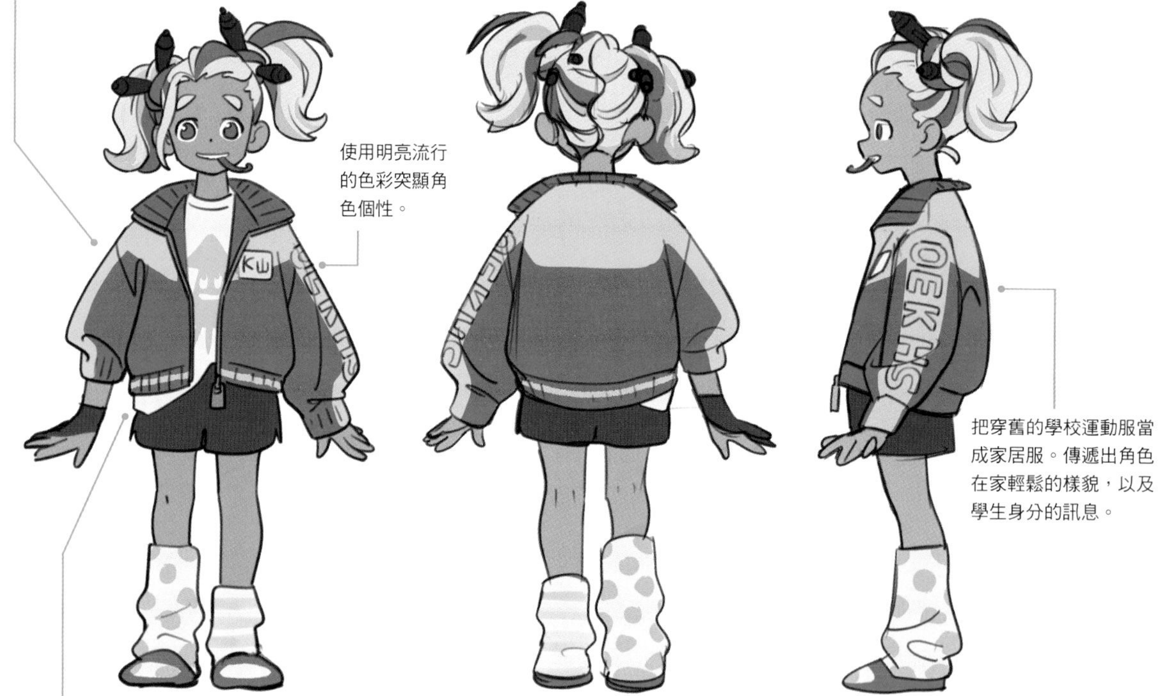

完成！為了強調開朗的個性，在插畫中設計出非常活潑的表情和姿勢，還讓角色拿著最愛的魷魚乾。

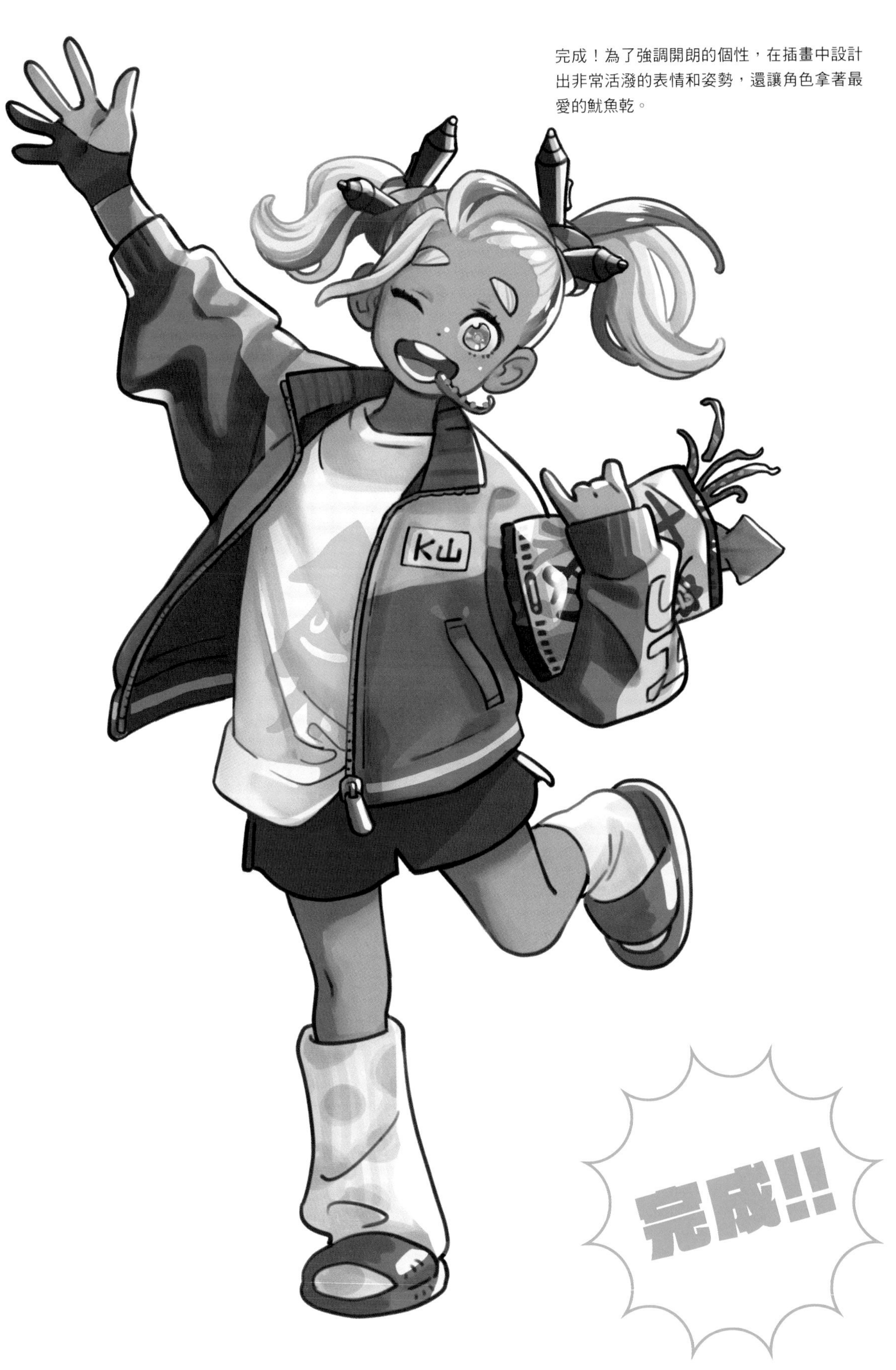

彙整

姿勢和表情

- 為了表現角色個性的重要設計

為了設計出好的姿勢

- ①設計好的輪廓：表現象徵角色故事的姿勢
- ②運用線條、形狀和箭頭：「曲線　直線」、「○　△　□」、「↑　－　↓」
- ③描繪各種姿勢：自拍或利用姿勢集等資料

為了設計出好的表情

- ①自己實際試做表情：自己是最生動的資料
- ②從好的作品中學習：參考電影、戲劇的演出和身旁的人等
- ③運用線條、形狀和箭頭練習：「曲線　直線」、「○　△　□」、「↑　－　↓」

所謂的輪廓

- 將角色的輪廓線填滿顏色呈現的形狀
- 只用輪廓也可以表現是好姿勢的必要條件

COLUMN

作者推薦講座③

栗田唯

Twitter　https://twitter.com/yui_kurita

http://animationaid.com/about-class/storyboard

這是可以學習到動態素描的講座，推薦給想描繪好姿勢的人。動態素描是指在短時間描繪人體和動物動作的練習方法，非常適合煩惱該如何描繪正確姿勢的人。

我以前覺得自己描繪的姿勢很僵硬而感到苦惱，但是經過這場講座的洗禮，我已經可以描繪出比以往更鮮活靈動的姿勢。

另外，栗田老師會找出學生繪圖裡原有的優點，並加以發揮，所以也想推薦給害怕參加講座的人。

後記

「知識與技術不同。知識可以立刻知曉，但是技術需要時間磨練」
這是我在從事動畫師工作時，對我非常關照的人對我說過的一句話。

比方說，即便我們可以立刻了解「脖子不是直直立起而是前傾長出」的知識，但是學會描繪自然人體的技術非一朝一夕即可練就。必須反覆描繪人體將知識提升為技術，才能慢慢描繪出自然的人體。所以我想這句話的意思就是：請多多動手。

既然翻閱了這本書，我希望大家多多少少在自己的作品中運用書裡的內容。
「試試構思故事」
「試試將收集的資料分門別類」
「試試只用曲線設計」
不論哪一點都好。
不過如果覺得和自己的風格不合，也可以不採納。依舊有許多其他的方法。請重視「不合」的自我感受＝個人見解。

我撰寫這本書抱持的想法是
「技術可以還原成知識並傳遞給他人」。
書中的內容可說是我個人角色設計的方法，而基礎來自工作與人生累積的經驗，還有從各種書籍和多位老師所學的知識。
能夠接收到前人累積的知識，經過消化吸收並且自我實踐，再將這個知識還原傳遞出去，必須感謝許多前輩導師。

我非常希望這本書能成為你知識的一部分，成為你運用的技術，並且以你的形式再次回饋於世界。

最後在此感謝有關本次企劃的所有相關人員。
本書的配色篇是由HOSHINO撰寫提供，資料基礎來自我們在2019年一起舉辦的「角色設計講座——傳達你想表現的形象」。非常感激HOSHINO、協助的朋友，還有來參加講座的朋友，才能出版這本書。
我在新冠疫情席捲全球之際開始撰寫，歷經 3 年終於完成。經過這麼長的時間與我共同完成本書的編輯、設計人員、相關人員，真心感謝大家的協助。

Izucchi

作者

Izucchi（伊津野 妙子）

曾任職於株式會社SUNRISE、株式會社石森PRO，現為自由插畫家、角色設計師與分鏡插畫家，並且參與許多書籍與影像作品的製作。大眾對其作品評價為，能夠描繪各種生動表情、姿勢與角色。她還擅長創作出傳遞角色內心與世界觀的角色設計。

主要的作品包括《2022年度ラジオ 中学生の基礎英語　レベル１》（NHK出版）、《LGBTだけじゃない！わたしの性　性役割/性別表現》（国土社）插圖、《仮面ライダードライブ》、《仮面ライダーエグゼイド》、《仮面ライダーゼロワン》、《騎士竜戦隊リュウソウジャー》等特攝作品的服裝設計。她也曾舉辦襯托角色的服裝設計講座（株式会社パルミー），並且擔任學校法人瓜生山學園京都藝術大學的兼任講師。

WEB：https://www.izuuu.net

工作人員

第６章作者
YURI HOSHINO

插畫協助
木村 智

編輯
沖元友佳（Hobby JAPAN）
新里和朗

封面與內文設計
宮下裕一

照片提供

攝影人員
德永山太　幡鉾賢人　熊澤優夏　西村真衣　山本愛海

攝影工作室
株式會社Cell Company（https://www.cell-co.jp/）

模特兒拍攝
小串周三

能夠傳遞故事的角色設計

從入門者到專業人士皆適用的角色設計技巧

作　　者　Izucchi
翻　　譯　黃姿頤
發　　行　陳偉祥
出　　版　北星圖書事業股份有限公司
地　　址　234 新北市永和區中正路 462 號 B1
電　　話　886-2-29229000
傳　　真　886-2-29229041
網　　址　www.nsbooks.com.tw
E - MAIL　nsbook@nsbooks.com.tw
劃撥帳戶　北星文化事業有限公司
劃撥帳號　50042987
製版印刷　皇甫彩藝印刷股份有限公司
出 版 日　2024 年 8 月

［印刷版］
I S B N　978-626-7409-55-8
定　　價　新台幣 500 元

［電子書］
I S B N　978-626-7409-52-7 (EPUB)

如有缺頁或裝訂錯誤，請寄回更換。

ストーリーを伝えるためのキャラクターデザイン
キャラデザ初心者からプロまで使えるテクニック

國家圖書館出版品預行編目（CIP）資料

能夠傳遞故事的角色設計：從入門者到專業人士皆適用的角色設計技巧/Izucchi著；黃姿頤翻譯. -- 新北市：北星圖書事業股份有限公司, 2024.08
192面；19.0×25.7公分
ISBN 978-626-7409-55-8（平裝）

1.CST: 插畫 2.CST: 繪畫技法

947.45　　113001418

官方網站

臉書粉絲專頁

LINE 官方帳號

蝦皮商城